Tr. Borner

Die Fortsetzung der Ilias

Tr. Borner

Die Fortsetzung der Ilias

ISBN/EAN: 9783742890986

Hergestellt in Europa, USA, Kanada, Australien, Japan

Cover: Foto ©ninafisch / pixelio.de

Manufactured and distributed by brebook publishing software (www.brebook.com)

Tr. Borner

Die Fortsetzung der Ilias

Quintus von Smyrna.

Die Fortsetzung der Ilias.

Deutsch

in der Versart der Urschrift

von

J. J. C. Donner.

Stuttgart.
Krais & Hoffmann.
1866.

Erster Gesang.

Inhalt. Den Troern, die sich nach dem Tode des Hektor aus Furcht vor Achilleus in ihre Stadt einschließen, kommt die Königin Penthesileia mit ihren Amazonen zu Hülfe. Durch ein von Athene gesandtes Traumbild angeregt, zieht sie zum Kampf mit Achilleus aus. Die Achäer werden bedrängt, da Penthesileia Alles vor sich niederwirft. Auf den Rath der Hippodameia greifen die troischen Frauen selbst zu den Waffen, werden aber von Theano zurückgehalten. Endlich nehmen, da die Achäer fliehen, Ajas, der Sohn des Telamon, und Achilleus am Kampfe Theil; Achilleus erschlägt die Penthesileia, Ajas die übrigen Amazonen. Die Troer werden in die Flucht getrieben; Achilleus beklagt das Schicksal Penthesileia's, von ihrer Schönheit gerührt. Thersites schmäht ihn deßhalb, und Achilleus tödtet ihn durch einen Faustschlag. Diomedes, ein Verwandter des Thersites, ist darüber erbittert, und wird von einem Kampfe mit Achilleus durch die Achäer abgehalten. Priamos erhält die übrigen Amazonen von den Atriden zurück. Bestattung der Todten. Rückkehr der Achäer zu den Schiffen.

Als der erhabene Hektor erlag vor dem Sohne des Peleus,
Und das Gebein, von der Flamme verzehrt, schon deckte die Erde:
Da verbargen die Troer sich scheu in Priamos' Veste,
Bang vor dem trotzigen Muth von Aeakos' tapferem Enkel.
So wie Stiere sich scheuen, des grimmvoll blickenden Löwen   5.
Pfaden im Wald zu begegnen, und zitternden Laufes dahinflieh'n
Schaar bei Schaar, sich bergend in dichtverwachsenem Reisig:
Also bebten sie dort in der Stadt vor dem mächtigen Helden.
Denn sie gedachten der Männer im Geist, die der Starke getödtet,
Als er zuerst anlandend dem troischen Volke Verderben   10
Schuf, da Kyknos erlag und der tapfere Protesilaos,
Auch der Anderen, die er erschlug an den Wellen des Xanthos,

Und die flüchtend vor ihm in die thürmenden Mauern gefallen,
Und wie er Hektor bezwang und rings um Jlios schleifte,
Andere dann hinstreckt' auf endlos wogendem Meere: 15
Dessen gedachten sie dort und bargen sich hinter den Mauern.
Und wohl waltete rings tiefschmerzende Trauer im Volke,
Als ob Troja bereits in stöhnender Flamme versänke.

Doch nun kam vom Thermodon, dem breithinflutenden Strome,
Penthesileia heran, Unsterblichen ähnlich an Liebreiz; 20
Denn sie zog's in die Kämpfe des grauenvoll stöhnenden Krieges;
Und den entehrenden Ruf im heimischen Lande zu meiden
Strebte sie, daß er sie nicht mit schmähender Rede verfolge
Wegen der leiblichen Schwester Hippolyta. Trauer um diese
Trug sie, welche sie jüngst mit mächtigem Speere getödtet — 25
Nicht freiwillig; sie dachte den Hirsch mit der Lanze zu treffen.
Darum trieb sie's weiter zu Troja's herrlichem Lande.
Aber zugleich sann auch in der muthigen Seele die Fürstin,
Daß sie, gelöst von dem Fluche des unglückseligen Mordes,
Sühne mit heiligen Opfern die furchtbare Macht der Erinnen, 30
Die sie, wegen der Schwester ergrimmt, ohn' Ende verfolgten
Unsichtbar; sie heften sich stets an die Sohlen des Freveles,
Und kein Mensch, der Sünde verübt, mag ihnen entrinnen.
Noch zwölf andere kamen mit ihr, hochsinnige Jungfrau'n,
Alle sich sehnend nach Krieg und erglüht in männlichem Kampfmuth, 35
Welche der Königin dienten, obwohl selbst rühmliches Namens.
Doch weit ragte vor allen die Herrscherin Penthesileia.
So wie der göttliche Mond am räumigen Himmelsgewölbe
Unter den Sternen erglänzt und die anderen alle verdunkelt,
Wenn am entwölkten Azur ringsher sich erschlossen der Aether, 40
Und sturmathmender Winde Gewalt in Schlummer gesunken:
So in dem nahenden Zuge der Heldinnen strahlte die Heldin.
Da kam Klonie, da Derinoe, da Polemusa,
Dort Euandra, Bremusa, die göttliche, dort Antandra,
Und mit dem dunkelen Aug' Harmothoe, Hippothoëa, 45
Dann Alkibia, dann Antibrote, Derimacheia,
Thermodosa zuletzt, die stolz mit der Lanze heranschritt.
Also folgten sie alle der streitbaren Penthesileia.

Erster Gesang.

Wie von Olympos' Höh'n, den unsterblichen, Eos herabsteigt,
Hoch in der Seele sich freuend des schimmernden Rossegespannes, 50
Mit schönlockigen Horen, und weit aus diesen hervorstrahlt,
Ob auch alle verkläre der Glanz untadlicher Schönheit:
So kam Penthesileia gen Ilios, unter den Jungfrau'n
Leuchtend in ewiger Schöne, der streitbaren Schaar Amazonen.
Ringsum strömten die Troer heran, und Staunen ergriff sie, 55
Als sie des rüstigen Ares gewappnete Tochter erblickten,
Seligen Göttinnen gleich; denn vereint in der Herrscherin Antlitz
Paarte sich Strenges und Mildes, das Grau'n mit lieblicher Anmuth
Im holdseligen Lächeln; die sehnsuchtblickenden Augen
Leuchteten unter den Brauen hervor, wie Strahlen der Sonne. 60
Röthe der Scham bedeckte die Wang', und über der Wange
Thronte, vermählt mit der Kraft hochherzigen Sinnes, die Anmuth.
Da, noch eben versenkt in Bekümmerniß, jauchzte das Volk auf.
Wie landbauende Männer herab von den Höhen des Berges
Seh'n, wie sich Iris erhebt aus räumigem Bette des Meeres, 65
Wenn sie den Regen ersehnen, die göttliche Gabe; die Saatflur
Lechzt, von der Sonne verbrannt, nach labender Flut von Kronion;
Endlich hüllt sich der Himmel in Nacht, und jene begrüßen
Alle das glückliche Zeichen des Wind's und des kommenden Regens
Freudig, so sehr sie zuvor um die schmachtenden Felder gejammert: 70
So frohlockten die Söhne des Dardanos, als sie die Herrin
Sahen in Kampfmuth glühen, die mächtige Penthesileia.
Denn wenn Hoffnung des Glücks einkehrt in die Seele des Mannes,
Alsbald schwindet in Nichts der bestandenen Leiden Gedächtniß.
So fand Priamos auch, obwohl viel seufzend und jammernd, 75
Und von unendlichem Grame gebeugt, sich erleichtert im Herzen.
So wie ein Mann, den, lange gequält durch nächtliche Blindheit,
Sehnlich verlangt nach dem Lichte, dem heiligen, oder dem Tode,
Endlich der Helle des Tages sich freut, ob irgend ein Gott ihm,
Oder die Kunst des Arztes die Nacht von den Augen genommen; 80
Wohl nicht schaut er das Licht, wie zuvor, doch fühlt er in etwas
Seines unendlichen Leides Erleichterung, wenn ihm ein Schmerz auch
Peinigend unter den Wimpern zurückblieb: also gestimmt sah
Auch Laomedons Sohn auf die herrliche Penthesileia.

Zwar er freute sich wenig; der Schmerz um gefallene Söhne 85
War noch allzu mächtig in ihm. Doch führt' er die Herrin
Ein in seinen Palast, und ehrte sie gleich wie die Tochter,
Die von entlegenen Landen im zwanzigsten Jahre zurückkam.
Und ein erlesenes Mahl zu der Herrscherin Ehre bestellt' er,
So wie Könige thun, die feindliche Völker bezwungen, 90
Und der gewonnenen Siege sich freu'n bei köstlichen Mahlen.
Auch manch stattliche Gaben verehrt' er ihr, Vieles versprach er,
Wenn sie Darbanos' Söhne vor Tod und Verderben bewahre.
Und sie verhieß, was noch kein Sterblicher wagte zu hoffen,
Peleus' Sohn zu tödten, der Danaer Volk zu vernichten, 95
Und den verheerenden Brand hochher in die Schiffe zu werfen.
Thörichte, die nicht kannte des Wurfspeers Meister Achilleus,
Daß er der tapferste war in männervertilgender Feldschlacht!
Als Andromache nun, des Eetion herrliche Tochter,
Hörte das Wort, da sprach sie zu sich in der Tiefe des Herzens: 100
Arme, wie redest du so, in vermessenem Stolze dich brüstend?
Dir ja gebricht es an Kraft, dem verwegenen Sohne des Peleus
Kühn zu begegnen im Kampf; bald bringt er dir Tod und Ver-
derben.
Ha, welch rasender Eifer berückte dich! Nahe ja steht dir
Schon das Geschick, von den Göttern verhängt, und das Ende des
Todes. 105
Hektor war viel stärker als du, war größer im Kampfe;
Doch er fiel, so gewaltig er war, und die Darbaner alle
Trauerten; schauten sie doch auf ihn, wie der Himmlischen Einen.
Er, mein süßester Stolz und der würdigen Eltern, so lang er
Athmet' im Licht! O hätte das Grab mich eher verschlungen, 110
Eh' er den Geist aushauchte, durchbohrt von der Lanze des Feindes!
Doch nun sah ich Arme den unaussprechlichen Jammer,
Als um Ilios ihn des Achilleus flüchtige Rosse
Grausam schleiften im Staub. Er raubte mir, ach, den geliebten
Jugendgemahl: o Schmerz, der all mein Leben hindurchzieht! 115
  Also sprach im Herzen Eetions reizende Tochter,
Da sie gedachte des trauten Gemahls; denn unendliche Schmerzen
Weckt es der liebenden Frau, wenn ihr der Geliebte dahinschied.

Erster Gesang.

Helios aber, sich drehend in raschumrollendem Schwunge,
Tauchte hinab in die Tiefen der See; still nahte der Abend. 120
Als nun jene des Tranks und der lieblichen Kost sich gesättigt,
Rüsteten ämsige Mägde sofort ein erquickendes Lager
Dort in des Priamos Haus für die muthige Penthesileia.
Und sie versank in Schlummer, und sanft umhüllte das Aug' ihr
Labender Schlaf. Nunmehr, aus himmlischen Höhen gesendet, 125
Nahte sich ihr auf Pallas' Gebot ein trügliches Traumbild,
Daß es in ihr aufrege die Lust am Gewühle der Schlachten,
Und sie Verderben sich selbst und Troja's Söhnen bereite.
Also ersann es im Geiste die streitbare Tritogeneia.
Ihr denn naht' in des Vaters Gestalt das verderbliche Traumbild, 130
Spornte sie an und trieb sie, dem muthigen Renner Achilleus
Kühn sich entgegenzuwerfen im Kampf; sie, solches vernehmend,
Freute sich innig im Geist; sie hoffte ja, selbigen Tages
Noch ein gewaltiges Werk im schrecklichen Kampf zu vollbringen:
Thörin, daß sie vertraute dem unglückseligen Traumgott, 135
Der mit betrüglicher Rede dem nächtlichen Lager sich nahend,
Neckt und bethört die Geschlechte der vielsachbuldenden Menschen!
Dieser berückt' auch sie, zu verderblichem Kampfe sie reizend.

Doch als Eos am Morgen mit rosigen Füßen emporstieg,
Da sprang Penthesileia, das Herz voll trotziges Muthes, 140
Ohne Verzug vom Lager empor und umhüllte die Schultern
Rings mit der künstlichen Wehr, dem Geschenk des erhabenen Ares.
Glänzende Schienen von Gold, die wohl an die Füße sich schlossen,
Fügte die Heldin zuerst um die blendenden Füße; den Harnisch
Legte sie dann sich an, den beweglichen, warf um die Schultern 145
Freudig erregt das gewaltige Schwert, um welches die Scheibe
Lief, voll Kunst aus Silber und Elfenbeine gebildet,
Nahm sich den göttlichen Schild, gleich spiegelnder Scheibe des Mondes,
Der, zur Hälfte gefüllt, aufglänzt mit gebogenen Hörnern,
Wenn er sich strahlend erhebt aus Okeanos' tiefen Gewässern; 150
Also strahlt' er im Glanze dem Mond gleich; weiter bedeckte
Sie mit dem Helme das Haupt, den goldene Mähnen umwallten.
Also umgab sie die Glieder mit schimmerndem Waffengeschmeide.
Glanzvoll schritt sie dahin, wie der Blitzstrahl, den vom Olympos

Niedergesandt zur Erde der allmachtvolle Kronion, 155
Welcher den Menschen verkündet das Nah'n dumpfrauschenden Regens,
Oder die rastlos wilde Gewalt lauttosender Winde.
Doch alsbald sich bereitend das Haus zu verlassen in Eile,
Nahm sich die Herrscherin zwei Wurfspeer' in die Linke, die Rechte
Faßte die doppelte Art, ein Geschenk der schrecklichen Eris, 160
Ihr als riesige Wehr im vertilgenden Kampfe zu dienen.
Und voll freudigen Stolzes behend aus Ilios' Mauern
Schritt sie dahin, und rief zum männerbewährenden Streite
Troja's Volk. Schnell stürmten heran und gehorchten der Mahnung
Ilios' edelste Männer, obwohl sie wider Achilleus 165
Niemals wagten zu steh'n; denn der warf Alle zu Boden.
Sie, voll männlichen Trotzes, bestieg ein schönes, behendes
Streitroß, welches im Lande der Thrakier Boreas' Gattin,
Oreithyia, vordem als gastlich Geschenk ihr verehrte,
Das im Laufe sich maß mit dem reißenden Sturm der Harpyien. 170
Dieses bestieg und zog aus Troja's thürmenden Mauern
Penthesileia, die stolze; der Schicksalsgöttinnen Tücke
Riß sie zum Kampf, der beides zugleich, ihr erster und letzter
Kampf war; und die Verweg'ne geleiteten viele der Troer
Kühn in den Streit, um nie nach Ilios wiederzukehren, 175
Schaar bei Schaar: so folgen dem leitenden Widder die Schafe,
Der, wie der kundige Hirt es ordnete, allen vorauszieht.
Also folgten, getrieben von stürmischem Muthe, der Heldin
Troja's rüstige Söhn' und das streitbare Volk Amazonen.
So wie Pallas zum Streit auszog mit den Söhnen der Erde, 180
Oder das Heer durchschaltet die Schlachtenerweckerin Eris:
So war unter den Troern die tapfere Penthesileia.
   Priamos aber, des stolzen Laomedon herrlicher Sprößling,
Hob zum Gebet gen Himmel die vielerduldenden Hände,
Nach des idäischen Zeus hochragendem Hause sich wendend, 185
Der auf Ilios stets mit den ewigen Augen herabschaut:
   Vater, vernimm, und laß an dem heutigen Tag die Achäer
Unter den Händen der Herrin, der Arestochter, erliegen;
Führe sie selbst im Glücke zurück in meinen Palast hier;
Ehre den eigenen Sohn, den gewaltigen, riesigen Ares, 190

Erster Gesang.

Ehre sie selbst; sie gleicht ja den himmlischen Frauen der Götter,
Ist aus deinem Geschlechte, Kronid', ist göttlichen Ursprungs.
Und mein Herz auch schone, nachdem ich des Bösen so vieles
Duldete, da mir die Kinder, entrafft von den Keren des Todes,
Vorn im Gewühle der Schlacht von der Danaer Händen gefallen. 195
Schone, da Wenige noch aus Dardanos' eblem Geblüte
Leben, so lange die Stadt noch nicht in Trümmer gesunken,
Daß auch wir aufathmen vom gräßlichen Morde des Ares.

Also flehte der Greis; da flog laut kreischend ein Adler,
Der fest hielt in den Krallen die kaum noch athmende Taube, 200
Links anstürmend daher, und Priamos' Seele durchwogten
Schauer der Furcht, wohl ahnt' er im Geist, nie seh' er in Zukunft
Penthesileia vereint mit den Lebenden kehren vom Schlachtfeld.
Und so sollten die Keren es auch vollenden in Wahrheit
Selbigen Tags; dies brach ihm das Herz und Trauer umfing ihn. 205

Aber von fernher staunten die Danaer, als sie die Troer
Stürmisch heranzieh'n sah'n und die streitbare Penthesileia,
Jene, den reißenden Thieren vergleichbar, die in den Bergen
Graunvollstöhnenden Mord durch wollige Heerden verbreiten,
Diese dem Sturme der Glut, der verheerenden, welche die dürren 210
Zweige hindurch fortwüthet, erregt von den Hauchen des Windes.
Und wohl Mancher begann im versammelten Volk der Achäer:

Wer erweckte die Troer nach Hektors Falle zum Kampfe?
Glaubten wir doch, nie würden sie mehr uns wieder begegnen;
Und jetzt stürmen sie plötzlich heran, voll freudiger Kampflust. 215
Einer in Mitte des Heeres entflammt die Genossen zum Streite;
Wohl ist dieser ein Gott; denn mächtige Thaten ersinnt er.
Auf, unersättlichen Muth im tapferen Herzen erweckend,
Setzen wir uns kampfrüstig zur Wehr; wohl werden auch wir nicht
Ohne die Götter den Streit mit den Dardanern heute bestehen. 220

Sprach's; doch jene, nachdem sie mit strahlender Wehr sich um-
    gürtet,
Strömten heraus von den Schiffen, mit Kraft um die Schultern ge-
    wappnet.
Und nun stürmten die Beiden in blutigem Streite zusammen,
Gleich rohfressenden Thieren an Wuth; Brustharnische, Lanzen,

Auch schwerlastende Helm' und gewaltige Schilde von Stierhaut 225
Trafen sich hier und trafen sich dort, viel stattliche Waffen.
Also schlugen sie Einer dem Anderen, ohne zu wanken,
Wunden mit mächtigem Erz; roth strömte von Blut das Gefilde.
Penthesileia traf den Persinoos und den Molion,
Lernos, den tapferen, dann, den Antitheos und den Jlissos, 280
Auch Elasippos, den starken, Hämonides und den Hippalmos.
Aber Derione schlug den Laogonos, und den Menippos
Klonia. Der war einst aus Phylake ziehend dem Helden
Protesilaos gefolgt, mit den rüstigen Troern zu kämpfen.
Als er im Streite gefallen, ergrimmt' im Geiste Podarkes, 235
Jphikles' Sohn; er war der geliebteste seiner Genossen.
Rasch auf Klonia zielt' er und tief in die innersten Weichen
Drang der gewichtige Speer; alsbald aus klaffender Wunde
Strömte das schwärzliche Blut, und heraus quoll alles Gedärme.
Da traf Penthesileia, von Zorn entbrannt, den Podarkes 240
Mit langschattendem Speer an der rechten Hand in das dichte
Muskelgeflecht, und zerschnitt ihm die blutvoll strotzenden Adern.
Rasch vorquellend ergoß sich das Blut in dunkeln Strömen
Aus der geschlagenen Wund'; er, tief aufseufzend im Herzen,
Prallte zurück; so hatte der Schmerz ihm die Seele bewältigt. 245
Als er schied, durchbebte die Phylaker schmerzliche Sehnsucht;
Aber der Held, nur wenig entfernt von der Stätte des Kampfes,
Haucht' alsbald in den Armen der trauernden Freunde den Geist aus.
Doch Idomeneus traf mit ragendem Speer die Bremusa
Rechts an der Brust, und löste sofort ihr Leben und Odem. 250
Und sie stürzte zu Boden, der stämmigen Esche vergleichbar,
Welche, gefällt von der Axt holzhauender Männer im Bergwald,
Aechzend bricht und zur Erde sich neigt mit entsetzlichem Tosen:
Also sank sie stöhnend dahin, ihr löste die Glieder
Alle der Tod, und die Seele verschwand in die wehenden Lüfte. 255
Durch den Meriones fiel Euandra, fiel Thermodosa,
Die wild stürmten umher im gräßlichen Schlachtengewühle;
Der durchbohrt' er das Herz mit dem Speer, der stieß er die Weichen
Durch mit dem Schwert, daß todt alsbald hinsanken die Beiden.
Doch die Derinoe zwang der tapfere Sohn des Dikeus, 260

Welcher am Schlüsselbeine sie traf mit der spitzigen Lanze.
Derimacheia sodann und Alkibia hieb Diomedes
Beiden das Haupt vom Rumpfe hinweg bis herab zu den Schultern
Mit todbringendem Schwert; da stürzten sie beide zur Erde,
So wie das Rind, dem rasch mit gewichtigem Beile der Jüngling, 265
Wenn er die Sehnen des Nackens hindurchhieb, raubte das Leben.
So von dem Arm des Tydiden bewältiget, stürzten die Jungfrau'n
Hin im Gefilde, getrennt von den fernhinrollenden Häuptern.
Sthenelos dann erschlug den gewaltigen Streiter Kabeiros,
Der aus Sestos gezogen, im Kampf mit den Söhnen Achäa's 270
Kühn sich zu messen verlangend, und nicht mehr schaute die Heimat.
Paris entbrannte von Zorn, als der im Tode dahinsank,
Und auf Sthenelos schnellt' er den Pfeil und verfehlte des Zieles
Weit, wie sehr er sich mühte; denn seitwärts irrte der Pfeil ab,
Traf, wohin ihn lenkten die unbarmherzigen Keren. 275
Denn Euanor erlegt' er, den Mann in der ehernen Rüstung,
Der von Dulichion kam, mit Troja's Volke zu kämpfen.
Als der fiel, ergrimmte der glänzende Sprosse des Phyleus
Heftig im Geist, und schnell, wie der Leu auf wollige Heerden,
Sprang er heran; da bebten sie all vor dem schrecklichen Manne. 280
Denn den Itymones schlug er und Hippasos' Sohn Agelaos,
Die von Miletos gekommen, den Danaern Tod zu bereiten,
Unter Amphimachos' Hut und des götterähnlichen Nastes.
Denn die führten vereint die Karier alle zum Kampfe,
Die um Mykale wohnten und Latmos' strahlende Berghöh'n, 285
Branchos' geräumige Thale, Panormos' Ufergelände,
Auch Mäandros' Gewässer, des tiefhinflutenden Stromes,
Der in der Karier Rebengefild von dem Lande der Heerden,
Phrygia, her sich ergießt und in ewigen Krümmen sich windet.
Sie denn tödtete Meges im schrecklichen Waffengewühle, 290
Und noch Andre bezwang er, so viel sein mächtiger Speer traf.
Denn ihm stärkte die Seele mit Muth Zeus' Tochter Athene,
Daß er dem feindlichen Volke den Tag des Verderbens bereite.
Dann den Dresäos erlegte der streitbare Held Polypötes,
Den mit der schönen Neära Theodamas zeugte, der weise, 295
Als er an schneeigen Höhen des Sipylos ihr sich gesellte,

Wo zum starrenden Stein einst Niobe schufen die Götter,
Der von der Höhe noch jetzt reichströmende Thränen herabgießt.
Mit ihm klagen vereint die rauschenden Fluten des Hermos,
Klagen die mächtigen Gipfel des Sipylos, welche beständig 300
Rings ein Nebelgewand umfließt, feindselig den Hirten.
Doch sie erscheint ein Wunder den Sterblichen, welche vorbeigeh'n;
Aehnelt dem jammernden Weibe sie doch, das, ohne zu rasten,
Schmerzliche Thränen vergießt und in düsterer Trauer sich abhärmt.
Wahrheit wähnst du zu schauen und Wirkliches, wenn du von
    weiter 305
Ferne nach ihr hinblickst; doch wenn du dich näherst, erscheint dir
Ein abschüssiger Fels, der von Sipylos' Höhen sich losriß.
Sie, von dem schrecklichen Groll unsterblicher Götter getroffen,
Klagt noch jetzt in den Felsen und gleicht dem trauernden Weibe.

  Also gaben sich Jene den Tod und streuten Verderben 310
Wider einander umher: wild schnob in der Mitte der Völker
Rings das Getümmel der Schlacht; ihm stand an der Seite des Todes
Unheilschwangerer Gott, und die grimmigen Keren des Schicksals
Schalteten wüthend umher, schmerzbringenden Mord zu bereiten.
Und wohl sank von den Troern und Danaern selbigen Tages 315
Mancher entseelt in den Staub, wo graunvoll dröhnte der Schlachtruf;
Denn nie ruhte vom Streite der Kampfmuth Penthesileia's.
Wie sich im hohen Gebirge die Löwin über die Rinder
Wirft, aufstürmend mit Macht aus felsigen Tiefen der Waldschlucht,
Nur nach Blute sich sehnend, der süßesten Labe des Wildes: 320
Also warf sich die Tochter des Ares auf die Achäer.
Doch sie wichen zurück, von Schrecken betäubt, und die Heldin
Stürzte sich nach, wie die Woge des tiefaufrauschenden Meeres
Sich dem geflügelten Schiff nachstürzt, wenn treibender Fahrwind
Hoch in die blendenden Segel hineinbläst, während die Berghöh'n 325
Donnern, gepeitscht von den Fluten, die weit am Gestade sich brechen:
Also schlug sie verfolgend die Reih'n der Achäer zu Boden,
Und rief drohend das Wort, voll freudigen Stolzes im Herzen:

  Heut noch werdet ihr Hunde des Priamos Schande mir büßen;
Denn vor meiner Gewalt soll Keiner entflieh'n und der Eltern 330
Freude hinfort mehr sein und der züchtigen Frau'n und der Söhne;

Erster Gesang.

Nein, ihr sollt daliegen ein Fraß Raubthieren und Vögeln,
Und kein Grab soll euer Gebein im Tode bedecken.
Wo lebt jetzo die Kraft des Achilleus oder des Ajas?
Wo Diomedes' Kraft? Denn diese ja nennt man die Besten. 335
Doch nie werden sie wagen mit mir sich im Kampfe zu messen,
Daß ich sie selbst nicht tödte, zum Aides sendend die Seelen.
Sprach's und stürmte hinein in die Danaer trotziges Muthes,
Stark wie das reißende Thier, und schlug viel Männer zu Boden,
Hier mit gewichtiger Art und dort mit geschwungener Lanze 340
Sendend den Tod. Ihr trug der geflügelte Renner den Köcher
Und das entseelende Bogengeschoß, auf daß sie zu Dienst ihr
Wären in blutiger Schlacht wehbringenden Tod zu versenden.
Und es geleiteten sie schnellfüßige Männer im Kampfe,
Hektors Brüder und Freunde, des kühnausharrenden Streiters, 345
Die in tapferer Brust Muth athmeten, Söhne des Ares,
Und mit geglätteten Lanzen die Danaer sandten zum Tode.
Die, schnellfallenden Blättern vergleichbar oder den Tropfen,
Sanken in Haufen dahin, und weitum dröhnte die Erde,
Feucht von Strömen des Blutes und voll von erschlagenen Todten. 350
Rosse, durchbohrt von der Pfeile Gewalt und der eschenen Lanzen,
Wieherten da zum letzten, die Kraft und das Leben verhauchend;
Andere zuckten im Schmerze, den Staub mit den Hufen zerwühlend.
Ueber erschlagene Männer hinweg und über die Rosse
Wälzten die Rosse sich hin, wie über die Spreu in der Tenne. 355
Staunen ergriff und Freude durchdrang hier viele der Troer,
Als sie Penthesileien im Schlachtfeld stürmisch einherzieh'n
Sahen, dem schwarzen Orkane vergleichbar, welcher im Meere
Tobt, wenn der Sonne Gewalt eintritt in das Zeichen des Steinbocks.
Und die sprachen, das Herz in nichtigem Hoffen befangen: 360
Freunde, wie sichtbar kam der Unsterblichen Eine vom Himmel
Heute herab, um den Kampf mit Achäa's Volke zu kämpfen,
Und uns Hülfe zu bringen nach Zeus' hochherzigem Rathschluß,
Welcher des Priamos wohl, des gewaltigen Fürsten der Troer,
Wieder gedenkt, der sich rühmt aus göttlichem Blute zu stammen! 365
Denn nicht glaub' ich ein Weib aus irdischem Stamme zu schauen,
So voll trotziges Muthes, gehüllt in so glänzende Rüstung;

Pallas ober Enyo, die Heldinnen, oder auch Eris,
Ober die herrliche Tochter der Leto schau' ich vor Augen:
Heut noch wird sie Verderben und Tod den Achäern bereiten, 370
Wird in verheerendem Brande die feindlichen Schiffe vertilgen,
Die sie vor Ilios trugen, für uns vielfältiger Leiden
Quelle vorlängst. Doch sollen sie nie, heimkehrend nach Hellas,
Ihre Geliebten erfreu'n; denn uns steht wahrlich ein Gott bei.
So sprach Mancher im Volk und freute sich innig im Herzen: 375
Thörichter, der nicht ahnte das unheilvolle Verhängniß,
Welches ihn selbst und die Troer bedroht' und Penthesileia!
Denn noch hatten sie nichts von dem tosenden Kampfe vernommen,
Ajas, der muthige Held, und der Städteverwüster Achilleus;
Nein, an Patroklos' Grab, des geschiedenen Freundes gedenkend, 380
Lagen die Zwei; fern hielt sie der Schmerz von dem Grauen der Feldschlacht.
Denn ein Unsterblicher hieß sie des tobenden Streites vergessen,
Daß noch Viele von Argos in schmerzlichem Tode verblichen
Unter der Troer Gewalt und der streitbaren Penthesileia,
Die sie mit Macht anfiel und den furchtbaren Keren dahingab. 385
Noch viel andere Schrecken ersann sie, während im Herzen
Kraft und Muth ihr höher sich hob; nie zielte der Wurfspeer
Sonder Erfolg; stets traf er den fliehenden Feind in den Rücken,
Oder er haftet' im Busen der vorn anstürmenden Streiter.
Ringsum troff sie vom Blut der Erschlagenen; ohne zu wanken, 390
Schritt sie behend und rüstig heran; vor keiner Ermattung
Zagt' ihr Muth, unerschüttert und fest, wie gehärtetes Eisen.
Denn noch dachte die Moira, des Schicksals finstere Göttin,
Die sie beständig zur Schlacht aufstachelte wider Achilleus,
Sie mit Ruhm zu verklären. Entfernt vom Gefilde des Kampfes 395
Stand sie, Verderben ersinnend, und jubelte, weil sie die Jungfrau
Heute zum Opfer bestimmt für die siegende Hand des Achilleus.
Dunkel umhüllte sie rings; stets trieb sie zum Kampfe die Heldin
Unsichtbar, und drängte sie hin in grauses Verderben,
Jetzt noch, und nimmer hinfort, sie verherrlichend. Sie im Getümmel 400
Mordete hier und mordete dort.

Erster Gesang.

So wie das Rind, im Lenze nach labendem Grase verlangend,
Wenn sich von Haus der Gebieter entfernt, in den thauigen Garten
Einbricht, und abwechselnd an jeglichem Ort sich umhertreibt,
Und was neu aufsproßte, verheert in der werdenden Blüte, 405
Dies abweidend mit Lust, und dies mit den Füßen zertretend:
Also schritt im Gewühl durch Argos' Söhne die Jungfrau
Stürmisch einher, trieb diese zur Flucht und erlegte die Andern.
   Troja's Frau'n sah'n staunend die muthigen Thaten des Weibes
Fern in der Stadt, und mächtig ergriff Antimachos' Tochter, 410
Hippodameia, des Helden Tisiphonos Gattin, die Kampfluft.
Unaufhaltsam trieb sie der Muth in der innersten Seele,
Und aufregend zu Kampf die Jugendgenossinnen alle,
Sprach sie das trotzige Wort; denn Kühnheit weckte die Kraft ihr:
   Freundinnen, männlichen Muth in den tapferen Herzen entflammend, 415
Wie er in unseren Gatten sich regt, die wider die Feinde
Kämpfend für heimisches Land, für uns und die liebenden Eltern,
Nie von den Mühen des Kampfs aufathmeten — gleiches Vertrauen
Weckend in unserer Brust, laßt uns auch denken der Kampfluft!
Denn nicht ferne ja steh'n wir der Jünglinge starkem Geschlechte; 420
Nein, der Muth, der Männer beseelt, er regt sich in uns auch;
Gleich sind Augen und Knie', und gleich ist alles das Andre.
Erdumsäuselnde Luft und das Licht ist Allen gemeinsam,
Aehnlich die Nahrung auch: und was denn schufen die Götter,
Das mehr zierte den Mann? Drum — zagen wir nicht vor dem Kampfe! 425
Oder gewahrt ihr nicht, wie das Weib dort stattlich hervorragt
Vor kampfrüstigen Männern? Es ist nicht unseres Landes
Kind, noch wohnt es daselbst; für den nicht einheimischen König
Kämpft es aus eigenem Drang und kümmert sich nicht um die Männer,
Trotzigen Muth unerschrocken im tapferen Busen bewahrend. 430
Doch wie viel Graunvolles bedrängt uns Frau'n in der Nähe!
Eine verlor im Kampf um die heimische Veste den Gatten,
Eine den liebenden Sohn; die weint um erschlagene Eltern;
Jene beklagt der Brüder Verlust und theurer Verwandten.
Keine von uns blieb frei von den tückischen Schlägen des Unglücks; 435

Ja, selbst muß uns bangen, den Tag zu sehen der Knechtschaft.
Darum bedrängt, wie wir sind, laßt uns nicht säumen, des Kampfes
Wuth zu besteh'n; denn wohl ist's rühmlicher, wenn wir im Streite
Fallen, als daß uns später die Fremblinge fort in die Knechtschaft
Führen, in Noth und Jammer, zugleich mit den lallenden Kindern, 440
Während die Stadt in Feuer vergeht und die Männer dahin sind.

Sprach's; da regte sich mächtig in jeglicher Brust das Verlangen
Nach dem Getümmel der Schlacht; es trieb sie hinaus vor die Mauer
Stürmend zu zieh'n in Waffen; der Stadt und dem Volke zu helfen
Brannten sie, glühend von Muth, und erregt war Allen die Seele. 445
Wie in dem traulichen Stocke daheim laut summen die Bienen,
Wann der Winter entfloh'n, und hinaus in die blumigen Auen
Sich zu dem Fluge bereiten; im Stock will's nimmer behagen,
Und nun mahnt wohl Eine die Andere, draußen zu schwärmen:
Also mahnten sich dort die barbarischen Frauen einander, 450
Eilend zur Schlacht; sie stellten behend an die Seite die Körbchen
Und das Gespinnst, und griffen beherzt zu den grimmigen Waffen.
Und nun fanden sie draußen zugleich mit ihren Gemahlen
Und mit den Amazonen den sicheren Tod in der Feldschlacht,
Hätte die weise Theano sie nicht in der Ferne gehalten, 455
Und mit verständiger Rede die Stürmenden also begütigt:

Weßhalb rennt ihr, verlangend nach Kampf, in die tobende Feld-
schlacht,
Thörinnen ihr, die nimmer zuvor sich erprobten im Streite,
Jagt, unkundig des Kriegs, in verblendetem Sinne nach Thaten,
Die ihr nimmer vollbringt? Denn nie kann unsere Stärke 460
Sich mit den Danaern messen, den kundigen Meistern des Kampfes.
Aber den Amazonen gefiel das alles von jeher,
Schlachtengewühl und Reiten und was sonst üben die Männer;
Darum waltet in ihnen der Geist hochherziges Muthes.
Männlicher Hülfe bedürfen sie nicht; da die Mühen des Krieges 465
Ihnen die Kraft und die Glieder gestählt, um nimmer zu wanken.
Ja, das Gerücht nennt Jene das Kind des gewaltigen Ares;
Darum trete mit ihr kein anderes Weib in die Schranken;
Oder es kam wohl Eine der Himmlischen, Troja zu helfen.
Wohl sind Eines Geschlechtes die Sterblichen alle; doch Einer 470

Erster Gesang.

Uebt dies, Anderes der, und stets ist jenes das Beste,
Was wir im Grunde des Herzens erkannt und betreiben mit Einsicht.
Darum fern euch haltend vom rauschenden Waffengewühle,
Schaffet am Webstuhl ämsig daheim in euren Gemächern,
Und die Geschäfte des Kriegs laßt unsere Männer bestellen. 475
Hoffen wir nur, bald wendet sich's gut; denn seht, die Achäer
Sinken dahin, stolz hebt sich der Siegsruhm unserer Männer.
Weßhalb sollt' uns grauen? Wovor? Noch halten die Veste
Nicht umschlossen die Feinde, die grausamen; nirgend bedrängt uns
Traurige Noth, die Frauen sogar forttriebe zum Kampfe. 480
   Sprach's, und die anderen Frauen, dem Wort der Bejahrteren folgsam,
Sah'n jetzt wieder von ferne der Schlacht zu; Penthesileia
Mordete rastlos fort, bang zitterten rings die Achäer;
Konnten sie doch dem Geschicke, dem furchtbaren, nimmer entrinnen.
Denn wie meckernde Ziegen der graunvoll rasende Panther, 485
Schlug sie die Feinde zu Boden; an Flucht nur dachten die Männer,
Nicht an Kampf; der wandte sich hier und der Andere dorthin,
Dieser im Flieh'n von der Schulter die Wehr abwerfend zur Erde,
Jener zugleich mit den Waffen; getrennt von den lenkenden Führern,
Flohen die Rosse dahin; laut jubelten hier die Verfolger, 490
Hier scholl Stöhnen und Aechzen der Sterbenden; keinerlei Hülfe
Bot den Bedrängten sich dar, und kurz nur lebten sie alle,
Welche die Heldin erreicht' in dem schaurigen Waffengewühle.
Wie die Gewalt des Orkanes mit mächtigem Tosen heranstürmt,
Stämmige Bäume, von Blüten umkränzt, mit der Wurzel zur Erde 495
Wirft und andere spaltend zerschellt von der Krone zur Wurzel,
Daß sie, zerknickt an den Aesten, zu Hauf ruh'n über einander:
So lag niedergestreckt viel Volk der Achäer im Staube,
Nach dem Gebote der Moiren, vom Wurfspeer Penthesileia's.
   Wie nun aber die Troer sich rüsteten auch in die Schiffe 500
Sengendes Feuer zu werfen, da drang zu des tapferen Ajas
Ohren das Jammergeschrei, und zu Aeakos' Enkel begann er:
   Rings umdröhnt mir die Ohren ein schauriges Tosen, Achilleus,
Daß mir ahnt, wohl habe gewaltiger Kampf sich erhoben.
Gehen wir denn; sonst kommen die Dardaner uns an den Schiffen, 505

Fürcht' ich, zuvor und morden das Volk und verbrennen die Schiffe.
Und das wäre ja Schande für uns und ein kränkender Vorwurf.
Uns, Kronions Enkeln, geziemt nicht, unserer Väter
Heiligen Stamm zu schänden, die Troja's leuchtende Veste
Selbst vordem mit den Lanzen erstürmt und in Trümmer geworfen, 510
Als sie Laomedon zwangen im Bund mit dem starken Herakles.
Aehnliches wird auch jetzt von unseren Armen vollendet,
Hoff' ich; denn mächtige Stärke verliehn uns beiden die Götter.
  Sprach's, und dem Worte gehorchte die muthige Kraft des Achilleus.
Ihm auch war das Getose des Kampfs in die Ohren gedrungen. 515
Und nun eilten die Beiden in strahlende Wehr sich zu hüllen,
Stellten sich dann, umhüllt von der Wehr, an die Spitze der Völker.
Graunvoll dröhnten die Waffen, die herrlichen; ähnlich dem Kriegsgott,
Brannte der Muth in den Seelen der Stürmenden; solche Gewalt gab
Beiden in's Herz Athenäa, des Zeus siegprangende Tochter. 520
Argos' Jünglinge jauchzten, die tapferen Männer erblickend;
Glichen sie doch des großen Aloeus riesigen Söhnen,
Welche die mächtigen Berge hinan zu dem weiten Olympos
Einst sich rühmten zu wälzen, des Pelion Höhn und des Ossa
Ragendes Haupt, kühn strebend, sogar in den Himmel zu klimmen: 525
Also warfen die Beiden der furchtbaren Schlacht sich entgegen,
Aeakos' Enkel, zur Lust dem verlangenden Volk der Achäer,
Beide zum Kampf fortstürzend, um Troja's Heer zu vernichten.
Und viel Männer erschlugen sie da mit den grimmigen Lanzen.
Wie zwei mächtige Löwen vereint auf wollige Schafe, 530
Die von den schützenden Hirten getrennt sind, stoßen im Bergwald,
Und sie würgen in Haufen so lang, bis beide vom dunklen
Blute geschlürft und den Bauch mit dem leckeren Raube gesättigt:
Also sandten die Beiden unzählige Männer zum Tode.
  Ajas tödtete da den Deïochos, auch den beherzten 535
Hyllos, den Meister des Kriegs Eurynomos und den Enyeus,
Peleus' Sohn die Antandra, Antibrote und Polemusa.
Auch Hippothoë schlug er, die Jungfrau trotziges Muthes,
Dann Harmothoë'n auch; mit Telamons tapferem Sohne
Brach er darauf in die Massen des Heers; in gewaltigen Reihen 540
Stürzten die Rotten zusammen, erlegt von dem Arme der Helden,

Erster Gesang.

Schnell nach einander und leicht, wie der schattige Wald im Gebirge,
Wenn ihn die Flammen verzehren, erregt von den Hauchen des Windes.
Doch als Penthesileia, die streitbare, jene gewahrte,
Wie sie dem Wild gleich tobten im gräßlichen Schlachtengewühle, 545
Stürzte sie beiden entgegen, dem trotzigen Parbel vergleichbar,
Der mordgierigen Sinnes im dichtverwachsenen Walde,
Zornig den Schweif hin werfend und her, auf die nahenden Jäger
Springt in grimmigem Muth; die, tüchtig bewehrt und gepanzert,
Harren des wüthenden Wildes, der schützenden Lanze vertrauend: 550
Also harrten die Helden der streitbaren Penthesileia,
Hoch in den Händen die Lanze; das Erz um die Männer erdröhnte,
Wie sie heran sich bewegten. Zuerst den gewichtigen Wurfspeer
Schleuderte Penthesileia; den Schild von Aeakos' Enkel
Traf er und splittert' in Trümmer an ihm, als träf' er an Felsen. 555
So war undurchdringlich Hephästos' himmlische Gabe.
Doch nun zielte sie hin mit dem anderen Speere nach Ajas,
Telamons Sohn, und bedrohte mit mächtigem Worte die Beiden:
Wohl ist sonder Erfolg aus der Hand mir entflogen die Lanze;
Aber fürwahr, bald werdet ihr Kraft und Leben verlieren, 560
Hier von der zweiten gefällt, die ihr euch unter Achäa's
Volke die Tapfersten rühmt; dann wird für die reisigen Troer
Leichter hinfort der Jammer des Kriegs, wenn ihr mir erlaget.
Auf denn, kommt mir zum Kampfe heran, auf daß ihr erkennet,
Welch ein Muth Amazonen in männlicher Seele begeistert. 565
Denn ich bin aus Ares' Geschlecht; kein sterblicher Vater
Zeugte mich, nein, er selber, des Kampfs unersättlicher Meister;
Darum beseelt mich ein höherer Muth, als die Sterblichen alle.
Rief's, voll freudigen Stolzes das Herz, und sandte den zweiten
Speer; da lachten die Beiden; die silberne Schiene des Ajas 570
Traf er in mächtigem Schwung; doch drang er nicht in das weiche
Fleisch, wie sehr er verlangte von Ajas' Blute zu trinken.
Sollte ja doch nach Göttergebot mit dem Blute des Ajas
Kein schmerzbringendes Feindesgeschoß im Kampfe sich röthen.
Ajas indeß, nicht achtend der streitbaren Amazone, 575
Sprang in die Reihen der Troer und ließ mit Penthesileia
Nur den Achilleus kämpfen; er wußte ja, daß des Peliden

Arm, wie gewaltiger Stärke mit Recht sich rühme die Jungfrau,
Doch sie bewältigen werde, so leicht wie die Taube der Habicht.
Tief nun seufzte sie auf, da zweimal fehlte der Wurfspeer, 580
Und voll bitteren Hohnes bedeutete sie der Pelide:
Frau, was tratest du doch, mit so nichtiger Rede dich brüstend,
Uns entgegen zum Kampfe, mit uns dich zu messen verlangend,
Uns, ben gewaltigsten Helden im sterblichen Erdengeschlechte!
Denn von Kronions Stamme, des hochherdonnernden Gottes, 585
Rühmen wir uns entsprossen zu sein; auch Hektor, der starke,
Zitterte, wenn er von fern auch nur in die dröhnende Feldschlacht
Uns herstürmend ersah; mein Speer war's, welcher ben Tod ihm
Gab, wie tapfer er war. Dich übermannte der Wahnsinn,
Daß du verwegenen Muths uns Tod und Verderben gedroht hast 590
Heut, indeß dir selber der Tage letzter erschienen.
Denn vor mir dich zu retten vermag dein Vater ja selbst nicht,
Ares, der Gott; dein harrt ein böses Geschick, wie der Hindin,
Wenn sie dem Würger der Stiere, dem Leu'n, im Gebirge begegnet.
Ober vernahmst du noch nicht, wie Viel' an den Wellen des Xan-
thos 595
Dort in ben Staub hinsanken, von unserem Arme bezwungen?
Oder vernahmst du's und raubten die Himmlischen dir die Besinnung,
Daß dich morbend umgähnten die grausamen Keren des Todes?
Sprach's und stürmte heran, im mächtigen Arme die Lanze
Schwingend, des Cheiron Werk, die menschenvertilgende, starke, 600
Stieß sie darauf, nicht säumend, der streitbaren Penthesileia
Rechts in die Brust; schwarz strömte das Blut aus klaffender Wunde,
Und ihr brach in ben Gliedern die Kraft; die gewaltige Streitart
Ließ sie der Hand entsinken, und ringsum breitete Dunkel
Ihr um die Augen sich her, und Schmerz durchzuckte den Busen. 605
Doch sie erholte sich bald und blickte bem Feind in das Antlitz;
Denn er wollte sie schon von dem flüchtigen Renner herabzieh'n.
Und sie erwog, ob, reißend das mächtige Schwert von der Hüfte,
Sie die Gewalt des beherzten Achilleus muthig bestehe,
Oder behend abspringend vom flüchtigen Rosse, den Helden 610
Dringend bestürme mit Bitten und Erz und Goldes die Fülle
Ihm anbiete zur Stelle, womit man sterblicher Menschen

Erster Gesang.

Herzen gewinnt, wie trotzig und wild auch Einer erscheine,
Ob sie damit umstimme die muthige Kraft des Achilleus,
Oder, gerührt von den Reizen der ihm gleichalt'rigen Jungfrau, 615
Er mitleidig ihr gönne den Tag der ersehnten Zurückkunft.
Dieses erwog sie im Geist; doch Himmlische fügten es anders.
Denn anstürmend ergrimmt' in heftigem Zorn der Pelide,
Und durchbohrte sie selbst und den sturmschnell eilenden Renner.
So wie Einer an Spieße das Fleisch des geopferten Thieres 620
Steckt in die lodernde Flamme, das Mahl zurüstend in Eile,
Oder ein Jäger im Walde, die dröhnende Lanze versendend,
Mitten am Bauche den Hirsch durchbohrt in gewaltigem Schwunge,
Daß durchstürmend im Fluge die mächtige Spitze hinausfährt,
Und in dem Stamme der Eiche sich einbohrt oder der Fichte: 625
So ward Penthesileia zugleich mit dem herrlichen Rosse
Vom wildsausenden Speer durchbohrt des Peliden Achilleus.
Und sie vermählte sich eilig dem Staub und dem Tode, zur Erde
Leicht hingleitend im Fall, und enthüllt' an den herrlichen Gliedern
Nicht den verborgenen Reiz; nein, vorwärts sank sie zu Boden, 630
Zuckend am Speer, und lehnte sich hin an dem stattlichen Rosse.
So wie die Tanne, gebrochen vom schrecklichen Hauche des Nordsturms,
Sie, die gewaltigste rings im geräumigen Thal und im Bergwald,
Welche die Erd', ihr selber zum Schmuck, an der Quelle sich aufzog,
Also sank von dem Rosse, dem flüchtigen, Penthesileia, 635
Jetzt noch ein Wunder an Reiz; ihr brach in der Blüte des Lebens.
Troja's Jünglinge sah'n in der Schlacht hinsinken die Heldin,
Und nun stürmten sie zitternd in hastiger Flucht an die Veste,
Alle zumal schwer niedergebeugt von unendlicher Trauer.
Wie Seefahrer im Sturm, der tosend im Meer sich erhoben, 640
Wann ihr Schiff zerschellte, mit Müh' entrinnen dem Tode,
Wenige nur, nachdem sie zur See viel Grauses erduldet;
Endlich erscheint vor ihnen das Land und die Stadt in der Nähe;
Völlig erschöpft von Mühen und Drangsal, retten sich alle
Schwimmend an's Land, um des Schiffes Verlust tief trauernd im
                      Herzen 645
Und um der Freunde Verlust, die des Meers Abgründe verschlangen:
Also klagten die Troer, vom Kampf in die Veste geflüchtet,

All' um Ares' Tochter, des furchtbaren, und um die Völker,
Welche das Schicksal ereilt in dem dröhnenden Waffengewühle.
Doch zu der Heldin gewandt, rief freudigen Trotzes Achilleus: 650
Liege du denn im Staube, zum Fraß Raubvögeln und Hunden!
Wer verführte dich, Arme, mit mir dich zu messen im Streite?
Hofftest du wohl, du werdest von Priamos reiche Geschenke
Nehmen, vom Kampf heimkehrend, zum Dank für den Mord der Achäer?
Doch den Wunsch erfüllten dir nicht die unsterblichen Götter; 655
Denn auf Erden fürwahr sind wir die gewaltigsten Helden,
Sind den Achäern ein Licht und der Dardaner Fluch und der deine,
Unglückseliges Weib, das finstere Keren verlockten
Und sein eigener Sinn, abhold den Geschäften der Frauen,
Sich in den Kampf zu stürzen, wovor selbst grauet den Männern. 660
   Sprach's, und alsbald zog er den eschenen Speer, der Pelide,
Aus dem geflügelten Roß und der furchtbaren Penthesileia.
Und noch zuckten die Beiden, entseelt von demselben Geschosse;
Doch er nahm von dem Haupte den leuchtenden Helm ihr herunter,
Hell wie Helios' Strahlen und hell wie die Blitze Kronions; 665
Und es erschien, obwohl man in Staub und Blut sie gebettet,
Unter den lieblichen Brauen der Jungfrau reizendes Antlitz
Selbst im Tode noch schön; und rings um die Leiche sich drängend,
Standen Achäa's Söhne; denn seligen Göttinnen glich sie;
Denn dort lag sie gewappnet, wie Artemis, Tochter Kronions, 670
Wenn sie sanft entschlummert, nachdem sie hoch in den Bergen
Grimmige Löwen gejagt und die rüstigen Glieder erschlafften.
Kypris, die schönumkränzte, des Ares Lagergenossin,
Schuf aus ihr ein Wunder an Reiz selbst unter den Todten,
Um noch Schmerz zu bereiten dem Sohn des untadlichen Peleus. 675
Wünschten doch Viele bereinst, nach Hause gekehrt, in den Armen
Eines so reizenden Weibes zu ruh'n wie Penthesileia.
Aber Achilleus härmte sich unablässig im Herzen,
Daß er die Heldin getödtet und nicht in die reisige Phthia
Heim als Gattin geführt, die stattlich an Wuchs und von Anseh'n 680
Ganz untadlich erschien, unsterblichen Göttinnen ähnlich.
   Ares aber empfand unendlichen Schmerz, um die Tochter
Tief in der Seele betrübt; er stürmte herab vom Olympos,

Erster Gesang.

Schnell wie der furchtbare Blitz im Geleit nachhallender Donner,
Den der Kronide gesandt; aus niemals ruhender Rechten 685
Fliegt der über das Meer, das unendliche, oder die Erde
Leuchtend dahin, rings beben die mächtigen Höh'n des Olympos:
So schwang Ares in Waffen sich hin durch die Weiten des Aethers,
Gramvoll, weil er gehört von dem schrecklichen Loose der Tochter;
Denn ihm hatten die Lüfte, des Boreas flüchtige Töchter, 690
Während er hoch in den Räumen des Himmels weilte, der Jungfrau
Grauses Geschick verkündet, und er, wie ein brausender Sturmwind,
Schwang auf Ida's Höh'n sich herab; ihm unter den Füßen
Bebten geräumige Thäler umher und zerrissene Schluchten,
Bebten die Ström' und all die unendlichen Wurzeln des Ida. 695
Und wohl hätt' er Verderben den Myrmidonen bereitet,
Wenn nicht selbst vom Olympos herab ihn schreckte Kronion
Durch wildhallende Donner und schauerlich flammende Blitze,
Deren entsetzliche Glut rastlos durchzuckte den Aether,
Vor ihm her einschlagend; er sah's und erkannte des Vaters 700
Hochhertönenden Ruf, der laut in den Donnern ihn mahnte,
Blieb dann stehen, so sehr nach der tosenden Schlacht ihn verlangte.
Wie den gewaltigen Fels ein heftiger Regen Kronions
Oder ein Blitz abreißt von erhabener Warte des Berges,
Wann rings rauschen die Winde; das Thal und die Tiefen er-
            dröhnen, 705
Während er wild fortrollt und mit unablässigem Tosen
Hier aufspringend und dort nicht wankt, bis er endlich in ebne
Gründe gelangt, und plötzlich, obgleich nicht wollend, den Lauf hemmt:
So blieb unfreiwillig der trotzige Sohn des Kronion
Stehen, so sehr's ihn drängte zum Kampf; denn willig gehorchen 710
Alle die Götter des Himmels dem Könige, weil er von allen
Weit der gewaltigste Gott und sein unendliche Macht ist.
Vieles erwog er im Herzen, es trieb ihn mächtig im Geiste,
Jetzt, vor dem furchtbaren Drohen des zürnenden Vaters erzitternd,
Alsbald nach dem Olympos zurück sich zu wenden in Eile, 715
Jetzt, nicht achtend des Vaters, die niemals ruhenden Hände
Kämpfend zu tauchen in's Blut des Achilleus. Doch er besann sich
Endlich, wie viele der Söhne Kronions selbst in den Schlachten

Fielen, und daß Zeus selber den Tod nicht wehrte von ihnen.
Darum wandt' er sich fern von den Danaern; wahrlich, er läge 720
Drunten, vom schrecklichen Blitze bewältiget, bei den Titanen,
Wenn er wider den Willen des Zeus sich sträubte, des Vaters.
Aber die streitbaren Söhne der rüstigen Männer Achäa's
Nahmen die blutige Wehr der Erschlagenen, ohne zu säumen,
Hier zuströmend und dort; doch heftig ergriff's den Achilleus, 725
Als er im Staube gewahrte die liebliche Blüte der Jungfrau.
Darum zehrt' im Herzen an ihm der zermalmende Kummer,
Wie noch jüngst, als Hektor erschlug den geliebten Patroklos.
Doch Thersites begann mit bitterem Wort ihn zu schelten:
  Ha, warum denn bethörte das Herz dir im Busen ein Dämon 730
Wegen der Amazone, der schrecklichen, tollen Achilleus,
Die vielfältiges Leid uns stets zu bereiten verlangte?
Du, den immer im Herzen nach reizenden Frauen gelüftet,
Hielteft es wohl für beffer, um sie, die verständige Jungfrau,
Mit Brautgaben zu werben und heim sie zu führen als Gattin. 735
Hätte sie nur, dir kommend zuvor, dich im Kampfe getödtet,
Weil du dich über Gebühr an weiblichen Reizen ergötzest!
Kümmert dich doch, nachdem dir ein Weib vor Augen gekommen,
Kein ruhmwürdiges Werk in deinem verderblichen Sinne.
Schändlicher, ha! Wo blieb dir die Kraft und die stolze Ge-
  sinnung? 740
Wo des untablichen Königs Gewalt? Und vergaßest du wieder,
Welches Geschick sich bereitet das Volk weibsüchtiger Troer?
Denn für die Sterblichen ist kein anderer Reiz so verderblich,
Als die Begier nach der Liebe Genuß; sie wandelt in Thoren
Auch die Verständigsten um. Der Ruhm folgt männlicher Arbeit; 745
Sind doch dem streitbaren Mann Siegsruhm und Thaten des Ares
Wonne; dem Feigen behagt es allein in den Armen des Weibes.
  Also rief er und schalt; da zürnt' ihm heftig im Geiste
Peleus' muthiger Sohn, und schlug mit der markigen Rechten
Ihm alsbald an Wangen und Ohr; ihm flogen die Zähne 750
Alle heraus, an den Boden hinab; er stürzte zur Erde,
Und ihm schoß in Strömen das dunkele Blut aus dem Munde.
Eilig entwich aus den Gliedern des ganz nichtswürdigen Mannes

Erster Gesang.

Sein unmännlicher Geist; hoch jauchzte das Volk der Achäer.
Denn stets höhnt' er diese mit schmachvoll tadelnden Worten, 755
Selbst ein erbärmlicher Wicht, und die Danaer schämten sich seiner.
Und nun sprach wohl Mancher der streitbaren Männer Achäa's:
  Könige feindlich zu schmäh'n, ziemt nicht dem geringeren Manne,
Oeffentlich oder geheim; denn das regt heftigen Groll auf;
Themis lebt, schwer züchtigt die schamlos lästernde Zunge 760
Ate, die Leiden auf Leiden erschafft den Geschlechtern der Menschen.
  So sprach mancher Achäer; und er, voll Grimmes im Herzen,
Peleus' muthiger Sohn, sprach so zu dem todten Thersites:
  Liege du denn im Staube, des thörichten Sinnes vergessend;
Nicht ja dem Schlechten geziemt's, mit dem besseren Manne zu
  hadern, 765
Wie du selber vordem das verwegene Herz des Odysseus
Frevelnd zum Zorne gereizt durch maßlos schmähenden Vorwurf.
Freilich in anderer Art war Peleus' Sohn dir erschienen,
Der dir raubte das Leben, und nicht zuschlagend mit derber
Faust; dich aber umfing ein unbarmherziges Schicksal; 770
Ein unmännlicher Schwächling erlagest du. Nun von Achäa's
Jünglingen hebe dich weg, und lästere drunten im Hades!
  Sprach es, der tapfere Sohn von Aeakos' muthigem Sohne.
Tydeus' Sohn Diomedes allein war's, der dem Achilleus,
Weil er Thersites erschlug, im Volke der Danaer zürnte. 775
Denn er war ihm nahe verwandt, des erhabenen Tydeus
Sohn, und der Andere stammte von Agrios' edlem Geblüte.
Agrios war ein Bruder des götterähnlichen Oeneus;
Oeneus aber erzeugte den streitbaren Danaerhelden
Tydeus, welchem entsproß der gewaltige Held Diomedes. 780
Darum regte der Tod des Thersites diesem das Herz auf.
Und er erhob zum Kampfe mit Peleus' Sohne die Hände,
Hätten sie nicht ihn gehemmt, der Danaer edelste Söhne,
Welche vereint vielfach ihn begütigten, wie dem Achilleus
Selber die Anderen dort zuredeten; schon ja gedachten 785
Sie zu den Schwertern zu greifen, die tapfersten Männer Achäa's.
Denn sie stachelte beide zum Kampf unseliger Jähzorn;
Doch sie gehorchten zuletzt den Ermahnungen ihrer Gefährten.

Aber Erbarmen mit ihr, der erhabenen Penthesileia,
Fühlten, die Heldin bewundernd, des Atreus Söhne, die Herr-
　　　　　　　　　　　　　　　　　　　　　　　　scher. 790
Und sie gestatteten, jene zur Burg des gefeierten Jlos
Samt den Waffen zu bringen, den Dardanern, als sie vernommen,
Priamos habe gesandt; der hegte den Wunsch, die beherzte
Jungfrau dort mit den Waffen zugleich und dem stattlichen Renner
In dem geräumigen Grab des Laomedon niederzulegen. 795
Und so thürmte man ihr ein Scheitergerüst vor der Stadt auf,
Hoch und breit, und legte darauf die gepriesene Jungfrau
Samt vielfältigem Schatz, um ihn in der lobernden Flamme
Nach der Gebühr zu verbrennen mit ihr, der gefallenen Fürstin.
Und die vertilgende Flamme, die stürmische Kraft des Hephästos, 800
Zehrte sie auf, und die Völker, sich hierhin stellend und dorthin,
Gossen den duftenden Wein in die Glut, bis die Flammen erloschen,
Sammelten dann die Gebeine, des lieblichen Oeles die Fülle
Sprengend, und bargen sie drauf in ein Kästlein; um die Gebeine
Legten sie rings einhüllend das Fett von dem stattlichsten Stiere, 805
Der auf Jda's Höhen hervorragt' unter der Heerde.
Aber die Troer beklagten sie laut, wie die theuerste Tochter,
Schmerzlichbewegt, und begruben sie dort in Laomedons Grabe
Bei'm vorspringenden Thurm an der stolzaufragenden Mauer,
Ares ehrend zugleich mit der tapferen Penthesileia. 810
Neben ihr setzten sie bei die zwölf hochherzigen Jungfrau'n,
Welche, zum Kampf ihr folgend, Achäa's Männern erlagen.
Denn auch ihnen vergönnten, im finsteren Grabe zu ruhen,
Atreus' Söhn' und erlaubten den streitbaren Troern, die Leichen
Aus dem Gewühle zu tragen zugleich mit den anderen Todten. 815
Denn an dem Todten erkaltet der Groll, wir zollen dem Feinde
Mitleid, wenn sein Leben dem bitteren Tode verfallen.

　　Ferne davon auch gaben Achäa's Söhne der Helden
Viele den Flammen dahin, die zugleich von den Händen der Troer
Niedergeworfen erlagen im bröhnenden Schlachtengewühle. 820
Innig betrauerten sie die Gefallenen; aber vor allen
Klagten sie laut um Podarkes; er war kein schlechterer Kämpfer,
Traun, als einst sein Bruder, der tapfere Protesilaos.

Erster Gesang.

Dieser inbeß lag längst von Hektors Lanze getödtet,
Protesilaos, der Held; entseelt durch Penthesileia, 825
Weckte Podarkes heute der Danaer schmerzliche Trauer.
Darum senkten sie ferne von ihm die Menge der andern
Todten in's Grab; ihm aber allein erbauten sie kunstreich,
Weil er so tapfer gewesen, ein weithin sichtbares Grabmal.
Als sie darauf Thersites, des schändlichen, Leiche bestattet, 830
Kehrten sie wieder zurück an die stolzhinschwebenden Schiffe,
Preisend im Geiste die Thaten von Aeakos' Enkel Achilleus.
Doch da der strahlende Tag in Okeanos' Wellen hinabstieg,
Und sich die göttliche Nacht ausbreitete über die Erde,
Labte sich dort im Zelte von Atreus' Sohn Agamemnon 835
Peleus' Sohn an dem Mahle; die anderen Helden Achäa's
Pflegten des Mahles zugleich, bis der heilige Morgen herankam.

Zweiter Gesang.

Inhalt. Den durch Penthesileia's Fall bestürzten Troern räth Thymötes, die Stadt zu verlassen; Priamos aber schlägt vor, die Ankunft des Memnon und der Aethiopen abzuwarten; Polydamas verlangt die Auslieferung Helena's an die Achäer, worüber Paris zürnt. Memnon kommt mit dem Heere der Aethiopen und wird von Priamos festlich bewirthet. Tags darauf beginnt der Kampf, worin Memnon unter Anderen Antilochos, den Sohn Nestors, tödtet. Zu den fliehenden Achäern kommt Achilleus, von Nestor gerufen, erlegt den Memnon und schlägt die Troer in die Flucht. Memnons Leiche wird von den Winden an den Fluß Aesepos getragen. Ihn zu betrauern, steigt seine Mutter Eos mit den Horen und Plejaden vom Himmel herab, entschlossen, nicht mehr am Himmel zu leuchten, und verwandelt die Aethiopen in Vögel. Aber von den Drohungen des Zeus geschreckt, kehrt sie in den Himmel zurück.

Doch als über die Höhen der windumtosten Gebirge
Leuchtender Glanz sich ergossen der rastloswandelnden Sonne,
Jubelten dort in den Zelten die rüstigen Männer Achäa's,
Laut zujauchzend dem Helden, dem tapferen Streiter Achilleus.
Aber daheim war Trauer in Ilios; rings auf den Mauern   5
Saßen sie spähend umher; denn Furcht kam über sie alle,
Daß der Gewaltige stürze heran, hoch über die Mauern
Springe, sie selbst hinmorde, die Stadt in den Flammen versenge.
Und zu dem trauernden Volke begann der ergraute Thymötes:
Nicht mehr, Freunde, vermag ich es auszusinnen im Geiste,   10
Wie wir von uns abwenden des Kampfs unselige Drangsal,
Seit in der Schlacht hinsank der Gewaltige, — Hektor, den Troern
Einst ein so mächtiger Schirm; doch er auch wurde des Todes

Zweiter Gesang.

Raub, ihn fällte der Arm des Achilleus, welchem ein Gott selbst,
Glaub' ich, erläge sogar, mit ihm in der Fehde sich messend: 15
Wie er auch die in der Fehde besiegt, vor welcher den andern
Söhnen Achäa's graute, die streitbare Penthesileia.
Denn wohl war sie furchtbar: nachdem ich zuerst sie gesehen,
Glaubt' ich der Himmlischen Eine herab vom Olympos gestiegen,
Uns zu erfreuen das Herz; doch Anderes fügten die Götter. 20
Gehen wir denn mit einander zu Rath, was besser für uns ist,
Ob wir hinfort uns messen im Kampf mit den schrecklichen Feinden,
Oder entfliehen der Stadt, die schon dem Verderben geweiht ist.
Fortan können ja wir nicht mehr mit den Danaern streiten,
Wenn in der Schlacht mitkämpft der erbarmungslose Achilleus. 25
  Also der Held; und der Sohn des Laomedon sprach, ihm erwidernd:
Freund, und ihr anderen Troer und rüstige Bundesgenossen,
Laßt uns doch nicht zagend die Heimaterde verlassen,
Noch entfernt von der Veste den Kampf mit dem Feinde bestehen;
Nein, ihm wollen wir wehren, gedeckt von Thürmen und Mauern, 30
Bis mit unzähligem Volke der muthige Memnon herankommt,
Herrscher in Aethiopeia, dem Land schwarzfarbiger Männer.
Denn wohl ist er bereits nicht fern mehr unserem Lande,
Glaub' ich gewiß; nicht neulich geschah es ja, daß ich an Memnon
Boten um Hülfe gesandt, in der innersten Seele bekümmert. 35
Und er erbot sich freundlich, sobald er komme nach Troja,
Jegliches mir zu vollenden; er ist jetzt wohl in der Nähe.
Haltet denn aus und harrt noch ein Weniges; besser ja ist es,
Muthig zu sterben in Kampfesgewühl, als fliehend im fremden
Volke der Schande verfallen ein jämmerlich Leben zu fristen. 40
  Also der Greis; doch der weise Polydamas fand an dem Kriege
Fortan keinen Gefallen, und sprach mit verständigem Sinne:
  Wenn dir Memnon im Ernste verhieß, von grausem Verderben
Uns zu befrei'n, dann will ich es euch nicht mehren, verlangt ihr
Hier in der Veste zu warten des göttlichen Mannes; indessen 45
Fürcht' ich sehr, daß, wenn er erscheint mit seinen Gefährten,
Er sammt ihnen erliegt und sonst auch Vielen der Unsern
Unheil bringt; denn mächtig erhebt sich die Kraft der Achäer.
Auf denn, laßt uns weder von unserer Stadt in die Ferne

Fortflieh'n und vielfältige Schmach durch schändliche Feigheit 50
Ernten im Fremblingsland, noch laßt uns hier in der Heimat
Länger verzieh'n und erliegen im Kampf mit den Söhnen Achäa's;
Nein, auch jetzt noch ist es, ob spät auch, immer das Beste,
Wenn wir dem Danaervolke die Helena selbst und die Schätze,
Die sie von Sparta gebracht, und noch Anderes wieder erstatten, 55
Wär's auch doppelt so viel, für die Stadt und unsere Rettung,
Während in unsere Habe sich noch nicht theilten die Feinde,
Noch das vertilgende Feuer die heimische Veste zerstört hat.
Darum schenkt mir willig Gehör; denn unter den Troern,
Denk' ich, vermag kein Andrer so heilsamen Rath zu ersinnen. 60
Hätte doch Hektor früher gehört auf unsere Mahnung,
Als wir ihn hier in der Veste zurückzuhalten versuchten!
Also die rüstige Kraft des Polydamas. Aber die Troer
Ringsher stimmten im Herzen ihm bei; doch offen zu reden
Wagten sie nicht; sie verstummten in zagender Scheu vor dem König 65
Und vor Helena selbst, die all' ihr Verderben verschuldet.
Jenen indeß, wie wacker er war, schalt Paris erwidernd:
Ein feigherziger Schwächling, Polydamas, bist du doch allzeit:
Niemals hat im Busen ein kriegerisch Herz dir geschlagen;
Nein, stets hegst du Gedanken an Flucht; du rühmst dich im Rathe 70
Immer der Erste zu sein; doch wer weiß schlechter zu rathen?
Auf denn, halte du selbst dich entfernt vom Gewühle der Feldschlacht,
Sitze daheim in deinem Gemach; doch die anderen Bürger
Werden im Bunde mit mir so lang sich bewehren zum Kampfe,
Bis wir das Grauen des Krieges zu glücklichem Ende geleitet. 75
Denn nicht ohne Beschwerden und lästige Fehden erringt sich
Ruhm im Geschlechte der Menschen, gescheh'n preiswürdige Thaten;
Aber die Flucht ziemt nur unmündigen Kindern und Frauen.
Du gleichst diesen an Sinn. Auf dich vertrau' ich im Kampfe
Gar nicht; nimmst du doch Allen den Muth und die freudige Streit-
lust. 80
Also rief er und schalt; doch Polydamas, grollend im Herzen,
Sagte darauf: (er scheute sich nicht, ihm entgegenzutreten;
Denn leichtfertiger Art, voll thörichten Muthes, ein Frevler

Zweiter Gesang.

Ist, wer höfelt und schmeichelt in's Antlitz, Andres im Herzen
Aussinnt, und den Entfernten geheim anfeindet mit Worten. 85
Darum schalt er offen den göttlichen Herrscher in's Antlitz:)
  Ha, du verderblichster aller Geborenen, welche die Welt sah,
Dein Trotz schuf uns Jammer und Unheil; beine Gesinnung
Trug es und wird es ertragen, des Kriegs unermeßliches Elend,
Bis du die Stadt in Trümmern erblickst und die Troer dahin sind! 90
Solch ein Trotz — fern bleib' er von mir; stets leite der Geist mich,
Der vorsichtig das Haus mir bewahrt in sicherem Frieden.
  Also Polydamas dort, und nichts antwortete Paris.
Denn er gedachte des Leibs, wie viel er bereitet den Troern,
Und noch werde bereiten hinfort; denn eher zu sterben 95
Trieb ihn das flammende Herz, als daß er von Helena schiebe,
Welcher zulieb von den Höhen herab und den thürmenden Zinnen
Troja's weitum spähten die Darbaner, harrend des Angriffs,
Der von den Danaern droht' und von Aeakos' Enkel Achilleus.
  Ihnen erschien nicht lange darauf der streitbare Memnon, 100
Herrscher in Aethiopeia, dem Land schwarzfarbiger Männer,
Der mit unendlichem Volke heranzog. Freudig erregt sah'n
Ihn in der Stadt ankommen die Darbaner, Schiffern vergleichbar,
Die, schon völlig erschöpft, nach unheilbringendem Sturme
Seh'n in der Luft hoch glänzen der Helike schimmernde Kugel: 105
So umstanden sie jenen und freuten sich. Aber vor Allen
Freute sich Priamos selbst; er nährt' in der Seele die Hoffnung,
Daß er im Bund mit den Fremden die feindlichen Schiffe verbrenne.
Denn unendliche Stärke besaß ihr Herrscher, und zahlreich
Waren sie selbst, und alle durchmannt von gewaltiger Streitlust. 110
Darum ehrte der König den tapferen Sprossen der Eos
Fort und fort mit den Freuden des Mahls und stattlichen Gaben.
Und so schmausten sie froh, in trautem Gespräch sich ergebend:
Priamos sprach von den Helden der Danaer, sprach von den Leiben,
Die er bestand, und der Gast vom unsterblichen Leben der Mutter 115
Eos und des Tithon, den unendlichen Wogen der Tethys
Und des Okeanos tief hinflutenden heiligen Wassern,
Auch von den Marken der Erde, der ewigen, Helios' Aufgang,
Und von dem Weg, den er ziehend durchmaß von Okeanos' Ufern,

Bis er an Priamos' Stadt anlangt' und den Höhen des Ida, 120
Dann auch, wie er ein Sieger mit mächtigen Armen zermalmte
Streitbarer Solymer Heere, die heiligen, welche den Weg ihm
Sperrten, sich selbst Unheil und unnennbares Wehe bereitend;
Dies, und wie er geseh'n unzählige Völker, erzählt' er,
Und ihm lauschte der König, und ward im Herzen erheitert, 125
Drückt' ihm leise die Hand und sprach mit ehrenden Worten:
  Also vergönnten mir jetzt die Unsterblichen, daß ich, o Memnon,
Hier dein Heer und dich selber geseh'n in meinem Palaste.
Möchten sie doch auch dies mir bewilligen, daß ich es sehe,
Wie dein Speer die Geschwader Achäa's alle zertrümmert! 130
Gleichst du ja doch in Allem den unbezwingbaren Göttern
Wunderbar, wie keiner der erdgeborenen Helden;
Darum hoff' ich, du bringst herzkränkenden Tod den Achäern.
Doch wohlan, erst labe das Herz an den köstlichen Mahlen
Heute mit uns; dann kämpfst du den Kampf, wie's Männern ge-
  recht ist. 135
  Sprach's und erhob mit der Hand den geräumigen Becher von
  Golde,
Freundlichen Blicks zutrinkend dem Memnon aus dem gediegnen,
Schweren Pokal, Kunstwerk des erfahrenen Meisters Hephästos,
Welches der hinkende Gott, als heim er führte Kytheren,
Gab dem gewaltigen Zeus; der schenkte dem göttlichen Sohne 140
Dardanos ihn; der gab ihn dem Sohn Erichthonios; dieser
Schenkt' ihn dem tapferen Sohne, dem Tros; der ließ ihn dem Ilos
Unter den anderen Schätzen; Laomedon nahm ihn von Ilos,
Und von Laomedon dann Held Priamos, der ihn dem Sohne
Wieder verhieß; doch der Gott vollendete nicht die Verheißung. 145
Memnon betrachtete, staunend im Geist, den stattlichen Becher
Um und um, und begann zu dem Könige, solches erwidernd:
  Nicht mit prahlender Rede geziemt's am Mahl sich zu brüsten,
Noch sich zu binden mit stolzen Verheißungen, sondern im Hause
Ruhig zu pflegen des Mahls und das Nöthige vorzubereiten. 150
Denn ob edel und tapfer ich sei, das wird dir im Kriege
Kund, im Kriege bewährt sich der Muth und die Stärke des Mannes.
Auf, jetzt wollen wir denken des Schlafs, nicht zechen die Nacht durch;

Zweiter Gesang.

Denn unmäßiges Trinken beläſtiget, nächtliches Schwelgen
Schadet dem rüſtigen Mann, der zu fährlichem Kampfe ſich gürtet. 155
Sprach's, und wieder verſetzte der Greis mit bewundernbem
Staunen:
Bleibe, ſo lang dich's lüſtet, am Mahl hier, folge bir ſelbſt nur;
Nicht dich nöthigen will ich, verſchmähſt bu's; weder zu halten
Ziemt's ben, welcher vom Mahle hinwegwill, noch von dem Mahle
Den, der bliebe, zu treiben; es iſt ſo Sitte ber Männer. 160
Sprach's, und Memnon erhob ſich vom Mahl und ging zu der
letzten
Ruhe; zugleich auch gingen die anderen Gäſte, des Schlafes
Sich zu erfreu'n; bald labte ſie bann der erquickende Schlummer.
Aber im Saal des Kroniben, des Donnerers hoch im Gewölke,
Hielten die Götter ein Mahl; da ſprach vor ihnen der Vater 165
Zeus, wohl kennenb die Thaten des toſenden Schlachtengewühles:
Götter, ihr wißt wohl alle das Schreckliche, das ſich heranwälzt
Morgen im Grauen der Schlacht; denn die Kraft unzähliger Roſſe
Seht ihr hüben und brüben entſeelt hinſinken am Wagen,
Seht hinſterben die Männer. Wie ſehr euch Einer von dieſen 170
Schmerze, beruhiget euch, und nicht mit Flehen beſtürmt mich;
Sind ja die Keren des Tobes für uns auch ſtets unerbittlich.
So ſprach Zeus zu den Göttern, die ſelbſt auch kannten die Zukunft,
Auf daß alle zumal, obwohl unmuthiges Herzens,
Sich abkehrten vom Krieg, und Niemanb wegen des Sohnes 175
Ober des Freundes umſonſt zum Olympos komme mit Bitten.
Als ſie bie Worte gehört von dem bonnernden Sohne des Kronos,
Blieben ſie ſtill und gefaßt, und erwiderten gegen ben König
Nicht ein Wort; denn ſie bebten vor ihm, dem unenblichen Gotte.
Traurig begaben ſich alle zur Ruh' in ihren Gemächern, 180
Wo der erquickende Schlaf ſich beſänftigenb über ihr Auge
Ausgoß, waren ſie gleich unſterbliche Weſen und Götter.
Doch in der Zeit, wo über den Höh'n der erhab'nen Gebirge
Strahlenb das Morgengeſtirn aufgeht am Gewölbe des Himmels,
Das zu der Arbeit wieder erweckt ſanftſchlummernbe Schnitter, 185
Da, da wand von dem Schlummer — es war ſein letzter — der Eos

Streitbarer Sohn sich los: voll tapferen Muthes im Herzen,
Sehnte der Held sich jetzt in den Kampf mit den feindlichen Völkern;
Eos stieg, sich sträubend, empor an dem räumigen Himmel.
Und jetzt hüllten die Troer sich flugs in die stattliche Rüstung,   190
Auch Aethiopiens Völker zugleich und die Bundesgenossen,
Welche sich alle zu Hauf um Priamos' Stärke vereinigt.
Und nun säumten sie nicht und stürmten hinaus vor die Mauer,
Wie schwarzblaues Gewölk, das, wenn sich ein Wetter emporthürmt,
Kronos' Sohn in der Luft unermeßlichen Räumen versammelt.   195
Alsbald füllte sich rings das Gefild; Heuschrecken vergleichbar,
Zogen sie hin, die, gleich dem Gewölk, gleich stürmischem Regen,
Ueber den Weiten der Erd' hinzieh'n und die Saaten verheeren
Zahllos, bringend den Menschen das Grau'n unseligen Hungers:
Also schritten sie mächtig und zahlreich hin, und die Gassen   200
Dröhnten von dichtem Gewühl; Staub wölkte sich auf von den Füßen.
Aber die Danaer staunten von fern, sobald sie heranzieh'n
Sahen den Feind, und hüllten sich flugs in die eherne Rüstung,
Muthig vertrauend der Kraft des Achilleus, welcher im Mittel
Stolz hinschritt, dem beherzten Geschlecht der Titanen vergleichbar,   205
Prangend im Rossegespanne; die Wehr, die den Helden umhüllte,
Funkelte hierhin strahlend und borthin, ähnlich dem Blitzstrahl.
Wie von Okeanos' Marken, des erdumgürtenden Stromes,
Helios, Licht ausstrahlend den Sterblichen, himmelempor steigt,
Weithin sichtbar, es freut sich die Luft und die nährende Erde: 210
So schritt jetzt in der Mitte der Danaer Aeakos' Enkel.
Also zog auch Memnon einher im Heere der Troer,
Ares, dem Stürmer der Schlachten, an Muth gleich; und dem
                Gebieter
Schritten zur Seite die Völker und folgten ihm stolz in die Feldschlacht.
 Bald arbeiteten Troer und Danaer muthig im Kampfe,   215
Dichtgeschaart, und Allen voran Aethiopiens Völker:
Ringsum rannten sie tosend daher, gleich Wogen des Meeres,
Wenn sich die Windsbraut stürmend erhebt in den Tagen des Winters.
Und sie zerfleischten einander, die wohlgeglätteten Lanzen
Schleudernd; inmitten der Streiter erscholl Wehklagen und Schlacht-
              ruf.   220

Zweiter Gesang.

Wie dumpfrauschende Ströme mit mächtigem Tosen zum Meere
Wälzen die Flut, wenn Zeus unendlichen Regen herabgießt,
Und nie rastend die Donner zusammenstoßender Wolken
Dröhnen, und stets fortzucken die flammenden Hauche des Blitzes:
So dort unter den Füßen der kämpfenden Männer erdröhnte   225
Mächtig der riesige Grund, und die göttlichen Lüfte durchhallte
Grauses Geschrei; denn furchtbar erscholl von den Heeren der
          Schlachtruf.
Da schlug Aealos' Enkel den Thalios, schlug den beherzten
Mentes, beide gefeiert, und noch viel' andere Häupter.
Wie Sturm unter der Erde hervorbricht, Alles erschütternd,   230
Daß das zertrümmerte Haus alsbald aus den Fugen gerissen
Langhin stürzt an den Grund; denn graunvoll zittert die Erde:
Also stürzten, entseelt von Achilleus' Lanze, die Troer
Jählings dahin in den Staub; denn er tobt' in schrecklichem In-
          grimm.
So auch mordete drüben die Danaer Erigeneia's   235
Tapferer Sohn, zu vergleichen dem unheilvollen Verhängniß,
Welches den Völkern umher Leid bringt und Grauen des Todes.
Erst erschlug er den Pheron, die Brust durchbohrend dem Helden
Mit todbringendem Speer; dann schlug er den edlen Ereuthos;
Beide, nach Krieg sich sehnend und schaurigem Waffengetümmel, 240
Hatten um Thryos' Veste gewohnt am Strom des Alpheios,
Da sie dem Nestor gefolgt vor Ilios' heilige Veste.
Als er diese getödtet, so schritt er Nestor entgegen,
Ihm zu bereiten den Tod; doch Antilochos, göttlich von Anseh'n,
Zielte nach ihm, vortretend, mit stämmiger Lanze, verfehlt' ihn,   245
Weil er zur Seit' auswich, und gab dem Gefährten des Memnon,
Aethops, Pyrrhasos' Sohne, den Tod. Da stürzte sich jener
Auf Antilochos ein, voll Grimm, wie der Löwe den Eber
Anfällt, der so beherzt, wie er, mit Menschen und Thieren
Weiß zu bestehen den Kampf; ihm wohnt unsägliche Kraft bei.   250
So sprang jener in Eile heran; mit mächtigem Steine
Warf Antilochos ihn; doch ihm zu zerschmettern das Leben,
War ihm versagt; ihm wehrte den Tod sein stattlicher Helm ab.
Doch des Getroffenen Herz glüht' auf in entsetzlichem Ingrimm,

Als um das Haupt ihm dröhnte der Helm; noch wüthender
brang er 255
Auf Antilochos ein; heiß brannt' in der Seele der Kampfmuth.
Ihm, ein so tapferer Streiter er war, dem Sohne des Nestor,
Stieß er mit Macht in die Brust, und bohrte die stämmige Lanze
Tief ihm hinein in das Herz, die gefährlichste Stelle des Lebens.
Als er entseelt hinsank, da faßte die Danaer alle 260
Schmerzliches Leid, und von allen ergriff's am tiefsten den Vater
Nestor, dem vor Augen der leibliche Sohn in den Staub sank.
Denn fürwahr, kein herberes Weh kann Sterbliche treffen,
Als wenn ein Sohn vor den Augen des eigenen Vaters verscheidet.
Darum trauerte Nestor, obwohl ein tapferes Herz ihm 265
Schlug in der Brust, da den Sohn feindselige Keren entrafften.
Alsbald rief er den Sohn Thrasymedes, welcher entfernt stand:
Hebe dich, herrlicher Sohn Thrasymedes, daß wir den Mörder,
Welcher den Sohn mir erschlug und dir den geliebtesten Bruder,
Weg von dem Leichnam treiben vereint, und können wir's nicht,
dann 270
Laß uns ihm an der Seite dem bitteren Jammer erliegen.
Doch wenn Furcht dir im Herzen sich regt, dann nenne dich niemals
Unseren Sohn, niemals Periklymenos deines Geschlechtes
Ahnherrn, der mit Herakles sogar sich erkühnte zum Kampfe.
Auf denn, stürzen wir uns in die Schlacht; denn siegende Stärke 275
Leiht ja die Noth oft auch unmächtigen Männern im Streite.
Sprach's, und bittere Schmerzen erschütterten, als er es hörte,
Jenem das Herz in der Brust; da trat ihm eilig zur Seite
Phereus — er auch war von dem Fall des gepriesenen Fürsten
Schmerzlich erregt — und sie stürmten hinaus in die tobende Feld-
schlacht, 280
Kühn mit dem tapferen Memnon den blutigen Kampf zu beginnen.
Wie wenn Jäger einmal in des windumtosten Gebirges
Waldiger Schlucht sich bereiten dem Wildschwein oder dem Bären
Dreist sich entgegenzuwerfen, das Herz voll heißer Begierde,
Sie todt niederzustrecken; das Wild in grimmigem Trotze 285
Stürzt auf beide sich los, und wehrt dem gewaltsamen Angriff:
So war Memnon entbrannt von feurigem Muthe; die Beiden

Zweiter Gesang.

Traten heran, doch ihn mit den mächtigen Speeren erlegen
Konnten sie nicht; die fehlten ihn stets und irrten vom Ziel ab.
Seitwärts lenkte sie Eos in mütterlich liebender Sorge. 290
Dennoch fielen sie nicht in vergeblichem Schwunge zur Erde;
Schnell anstürmend erschlug den Polymnios, Sprossen des Meges,
Phereus, trotziges Muthes; der Andere, Held Thrasymedes,
Warf den Laomedon nieder, erzürnt ob dem Falle des Bruders,
Den ihm Memnon erschlug; der zog von der Leiche des Todten 295
Eben die eherne Wehr mit nimmer ermattenden Händen,
Nicht Thrasymedes' Kraft noch Phereus' Stärke beachtend;
Denn weit ragt' er vor Allen hervor. Sie hielten sich ferne;
Denn sie fürchteten ihn, wie zwei Schakale den Löwen,
Der vor dem Hirsch steht, den er erwürgt. Laut jammerte Nestor, 300
Der's in der Nähe gewahrt', und rief zu dem Streite die andern
Waffengenossen heran. Er selbst auch wollte vom Wagen
Wider den Feind anstürmen im Kampf; in's Getümmel der Feld-
schlacht
Zog ihn Liebe zum Sohn, dem erschlagenen, über der Kräfte
Billiges Maß; bald hätte der Greis an der Seite des Sohnes 305
Selber geruht, mit dem Haufen der anderen Todten vereinigt,
Wenn nicht Memnon, der Held, den Verwegenen also bedeutet,
Ehrend im Geiste des Vaters Tithonos Altersgenossen:

Greis, mir will's nicht ziemen, mit dir mich im Streite zu messen,
Dir, dem bejahrteren Mann; wohl weiß ich ja, was mich die Pflicht
heißt. 310
Vorhin meint' ich, du wärest ein Jüngerer, der sich den Feinden
Stelle zum Kampf, und dich zu bewältigen, hofft' ich im Herzen,
Wäre für mich ein Werk, wohl würdig der Hand und des Speeres.
Doch jetzt weiche zurück von der Schlacht und dem gräßlichen Morde;
Weiche, damit ich nicht, wenn auch mit Sträuben, dich tödte, 315
Und du neben dem Sohn, mit dem stärkeren Feinde dich messend,
Fällst; dann würden mit Recht dich sinnlos schelten die Männer;
Denn es geziemt sich nimmer, den stärkeren Mann zu befehden.

Memnon sprach's, und der Greis antwortete dieses dagegen:
Das sind nichtige Reden, o Memnon, welche du vorbringst. 320
Niemand schilt wahnsinnig den Mann, der wegen des Sohnes

Wider den Feind angeht, und den grausamen Mörder des Kindes
Von des Erschlagenen Leiche vertreibt. O lebte die alte
Kraft noch in mir: du erführest, wie ich einst führte die Lanze!
Jetzt wohl hebst du dich über Gebühr; denn trotziger Art ist 325
Immer des Jünglinges Muth und das Herz voll eitler Gedanken:
Darum schwatzest du Nichtiges auch, hochfahrenden Sinnes.
Wärst du dem Jüngeren heute zum Kampf entgegengetreten,
Würden sich dein, wie tapfer du seist, nicht freuen die Freunde.
Doch jetzt beugt mich das Alter hinab, ich gleiche dem Löwen, 330
Welchen ein Hund vom Gehöft, wo blökende Schafe sich drängen,
Trotzig verscheucht; der Löwe vermag nicht mehr sich zu schützen,
Wie kampfgierig er sei; denn kraftlos wurden die Zähne,
Und ihm brachen die Jahre den Muth und die Stärke verließ ihn.
Also versiegte die Kraft auch mir in der männlichen Seele, 335
Welche vordem mich belebt; doch nur vor Wenigen steh' ich
Alter zurück, bin frischer an Muth, als viele der Andern.

Sprach es und wich ein wenig zurück; doch ließ er im Staube
Liegen den Sohn; ihm wohnte die Kraft in den biegsamen Gliedern
Nicht mehr bei, wie vordem in den blühenden Tagen der Jugend. 340
Denn schwer drückt' auf Nestor die Last mühseligen Alters.
Auch Thrasymedes wich, der erfahrene Schwinger des Wurfspeers;
Phereus zagte, der Held; auch alle die anderen Freunde
Wichen bestürzt; schwer drängte der Feind, ein verderblicher Unhold.

So wie ein Strom tiefwirbelnd herab von dem hohen Gebirge 345
Rauschend in furchtbarem Sturz mit unendlichem Tosen sich hinwälzt,
Wenn Zeus über den Häuptern der Sterblichen grause Gewitter
Sammelt und düstres Gewölk ringsher ausbreitet am Himmel;
Weithin hallen die Donner, der Blitzstrahl zuckt, und gewaltsam
Stoßen die Wolken zusammen; herab stürzt rauschend der Regen, 350
Der aufwühlend die Felder zerreißt; wild brausen die Wasser,
Die von den Bergen umher in die donnernde Tiefe sich stürzen:
So trieb Argos' Söhne zum Ufer des Hellespontos
Memnon und wüthete mordend umher in dem Rücken der Feinde;
Viel' auch ließen das Leben, erlegt von den Aethiopeiern, 355
Sinkend in blutigen Staub; mit dem Mord der Achäer besudelt,
Färbte die Erde sich roth, und Memnon stürzte sich freudvoll,

Zweiter Gesang.

Ohne zu ruh'n, in die Reihen der Danaer; Ilios' Ebne
Ward mit Todten bedeckt; er ließ nicht ab von dem Kampfe.
Denn für die Troer ein Licht und des Danaervolkes Verderben 360
Hofft' er zu sein; ihn täuschte die unheilbringende Moira,
Welche zur Seit' ihm stand und fort ihn trieb in die Feldschlacht.
Bei ihm stritten zugleich kampfrüstige Waffengenossen,
Nychios, Asios' Sohn, Alkyones, wackere Krieger,
Meneklos, Meister des Speers, und Alexippos und Klabon, 365
Andere dann, auch muthig und stark im Gewühle der Schlachten,
Heftig verlangend nach Kampf und dem tapferen König vertrauend.
Jetzt erschlug der Nelide den Meneklos, als er in Argos'
Söhne mit Macht einbrach. Voll Grimm, von dem Tode des Freundes
Heftig erregt, warf Memnon unzählige Danaer nieder. 370
Wie in den Bergen ein Jäger sich stürzt auf flüchtige Hirsche,
Die bei'm Schlusse der Jagd die berückenden Künste der Treiber
Dicht an einander gedrängt in die schwärzlichen Netze versammeln;
Bellend verfolgen die Hunde das Wild voll freudigen Muthes
Fort und fort, nicht rastend, indeß er, werfend den Jagdspeer, 375
Traurigen Tod in den Reihen der zitternden Hirsche verbreitet:
Also mordete Memnon unzähliges Volk; die Gefährten
Jubelten rings; bang floh'n vor dem göttlichen Mann die Achäer.
Wie von dem jähen Gebirge herab ein gewaltiger Steinblock
Rollt, den hoch von dem Felsen die mächtige Hand des Kronion 380
Niedergewälzt in die Tiefe mit dröhnendem Schlage des Blitzes;
Während er rings durch dichtes Gebüsch und gewundene Klüfte
Durchbricht, hallen die Schluchten umher; bang zittern im Walde,
Wie er herab von den Höhen sich wälzt, die weidenden Schafe,
Rinder und was sonst weidet im Wald, und fliehen des Stein-
blocks 385
Alles zerschmetternden Sturz: so flohen erschreckt die Achäer
Vor der entsetzlichen Lanze des wildanstürmenden Memnon.
Und nun nahte sich Nestor des Aeakos rüstigem Enkel,
Tief in der Seele betrübt um den Sohn, und sprach zu dem Helden:
Peleus' Sohn, du mächtige Wehr der beherzten Achäer, 390
Todt liegt dort mein theurer Antilochos; Waffen und Wehr nahm
Memnon ihm; er, fürcht' ich, verfällt als Beute den Hunden.

Schnell denn eile zu Hülfe; denn Freund ist, wer des erschlagnen
Freundes im Tode gedenkt und das Loos des Verblich'nen bejammert.
  Sprach es, und Trauer umfing den Achilleus über der Kunde. 395
Als er den Memnon erblickt' in dem tosenden Schlachtengewühle,
Wie sein Speer schaarweise die Danaer all' in den Staub warf,
Ließ er ab von den Troern, nachdem er Viele getödtet,
Und sich enthaltend des Kampfes mit Anderen, schritt er entschlossen
Dort auf Memnon heran, um Antilochos zürnend und Andre, 400
Die er erschlug. Doch jener ergriff mit den Händen den Feldstein,
Den sie gesetzt als Marke des ährenreichen Gefildes,
Schleuderte dann ihn wider den Schild des beherzten Achilleus.
Dieser indeß, nicht fürchtend den Stein, trat nahe dem Memnon,
Vor sich hin ausstreckend die weithinschattende Lanze, 405
Kämpfer zu Fuß — denn hinter den Schlachtreih'n standen die
                                                         Rosse —
Und sein Stoß traf rechts in die Schulter ihn über dem Schilde.
Memnon, obgleich verwundet, beharrt' unerschrocken im Kampfe,
Traf dann Aeakos' Enkel den Arm mit der mächtigen Lanze,
Und roth strömte das Blut. Da mochte der Held sich vergebens 410
Freuen und wandte sich stolz mit prahlendem Wort an Achilleus:
  Nunmehr wird sich gewiß dein Schicksal furchtbar erfüllen,
Da mein Arm dich bezwingt, nicht mehr entrinnst du dem Kampfe.
Frevler, warum erschlugst du so unbarmherzig die Troer,
Der du dich rühmst, der Stärkste zu sein von den Sterblichen
                                                         allen, 415
Rühmst, entsprossen zu sein dem Geschlecht des erhabnen Kronion
Und der unsterblichen Tochter des Nereus? Doch es erschien dir
Heute der Tag des Geschicks; denn ich auch stamme von Göttern,
Eos' tapferer Sohn, den fern an Okeanos' Wellen
Hesperos' Töchter gepflegt, die lilienarmigen Jungfrau'n. 420
Darum graut mir nimmer vor dir in der gräßlichen Feldschlacht;
Weiß ich ja doch, wie weit mir die göttliche Mutter hervorragt
Auch vor Nereus' Tochter, von der du selber entsprossest.
Denn sie leuchtet den Menschen zugleich und den seligen Göttern;
Wenn sie erscheint, kommt Alles in ewigen Höh'n des Olympos, 425
Kommt, was edel und schön, was Sterblichen frommt, zur Vollendung.

Zweiter Gesang.

Doch sie wohnt in des Meers unfruchtbaren Gründen, des Nereus
Tochter, und weidet sich stolz an Meerscheusalen und Fischen,
Unsichtbar, stets müssig; und deßhalb acht' ich sie gar nichts,
Stelle sie niemals gleich den unsterblichen Frau'n des Olympos. 430
Memnon sprach's; da schalt ihn des Aeakos trotziger Enkel:
Welch unseliger Wahn hat jetzt dich verblendet, o Memnon,
Mir dich entgegenzustellen, mit mir dich im Kampfe zu messen,
Der dir an Kraft vorgeht, an Geburt und an Größe des Leibes.
Stamm' ich doch von dem stolzen Geschlecht des beherzten Kro-
       nion, 435
Stamme von Nereus' Blut, des gewaltigen, welcher die Jungfrau'n
Zeugte des Meers, die selbst von olympischen Göttern geehrt sind,
Thetis vor allen zuerst, die Vollbringerin herrlicher Thaten.
Denn sie nahm Dionysos vordem in ihren Palast auf,
Als die Gewalt ihn schreckte des unheilvollen Lykurgos; 440
Auch den Hephästos empfing sie, den sinnigen Bildner des Erzes,
Als von Olympos' Höhen er fiel, in dem eigenen Hause;
Ja, den Donnerer löste sie selbst aus schmählichen Banden.
Dessen gedenken sie droben, die allhinschauenden Götter;
Deßhalb ehren sie Thetis in seligen Höh'n des Olympos. 445
Daß sie Göttin, erkennst du, sobald mein eherner Wurfspeer
Dir in die Leber gebohrt, mein Arm dich niedergeworfen.
Wie ich an Hektor gerächt den Patroklos, räch' ich an dir jetzt
Nestors Sohn: kein Schwächling der Mann, deß Freund du getödtet.
Doch was stehen wir müssig, nach Art einfältiger Kinder, 450
Unserer Eltern Thaten und eigene Thaten erhebend?
Nahe ja winkt uns der Kampf; hier prüfen wir unsere Stärke.
So der Pelid' und ergriff das gewaltige Schwert mit den Händen;
Memnon erhob sich zugleich, und ein wüthendes Kämpfen entbrannte.
Unablässig im Herzen beseelt von unendlicher Streitlust, 455
Trafen die Zwei, Streich führend auf Streich, die genabelten Schilde,
Welche die Kunst des Hephästos erschuf; bei jeglichem Angriff
Prallten die Helme zusammen und Helmbusch streifte den Helmbusch.
Beiden zumal wohlwollend, verlieh der Kronide den Beiden
Riesige Kraft, und erhöhte den Wuchs weit über die Größe 460
Sterblicher Leiber hinaus, und Eris freute sich Beider.

Stürmisch entbrannt, alsbald in den Leib sich die Lanzen zu bohren,
Spähten sie nun nach Stellen, wo Raum sich fände für Wunden,
Zwischen dem Schild und dem Helm, oft dorthin richtend den Angriff,
Oft auch über den Schienen ein Weniges, unter den bunten 465
Panzer sodann, der eng an die rüstigen Glieder sich anschloß.
Also rangen die Beiden im Streit; um die Schultern erdröhnte
Rauschend die göttliche Wehr; in den heiligen Aether empor drang
Schlachtruf hier von den Troern und dort von beherzten Achäern,
Auch äthiopischem Volk; Staub wölkte sich unter den Füßen 470
Weit zu dem Himmel hinan; schwer wogte der Kampf im Gefilde.

So wie die Berge der Nebel umzieht, wenn Regen vom Himmel
Sich in die Fern' ausbreitet, erregt von den Hauchen des Südwinds,
Wann in den Thalen die Bäche das bergabstürzende Wasser
Brausend erfüllt, von den Schluchten umher unermeßliches Tosen 475
Aufschallt, während den Hirten im Feld vor dem wilden Gewässer
Graut und dem Nebelgewölk, erwünscht den verderblichen Wölfen
Und dem Gewild, das sonst aufnährt der unendliche Bergwald:
So flog dort um die Füße der Kämpfenden Staub in die Höhe,
Welcher, in Nacht einhüllend die Luft, selbst Helios' Lichtglanz 480
Ihnen verbarg; schwer drückt' unseliges Wehe die Völker,
Die Staubwolken umhüllten in unheilbringender Feldschlacht.
Doch der Unsterblichen Einer zerriß die verdunkelnde Wolke
Schnell, und die stolzen Phalangen der Dardaner und der Achäer
Trieb das verhängnißschwere Geschick, unermüdlich zu schlagen 485
Im wildstöhnenden Kampfe; der Kriegsgott wüthete rastlos
Mordend umher in den Reihen, und weithin netzten die Erde
Ströme des Bluts; hoch jauchzte der finstere Gott des Verderbens.
Leichen Erschlagener deckten das rossenährende große
Feld, so weit es der Xanthos umher und der Simois einschließt, 490
Welche vom Ida strömen zum heiligen Meere der Helle.

Doch da der wüthende Kampf in unendliche Länge sich dehnte,
Und gleich starke Gewalt um den Sieg anstrengten die Beiden,
Freuten sich, fern anschauend die Schlacht, die olympischen Götter,
Diese sich weidend am Muth des gewaltigen Renners Achilleus, 495
Jen' an der rüstigen Kraft des gepriesenen Sohnes der Eos.
Hochher toste der Donner zugleich in den Weiten des Himmels;

Zweiter Gesang.

Ringsum brauste das Meer, weit bebte die dunkele Erde
Unter den Füßen der Kämpfer; geschaart um die göttliche Thetis,
Zitterten Nereus' Töchter, des muthigen Greises im Meere, 500
Alle von Schrecken erfüllt um den mächtigen Helden Achilleus.
Doch auch sie war ängstlich besorgt um das Leben des Sohnes,
Eos, als sie am Himmel dahinfuhr; Helios' Töchter
Waren erstaunt; sie standen ihr nah' in dem göttlichen Kreise,
Den zu durchmessen Kronion der rastlos wandelnden Sonne 505
Gab in dem Laufe des Jahrs, der ringsum Alles entstehen
Sieht und Alles vergeh'n, indeß sich an jeglichem Tage
Unablässig erneuert die Zeit mit den rollenden Jahren.
Nun hätt' unter den Göttern ein schrecklicher Kampf sich entsponnen,
Hätten sich nicht, dem Befehle des Donnerers droben gehorsam, 510
Plötzlich von hier und von dort zwei Keren gesellt zu den Beiden:
Diese, die finstere, zielte nach Memnons tapferem Herzen,
Jene mit freundlichem Blick nach Peleus' muthigem Sohne.
Hellauf schrie'n, es gewahrend, die Himmlischen, diese von Trauer
Schmerzlich bewegt, und die von unendlicher Wonne begeistert. 515
Muthvoll rangen indeß in dem blutigen Kampfe die Helden,
Ohne zu ruh'n; daß schon die verderblichen Keren heranzieh'n,
Merkten sie nicht, und prüften die Kraft und den Muth an einander:
Glaubtest du doch, unermüdet und frisch noch, stritten Giganten
Oder beherzte Titanen an selbigem Tag in dem grausen 520
Waffengewühl: so flammte der Streit auf zwischen den Helden,
Wenn sie das Schwert aufhoben zum Kampf, und wenn sie vom Felde
Mächtige Stein' aufrafften zum Angriff; Keiner von Beiden
Wich, von dem Wurfe geschreckt; furchtlos und fest wie die Felsen
Standen sie, ohne zu wanken, mit eisernem Muthe gegürtet. 525
Denn sie rühmten sich Beide vom Blut des Kroniden zu stammen.
Deßhalb ließ Enyo den Kampf gleich tapferer Streiter
Sich in die Läng' ausdehnen im Schlachtfeld, daß die Genossen,
Wie sie selbst, fortrangen im Streit; denn trotziges Muthes
Kämpften die Völker zugleich mit den Königen, bis an den Schilden 530
Sich umbogen die Spitzen der matt hinsausenden Lanzen.
Da blieb kein Argeier und Dardaner ohne Verwundung;
Fort und fort von den Gliedern der rastlos Kämpfenden strömte

Blut und Schweiß an den Boden, und Leichname deckten die Erde,
Wie das Gewölke den Himmel, sobald in das Zeichen des Stein-
bocks 535
Helios tritt, wo der Schiffer sich scheut vor den Stürmen des Meeres.
Wiehernd rannten die Rosse zugleich mit den stürmenden Schaaren
Ueber die Todten dahin, wie über die Blätter im Haine,
Wenn sich der Winter erhebt nach grünenden Tagen des Herbstes.
    Doch sie kämpften, von Leichen umringt und von Strömen des
Blutes, 540
Fort, die gepriesenen Söhne der Himmlischen, ohne vom Grolle
Wider einander zu ruh'n; da richtete, schrecklich entscheidend,
Eris die Wage des Kampfes, und ungleich schwebten die Schalen.
Denn jetzt traf der Pelide den göttlichen Sohn des Tithonos
Tief in die Brust, und hinten hinaus, schwarz triefend von Blute, 545
Stürmte der Stahl; schnell brach ihm die Kraft, und das Leben ent-
schwand ihm.
Und hin sank er in's Blut; die gewaltigen Waffen erdröhnten;
Graunvoll toste der Grund; bang flüchteten rings die Gefährten.
Ihm entzogen die Wehr des Achilleus Kämpen; die Troer
Floh'n; der Pelide verfolgt', an Behendigkeit ähnlich dem Sturm-
wind. 550
Eos seufzte, die Mutter, und hüllte sich dicht in Gewölk' ein;
Dunkel bedeckte die Erde; der Eos Rufe gehorsam,
Stürmten sie alle zugleich, die geflügelten Winde, nach Einem
Ziel in Priamos' Feld, und ergossen sich rings um den Todten,
Rafften ihn schnell in die Höhe, den Sohn des Tithonos, und trugen 555
Ihn durch finstere Lüfte dahin; voll innigen Schmerzes
Trauerten all' um des Bruders Geschick; rings stöhnte der Aether.
Aber so viel Blutstropfen herab von den Gliedern zur Erde
Fielen, sie wurden dem Todten ein Mal, ihm ewig zu zeugen
Auch bei künftigen Menschen; die Götter ja sammelten alle, 560
Welche von daher rannen und dorther, daß sie zum Flusse
Wurden, zum rauschenden Strom, den Paphlagoneios die Völker
Nennen, die weithin wohnen am Fuß des erhabenen Ida.
Der wälzt blutige Wogen dahin in dem nährenden Lande,
Wann der traurige Tag sich erneut, wo Memnon dahinsank. 565

Zweiter Gesang.

Dann steigt aus dem Gewässer empor der verpesteten Lüfte
Widriger Hauch, und der Modergeruch der verwesenden Säfte,
Glaubt man, wehe noch jetzt aus Memnons tödtlicher Wunde.
Also war es der Wille der Himmlischen; aber die Winde
Trugen den Sohn des Tithonos, gehüllt in nächtliches Dunkel, 570
Ueber die Erde dahin in leichthinschwebendem Fluge.
Auch sie mochten sich nicht vom erschlagenen Könige trennen,
Aethiopeia's Völker; auch sie trieb, ihn zu geleiten,
Göttergewalt, die, was sie gewünscht, schon heute die Schnelle
Ihnen verlieh, mit der sie hernach in den Lüften sich wiegten: 575
Darum zogen sie all' im Trauergeleit mit den Winden.
Wie wenn unter den Zähnen des Waldschweins oder des Löwen
Dicht im Gehölz ein Jäger erlag; dann heben die Freunde
Klagend den Leichnam auf und tragen ihn weg auf den Schultern,
Innig betrübt; und der Jagd unseliges Ende bejammernd, 580
Folgen die Hunde mit Winseln, den Herrn sehnsüchtig vermissend:
Also folgten, entflohen dem gräßlichen Waffengewühle,
Schweraufseufzend im Geiste den flüchtigen Winden die Völker,
Tief in göttliches Dunkel gehüllt; und Staunen erfaßte
Troer und Danaer rings, als jene zumal mit dem König 585
Alle dem Blick entschwanden; im innersten Herzen getroffen,
Standen sie bang und verstummten. Die niemals rastenden Winde
Legten darauf tiefseufzend des tapferen Königes Leiche
Nieder am Strand des Aesepos, des tiefhinflutenden Stromes.
Allda ragt anmuthig ein Hain schönlockiger Nymphen; 590
Und hier bauten die Nymphen, Aesepos' Töchter, dem Helden
Ein weitsichtbares Mal, von dunkelen Bäumen umschattet.
Vielfach auch wehklagten um ihn die unsterblichen Jungfrau'n,
Also den Sohn hoch ehrend der goldenthronenden Eos.

Helios tauchte hinab; da kam aus Höhen des Himmels 595
Eos, den Liebling beweinend, den Sohn; zwölf lockige Jungfrau'n
Mit ihr, welchen die Hut der erhabenen Bahnen vertraut ist,
Die Hyperion wandelt in stets umrollendem Laufe,
Tag und Nacht und Alles, was Zeus' unsterblichem Rathschluß
Leben verdankt, um dessen Palast und Pforten sie schweben 600
Hier und dort, indem sie das Jahr, mit Früchten belastet,

Führen daher, das, kreisend in ewigem Wechsel, den Winter
Bringt und den blumigen Lenz und die wonnigen Tage des Sommers,
Und wenn dieser entflohen, den Herbst mit der Fülle der Trauben.
Die nun stiegen herab aus heiligen Höhen des Aethers, 605
Jammernd um Memnons Fall in unsäglichem Schmerz; die Plejaden
Weinten zugleich mit ihnen, und weithin hallten's die Berghöh'n
Und der Aesepos zurück, und endlos tönte die Klage.
Doch sie saß, umschlingend den Sohn, in der Mitte der Jungfrau'n,
Eos, und jammerte laut, und sprach aufseufzend die Worte: 610
Theuerstes Kind, so starbst du mir denn! In unendliche Trauer
Hast du die Mutter versenkt! Nun du hinschiedest, vermag ich
Nicht mehr Göttern zu leuchten, die hoch den Olympos bewohnen;
Nein, ich steige hinab in die finsteren Klüfte des Hades,
Wo dein trauernder Schatten, getrennt von den Gliedern, umher-
schwebt, 615
Während in schauriges Dunkel des Chaos Alles sich einhüllt,
Daß auch Kummer umfängt den erhabenen Geist des Kroniden.
Würdigt er selbst mich doch nicht minderer Ehre, denn Thetis;
Denn ich erleuchte das All, und Jegliches führ' ich zum Ziele,
Freilich umsonst; denn traun, mein Licht selbst achtet der Gott nicht. 620
Darum geh' ich in's Dunkel hinab; er führe die Thetis
In den Olymp vom Meer; da leuchte sie Göttern und Menschen;
Denn mir widert der Himmel, nach Hades' Dunkel verlangt mich,
Daß mein Strahl nicht leuchte dem Schrecklichen, der dich gemordet.
Sprach's; da flossen die Thränen herab von dem göttlichen
Antlitz, 625
Gleich fortquellenden Stromes Erguß, und feucht um den Todten
Wurde die dunkele Erde; zugleich mit der lieblichen Tochter
Trauerte selbst die unsterbliche Nacht, und alle Gestirne
Barg aus Liebe zu Eos in Nacht und Wolken der Himmel.
Aber die Dardaner auch wehklagten um ihn in der Veste; 630
Denn wie die eigenen Freunde, vermißten sie schmerzlich den Memnon.
Doch war auch kein Jubel im siegenden Danaervolke;
Bei den erschlag'nen Genossen die Nacht durchwachend im Felde,
Priesen sie jetzt den Meister des Speers, den Peliden, und weinten
Um den Antilochos dann; so wechselte Trauer und Freude. 635

Zweiter Gesang.

Eos aber ergoß sich in schmerzlicher Klage die Nacht durch;
Dunkel umhüllte sie rings; sie kehrte sich nicht an des Tages
Aufgang, hassend im Herzen den allmachtvollen Olympos.
Neben ihr stöhnten die Rosse, die flüchtigen, stampfend die Erde,
Wo kein Baum mehr grünte; sie sehnten sich heimzugelangen; 640
Denn sie sahen die Herrin versenkt in düstere Trauer.
Rastlos donnerte Zeus, voll Zorn, und die Gründe der Erde
Zitterten rings, und Beben ergriff die unsterbliche Eos.
Eilig begruben indeß schwarzfarbige Aethiopeer
Laut wehklagend den Herrn, und die hoheitblickende Eos 645
Wandelte sie in Vögel, indeß sie trauernd am Hügel
Standen des tapferen Sohnes, und hieß sie schweben im Aether.
Diese benennen noch jetzt unzählige Menschengeschlechter
Memnonsvögel; noch heut zieh'n die zu dem Male des Königs,
Ehren mit Klage den Staub, und Wasser vom Strom des Aesepos 650
Sprengen sie dann mit den Flügeln umher von der Höhe hernieder,
Spenden dem Grab; dann kämpfen sie noch mit einander zu Memnons
Ehre; doch der in dem Hause des Hades, oder vielleicht auch
Unter den Seligen dort in Elysions hehren Gefilden,
Freut sich darob; auch Eos, die göttliche, fühlt sich erheitert, 655
Schauend den Kampf; nun kämpfen sie fort, bis Einer nach langer
Arbeit niedergeworfen den Anderen, oder die Beiden
Wechselnd den Tod sich gegeben im Kampf um die Ehre des Königs.
  Dies vollbringen die Vögel, der leuchtenden Erigeneia
Winke gemäß. Des Tages indeß stieg Eos, die Göttin, 660
Wieder empor in den Himmel zugleich mit den nährenden Horen,
Welche sie wider ihr Wollen zurück zum Palaste Kronions
Führten und ihr zusprachen mit liebreich tröstenden Worten,
Daß sie, obgleich noch traurig, die Bahn am Himmel dahinfuhr.
Denn wohl fürchtete sie Zeus' rastlos drohende Donner, 665
Durch den Alles entsteht, was Okeanos' tiefe Gewässer
Hegen im Schooß und die Erd' und der Wohnsitz leuchtender Sterne.
Vor ihr gingen die Töchter Pleïone's; aber des Aethers
Pforten erschloß sie selbst, weithin ausstreuend den Lichtglanz.

Dritter Gesang.

Inhalt: Die Achäer bestatten den Antilochos. Achilleus, im Schmerz um den getödteten Freund, treibt die Troer in die Stadt zurück. Apollon, der ihn von weiterem Blutvergießen vergeblich abzumahnen sucht, verwundet ihn, durch seine Drohungen erbittert, mit einem Pfeil in die Ferse. Dann kehrt er in den Olympos zurück, und wird von Here heftig gescholten. Indessen wüthet Achilleus noch so lange unter den Troern, bis er todt zusammenstürzt. Paris fordert die Troer auf, sich des Leichnams zu bemächtigen, den indeß Ajas tapfer vertheidigt. Nach einem heftigen Kampfe, worin Ajas den Paris mit einem Steine niederwirft, fliehen endlich die Troer, von Ajas verfolgt. Der Leichnam des Achilleus wird in's Lager zurückgetragen. Trauer des Ajas, des Phönix, des Agamemnon. Klage der gefangenen Frauen, besonders der Briseis. Bald erscheint auch Thetis mit den Nereiden und den Musen, welche sie trösten. Tags darauf wird die Leiche des Achilleus verbrannt und die Asche am Hellespontos beigesetzt. Thetis wird von Poseidon getröstet. Trauer der Rosse des Achilleus.

Aber sobald aufstrahlte die goldenthronende Eos,
Trugen Antilochos' Leiche sofort zu den eilenden Schiffen
Pylos' streitbare Männer und jammerten laut um den Herrscher.
Und sie bestatteten ihn am Strande des Hellespontos,
Tief in der Seele betrübt, und die tapferen Männer Achäa's   5
Seufzten umher, sie alle von Nestors bitterem Leide
Schmerzlich erregt; doch der ward nicht von dem Jammer bewältigt.
Denn der besonnene Mann muß standhaft Leiden erdulden,
Darf sich nicht abhärmend der Macht hingeben des Schmerzes.
Aber des Peleus Sohn, um den Fall des Antilochos zürnend,   10
Gürtete sich, um den Troern in furchtbarer Schlacht zu begegnen.
Diese, wiewohl ihn scheuend, des Wurfspeers Meister Achilleus,

Dritter Gesang.

Stürmten auch selbst kampfrüstig hinaus, weil ihnen die Keren
Trotzigen Muth einhauchten in's Herz; denn Viele von ihnen
Sollten hinab in den Hades, woher kein Todter zurückkehrt, 15
Unter Achilleus' Händen, des tapferen, welchem ja selbst auch
Bald vor Priamos' Veste den Tod zu finden verhängt war.
Alsbald trafen sie denn auf Einem Raume zusammen,
Troja's Jünglinge dort, hier Argos' streitbare Völker,
Die fortstürmten zum Kampf, der furchtbar wieder erwachte. 20
Grimmvoll bändigte rings unzählige Schaaren der Feinde
Peleus' Sohn; feucht wurde von Blut die ernährende Erde
Weithin; mühsam strömten, beengt von den Leichen Erschlag'ner,
Xanthos und Simois hin; er mordete, muthig verfolgend
Bis an die Mauern der Stadt; denn Schrecken umfing die Be-
    drängten; 25
Und nun hätt' er sie alle vertilgt, aus den Angeln gerissen
Und an die Erde geworfen das Thor, hätt' innen die Riegel
Seitwärts kühn anbringend gesprengt, und in Priamos' Veste
Bahn den Achäern gemacht, und die Stadt mit den Schätzen verwüstet,
Wenn nicht Phöbos ergrimmt' in unbarmherzigem Grolle, 30
Als er sah hinsinken unzählige Schaaren der Helden.
Und er entstieg dem Olympos, dem reißenden Wilde vergleichbar,
Wohl mit dem Köcher die Schultern bewehrt und den tödtlichen Pfeilen.
Dann vor Achilleus trat er: umher an den Schultern erdröhnten
Pfeil' und Bogenbehälter; den göttlichen Augen entstrahlte 85
Flammende Glut; weit bebte der Grund ihm unter den Füßen.
Graunvoll tönte der Ruf des gewaltigen Gottes; er hoffte,
Daß er des Peleus Sohn mit der göttlichen Stimme vom Kampfe
Schrecke zurück und die Troer von Tod und Verderben errette:
Hebe dich weg von den Troern, Achilleus; denn es geziemt sich 40
Nicht für dich, noch länger den Tod in die Feinde zu senden,
Auf daß nicht vom Olympos ein Himmlischer selbst dich verderbe.
Sprach's; er zitterte nicht vor der mächtigen Stimme des Gottes,
Weil ihn schon umschwebten die unbarmherzigen Keren;
Darum kehrt' er sich nicht an den Gott und entgegnete trotzig: 45
Weßhalb reizest du mich zu gezwungenem Kampfe mit Göttern,
Phöbos, indem du dich helfend der trotzigen Dardaner annimmst?

Haft bu ja doch schon früher einmal aus tosendem Streite
Listig hinweg mich gelockt, als erst du vom Tode den Hektor
Rettetest, dessen die Troer so stolz in der Veste sich rühmten. 50
Weiche von hier, zu den Sitzen der anderen Götter dich wendend,
Daß, obwohl du ein Gott, nicht unsere Lanze dich treffe.

Sprach es und wandte von Phöbos sich ab, und wider die Troer
Schritt er heran, die schon hinflüchteten über die Ebne.
Rastlos drängt' er sie fort; doch er, unmuthig im Herzen, 55
Phöbos, sprach zu sich selbst in seiner erhabenen Seele:

Was für ein Wahnsinn treibt den Verblendeten! Aber hinfort wird
Weder des Kronos Sohn noch ein anderer Gott es ertragen,
Daß er so blind fortwüthet und ankämpft wider die Götter.

Sprach es und unsichtbar verbarg er sich unter Gewölken, 60
Schoß dann, dicht in Nebel gehüllt, den vertilgenden Pfeil ab,
Der ihn sofort an der Ferse verwundete; bittere Schmerzen
Traten ihm schnell an das Herz; hin sank er, ähnlich dem Thurme,
Den die Gewalt des Orkanes in unterirdischem Wirbel
Ueber die Erd' hin stürzt, die tief in den Gründen erzittert: 65
So sank niedergeworfen der stattliche Leib des Achilleus.
Grimmvoll blickt' er umher und rief mit gewaltiger Stimme:

Wer hat aus dem Verborg'nen den furchtbaren Pfeil mir ge-
sendet?
Wag' er es doch, mit mir sich in offener Fehde zu messen,
Daß sein dunkeles Blut und all sein Gedärm um die Lanze 70
Mir sich ergießt und er selbst in den düsteren Hades hinabsinkt!
Weiß ich ja doch, kein Held von den tapfersten allen auf Erden,
Der in die Nähe mir tritt, kann mich mit der Lanze bezwingen,
Selbst nicht, wenn im Busen ein Herz unerschüttert ihm schlüge,
Ja unerschüttert ihm schlüge, der Muth ihm wäre von Eisen. 75
Doch stets stellen die Feigen den Tapferen nach im Verborgnen:
Darum tret' er heran auf mich, und wär' es ein Gott auch,
Welcher den Danaern grollt; wohl sagt mein ahnender Geist mir,
Daß es Apollon war, der in schauriges Dunkel sich hüllte.
Denn so hat mir's früher die göttliche Mutter geweissagt, 80
Daß ich am skäischen Thore dereinst durch seine Geschosse
Traurigen Tod's hinsterbe: gewiß, kein nichtiges Wort war's!

Dritter Gesang.

Sprach es und zog das herbe Geschoß mit grausamen Händen
Aus der unheilbaren Wunde; das Blut quoll nieder in Strömen;
Qualvoll war's, und den Helden bezwang sein Todesverhängniß. 85
Zornig warf er hinweg das Geschoß, und in eilendem Fluge
Rafften's die Lüfte davon und gaben's zurück an Apollon,
Der zu dem heiligen Hause des Zeus ging; ziemte sich's doch nicht,
Daß das Geschoß, ein Werk unsterblicher Götter, verderbe.
Phöbos nahm es und kam alsbald zu dem hohen Olympos 90
In die Versammlung der andern Unsterblichen, wo sich in Haufen
Alle vereint mit einander, den Kampf anschauend der Menschen.
Denn die dachten den Troern den Sieg zu, die den Achäern.
Und so schauten sie nieder, gesonderten Sinnes im Herzen,
Auf das Gewühl, in dem die tödteten, jene der Tod traf. 95
Doch als jenen gewahrte des Zeus sinnvolle Gemahlin,
Strafte sie ihn alsbald mit den scheltenden Worten des Unmuths:
Phöbos, warum vollbrachtest du heut dies frevle Beginnen?
Dachtest du nicht an die Feier der Hochzeit, welche dem Peleus
Wir Unsterblichen selber bereiteten? Sangest du da nicht 100
Unter den Schmausenden dort, wie die silberfüßige Thetis,
Da sie verlassen das Meer, als Gattin folgte dem Peleus?
Als du sangst, da kamen heran dichtwimmelnde Schaaren,
Reißendes Wild, Raubvögel und steilaufragende Felshöh'n,
Flüsse zugleich und alle die schattigen Bäume des Waldes. 105
Doch dies hast du vergessen und blutiger That dich erbreistet,
Da du dem göttlichen Manne den Tod gabst, dessen Geburt du,
Nektar spendend, zugleich mit den anderen Göttern erflehtest.
Was du für Peleus flehtest, vergaßest du; denn es gefiel dir,
Troja's Volk und dem starken Laomedon Hülfe zu bringen, 110
Dem du die Heerden gehütet; doch er, ein Sterblicher, kränkte
Dich, den unsterblichen Gott; du, thörichten Sinnes im Herzen,
Nimmst dich der Dardaner an, der bestandenen Mühen vergessend.
Elender, daß du noch nicht im verblendeten Herzen erkanntest,
Nicht wer ruchlos ist und verdient hat Leiden zu dulden, 115
Noch wem Ehre gebührt von den Himmlischen! War doch Achilleus
Uns stets freundlich gesinnt und stammt' aus unserm Geschlechte.
Aber fürwahr, nicht leichter, nachdem der Pelide gefallen,

4*

Glaub' ich, bestehen die Troer den Kampf; bald wird ja von Skyros
Kommen der Sohn, ihm gleichend an Kraft, und den Völkern
         Achäa's   120
Wird er ein Helfer erscheinen in graunvoll dröhnender Feldschlacht,
Und unzähligen Feinden unnennbares Wehe bereiten.
Ober bekümmern die Troer dich gar nicht? Nein, du beneidest
Wohl des Achilleus Tugend, des Herrlichsten unter den Menschen!
Thor, wie kannst du das Auge zu Nereus' Tochter erheben, 125
Wenn sie hinfort bei den Göttern erscheint im Palaste Kronions,
Welche vordem dich geehrt, wie den eigenen Sohn dich geliebt hat?
 So sprach scheltend zum Sohne des allmachtvollen Kronion
Here, schmerzlich erregt; doch nichts antwortete Phöbos,
Voll von heiliger Scheu vor des mächtigen Vaters Gemahlin. 130
Und er vermocht' ihr nicht mit offenen Augen in's Antlitz
Fürder zu schau'n, nein, setzte sich fern von den ewigen Göttern,
Erdwärts senkend den Blick. Die Unsterblichen all' im Olympos
Grollten ihm schwer, so viele davon die Achäer beschirmten;
Doch die, welche den Troern den Sieg zu verleihen gedachten, 135
Priesen den Gott, frohlockend im Innersten, aber vor Here
Bergend die Lust. Denn allen, so viel den Olympos bewohnen,
Graute vor Here's Zorn. Doch noch nicht brach des Achilleus
Trotziger Muth; noch kochte das dunkele Blut in den Gliedern,
Die rastlos fortstrebten, und stets nach Kämpfen verlangt' ihn. 140
Auch kein Dardaner wagte zu nah'n dem verwundeten Helden;
Nein, sie hielten sich ferne von ihm, wie schüchternes Landvolk
Zagend im Wald von dem Löwen sich fern hält, welchen ein Jäger
Traf; der verwundete Löwe, das Herz durchbohrt von dem Jagdspeer,
Denkt ausharrenden Muthes und schaut mit funkelnden Augen 145
Wüthend umher, wild brüllend aus furchtbar gähnendem Rachen:
Also bewegte dem Helden der Zorn um die tödtliche Wunde
Mächtig das Herz; wohl brach ihm die Kraft das Geschoß des
            Apollon;
Aber er rafft' auch so sich empor, stürmt' ein in die Feinde,
Schleudernd den stämmigen Speer, und warf Orythaon zur Erde, 150
Hektors edlen Gefährten, geschickt an den Schläfen ihn treffend;
Denn ihm wehrte der Helm nicht ab die gewichtige Lanze,

Dritter Gesang. 53

Sehnt' er sich auch zu entrinnen dem Tod in dem Grauen der Feld-
schlacht.
Nein, durch Erz und Knochen hinein in das Mark des Gehirnes
Stürmte der Speer, und zerschellte die Kraft in dem blühenden
Herzen. 155
Auch den Hipponoos zwang er im Kampf: er bohrte den Speer ihm
Ueber der Brau' in das Auge; der Stern fiel nieder zur Erde,
Und in den Hades hinab entschwebte die fliehende Seele.
Drauf mit dem Speer durchbohrt' er Alkathoos' Wang' und zer-
schnitt ihm
Ganz die Zung'; er stürzte, den Geist ausathmend, zur Erde, 160
Während die Spitze der Lanze zum anderen Ohre herausdrang.
Diese bezwang er denn, die gradaus wider ihn stürmten;
Doch viel Anderen auch, die flüchteten, nahm er das Leben:
Denn noch kochte das Blut in der Brust des gewaltigen Helden.
Doch da der Geist ihm entwich, und kalt ihm wurden die
Glieder, 165
Blieb er steh'n, an die Lanze gelehnt; die Dardaner alle
Flohen mit Zittern davon; er rief mit mächtiger Stimme:
Ha, feigherzige Troer und Dardaner! Selber des Todten
Furchtbarem Speer entrinnet ihr nicht; nein, meinen Erinnen
Büßt ihr alle zusammen mit unbarmherzigem Tode. 170
Sprach's, und die Feinde, vernehmend den Ruf, entflohen, wie Rehe,
Die in den Bergen die Stimme des brüllenden Löwen vernehmen,
Daß sie zitternd und zagend davonflieh'n: also mit Zittern
Flohen sie alle geschreckt von dem letzten Ruf des Achilleus,
Alle die reisigen Troer und fernberufenen Helfer. 175
Wähnten sie doch, er wäre noch unverwundet; indeß schon
Hatte der Tod ihm den Muth und die mächtigen Glieder gebrochen,
Daß er, ein riesiger Berg, dahinsank unter den Todten.
Weithin toste der Grund und graunvoll klirrte die Rüstung,
Als der Pelide gesunken, der herrliche; aber die Troer 180
Zitterten auch noch jetzt, den gefallenen Helden betrachtend.
So wie das blutende Wild, das Jünglingsarme bewältigt,
Bebend umstehen die Schafe; sie sehn's in der Nähe des Hofes
Niedergestreckt und erkühnen sich nicht, ihm nahe zu treten;

Wie vor dem Lebenden einst, so schaudern sie noch vor dem
        Todten: 185
So vor Achilleus zagten im Tode noch Dardanos' Söhne.
Dennoch ermuthigte sie mit mahnendem Wort Alexandros;
Denn hoch war er im Herzen erfreut; er lebte der Hoffnung,
Nun der Pelibe gefallen, die schirmende Wehr der Achäer,
Werden die Danaer ruhen von Kampf und Schlachtengetümmel: 190
 Freunde, wofern ihr im Ernst mit gefälligem Sinne mir beisteht,
Laßt uns heut in der Fehde vor Argos' Söhnen erliegen,
Oder, entronnen dem Tod, den gefallenen Aeakosenkel
Schleifen an Ilios' Veste mit Hektors stolzem Gespanne,
Das nach Hektors Tode mich trägt in die blutige Feldschlacht, 195
Tief in der innersten Seele betrübt, den Gebieter vermissend.
Wenn wir mit ihnen vom Feld den erschlagenen Helden entführten,
Wär' es ein Ruhm für die Rosse fürwahr, Ruhm wär' es dem
        Hektor
Selbst, wenn anders den Menschen im Hades bleibt die Besinnung,
Oder das Recht noch gilt; denn Schreckliches that er an Troja. 200
Und ihn werden daheim in der Stadt die barbanischen Frauen
Jauchzend im Herzen umsteh'n, wie Löwinnen oder wie Panther
Sich um den Leichnam drängen des vielerfahrenen Jägers,
Zürnend, daß er die Jungen gefühllos ihnen geraubt hat.
Also werden sich auch die barbanischen Frauen in Schaaren   205
Stürzen zur Leiche des todten Achilleus, grollend dem Helden,
Weil er den Einen die Väter erschlug und den Andern die Gatten,
Diesen die Söhn' und jenen die hochgeehrten Verwandten.
Doch vor den Anderen wird mein Vater sich freu'n und die Greise,
Welche das Alter daheim in gezwungener Ruhe zurückhält,   210
Wenn wir den Mann dort schleifen an Ilios' thürmende Veste,
Und ihn dann hinwerfen zum Raub hochfliegenden Vögeln.
 Also sprach er, und schnell um Achilleus' Leiche, des Helden,
Sammelten sich, die früher vor ihm sich gefürchtet im Kampfe,
Glaukos, Aeneias zugleich und tapferen Muthes Agenor,   215
Andere dann, wohlkundig des unheilbringenden Krieges,
Stürmisch entbrannt, ihn zu schleifen vor Ilios' heilige Veste.
Doch wohl achtete sein Held Ajas, ähnlich den Göttern,

Dritter Gesang.

Trat schnell hin vor den Todten und trieb mit dem stämmigen Wurf-
spieß
Alle zurück; nicht rastend indeß von dem drohenden Schlachtruf, 220
Stürmten sie ein auf ihn, anrennend von dort und von daher,
Dichter stets, wie Bienen, mit mächtigem Stachel gewaffnet,
Die um den Stock herfliegen in zahllos wimmelnden Schwärmen,
Und abwehren den Mann, der, achtlos ihres Beginnens,
Ruhig das Wachs ausschneidet, das gelbliche; ob sie des
Rauches 225
Auch und des Mann's Anbringen belästige, stürmen sie dennoch
Auf ihn ein; ihn kümmert es nicht, noch schreckt ihn der Angriff:
So mißachtete jener die kühn anstürzenden Troer,
Und erst warf er zur Erde des Mäon Sohn Agelaos,
Ueber der Brust ihn treffend, darauf den erhabenen Thestor; 230
Auch Otythoos fiel und Agestratos, auch Aganippos,
Zoros und Nissos sodann und Erymas, rühmlichen Namens,
Der aus Lykia kam im Heer des untadlichen Glaukos.
Auf Melanippion wohnt' er, dem heiligen Tempel Athene's,
Gegen Massikythos über, am chelidonischen Vorberg, 235
Vor dem banges Entsetzen befällt seefahrende Männer,
Wenn sie des starrenden Riffs vielzackige Klippen umschiffen.
Doch als Erymas fiel, durchschauerte düstere Trauer
Glaukos, Hippolochos' Sohn; er war sein Waffengenosse.
Schnell nach Ajas' Schilde, dem siebenhäutigen, stieß er; 240
Aber der Stoß drang nicht in die stattlichen Glieder des Helden;
Denn ihn schirmten die Häut' und der Harnisch unter dem Schilde,
Der sich fest anschmiegte den rastlosthätigen Gliedern.
Glaukos indeß ließ nicht von dem unheilbringenden Kampfe;
Drängt' es ihn doch, zu bezwingen des Aeakos Enkel, den Ajas; 245
Und mit vermessenen Worten bedroht' er ihn, thörichtes Herzens:
Ajas, weil du so weit vor Achäa's Söhnen hervorragst,
Wie man erzählt, und sie deiner so frech sich rühmen, die Stolzen,
Wie des Achilleus einst, des gewaltigen, denk' ich, du sollst mir
Mit dem gefallenen Freund noch heute hinab in den Hades. 250
Sprach es, — ein nichtiges Wort; ihm war nie Kunde geworden,
Wie viel besser der Mann, mit dem er zum Kampf sich gegürtet.

Finster an ihm aufblickend, begann der streitbare Ajas:
Armer, bedachtest du nicht, wie viel kampfrüstiger Hektor
Einst sich bewährt, als du? Doch mied er unsere Lanze, 255
Unsere Kraft, er, tapfer zugleich und verständigen Sinnes.
Dein Sinn reißt dich zum Hades hinab, dich, der sich erkühnte,
Mir zu begegnen im Kampfe, dem ungleich stärkeren Manne.
Nicht Gastfreunde zu sein aus der Urzeit unserer Väter
Rühmen wir uns, noch wirst du mich auch, von dem Kampfe zu lassen, 260
Je durch Gaben bewegen, wie Tydeus' muthigen Sohn einst;
Nein, ich lasse dich nimmer vom Schlachtfeld lebend entrinnen,
Wenn du vordem auch glücklich der Kraft des Tydiben entrannest.
Ober vertraust du vielleicht auf Andere, die des Achilleus
Leichnam rings umschwärmen mit dir im Getümmel des Kampfes, 265
Gleich unmächtigen Fliegen? Besinne dich! Denn ich bereite,
Stürzend in sie, auch ihnen den Tod und das schwarze Verderben.
Also der Held und stürmte hinein in die Reihen der Troer,
Wie auf jagende Hunde der Leu in den Schluchten des Waldes.
Viele der Troer zumal und der Lykier schlug er zu Boden, 270
Welche nach Sieg und Ehre verlangt; rings zagten die Völker,
Gleichwie Fische des Meeres, sobald ein gefräßiger Haifisch
Ober, im Meere genährt, ein großer Delphin sich heranstürzt:
Also graute den Troern vor Telamons mächtigem Sohne,
Der rastlos im Gewühle sich tummelte; aber sie kämpften 275
Doch, obwohl in den Staub um Achilleus' Leiche die Streiter
Zahllos sanken dahin, wie Eber des Walds um den Löwen;
Weithin hatte daselbst ein vertilgender Kampf sich entsponnen.
Da warf Ajas, der Held voll trotziges Muthes, zur Erde
Auch Hippolochos' tapferen Sohn, der neben Achilleus 280
Rücklings fiel, wie Gesträuch bei der stämmigen Eiche des Berges.
So sank Glaukos, bewältigt vom Wurfspeer, neben Achilleus;
Und der gewaltige Sohn des Anchises, der um die Leiche
Viel Mühsale bestand mit den streitbaren Waffengenossen,
Schleppte sie hin zu den Troern, und gab sie seinen Gefährten 285
Schmerzlich bewegt, sie zu tragen in Ilios' heilige Veste.
Aber er selbst stritt fort um Achilleus; da mit der Lanze

Dritter Gesang. 57

Traf ihn verwundend die Rechte der Telamonier Ajas
Ueber dem Muskelgeflecht, und stürmischen Laufes entwich er
Aus dem vertilgenden Kampf, und zog sich zurück in die Veste. 290
Allda mühten sich ämsig um ihn heilkundige Meister,
Die ihm wuschen die Wund' und das Andere alles beschafften,
Was schmerzbringende Qualen verwundeten Männern erleichtert.
Doch nie rastete Ajas im Kampf, gleich flammenden Blitzen,
Hier Tod sendend und dort; denn er trauerte schmerzlich ergriffen, 295
Tief in der Seele betrübt um Achilleus, seinen Verwandten.
Auch der untadliche Sohn des erfahrenen Helden Laertes
Schlug mit dem Feind in der Nähe, den Dardanern Grauen erweckend,
Und Peisandros' Sohne, dem rüstigen, löwenbeherzten
Mänalos, gab er den Tod; der wohnt' in der stolzen Abydos. 300
Nach ihm schlug er den eblen Atymnios, welchen die Jungfrau
Pegasis einst am Grenikos, die lockige Nymphe, zum Sohne
Gab dem gewaltigen Helden Emathion; neben ihm warf er
Proteus' Sohn, den beherzten Oresbios, nieder zur Erde,
Der an den Schluchten des Ida gewohnt, und nicht in der Heimat 305
Sah ihn mehr Panakeia, die Herrliche, die ihn geboren;
Denn er fiel von der Hand des Odysseus, welcher so manchen
Anderen noch hinstreckte mit rastlos stürmender Lanze,
Den er erreicht' in der Nähe des Leichnams; aber es traf ihn
Alkon, Megakles' Sohn, des verwegenen, dann mit dem Wurf-
                                                speer 310
Rechts in das Knie; schwarz wallte das Blut ihm über der Schiene
Glanzvoll blinkendes Erz; doch er, nicht achtend der Wunde,
Ward dem Verwundenden plötzlich zum Unheil, weil er den Schild ihm
Rasch mit dem Speer durchbohrte, dem kühn ausharrenden Krieger;
Dann mit gewaltiger Kraft und mächtiger Stärke des Armes 315
Stieß er ihn rücklings nieder, und ringsum klirrten die Waffen,
Als er im Staub dalag; roth strömte das Blut um den Harnisch,
Der ihm die Glieder umschloß; da zog den vertilgenden Wurfspeer
Jener aus Schild und Gliedern heraus, und der Spitze der Lanze
Folgte die Seele sofort, und das göttliche Leben verließ ihn. 320
Auch auf Andere stürzte, wiewohl verwundet, Odysseus,
Ruht' und rastete nicht vom dröhnenden Schlachtengetümmel.

So voll Muth auch kämpften die anderen Männer von Argos
Alle gedrängt um den großen Achilleus; Troer in Haufen
Schlug ihr mächtiger Arm mit den wohlgeglätteten Lanzen. 325
Wie der Orkan in des Jahres Beginn, wann endet die Herbstzeit,
Weithin flüchtiger Blätter unzählige streut an die Erde,
Wenn er in wildem Getos' auf waldige Haine sich herstürzt:
Also trafen die Speere der streitbaren Männer Achäa's
Priamos' Volk; denn tief um Achilleus trauerten Alle, 330
Doch vor Allen der Sohn des Telamon; darum erschlug er
Rastlos Troer um Troer, dem furchtbaren Todesgeschick gleich.
Paris spannte den Bogen nach ihm; er, schnell es gewahrend,
Traf mit dem Stein ihm das Haupt, und den Helm mit doppeltem
           Bügel
Brach der vermessene Block; rings deckt' ihm Dunkel das Auge, 335
Und in den Staub hin stürzt' er, und nicht mehr frommten die Pfeile,
Die dort lagen zerstreut; leer lag an der Erde der Köcher
Nahe dabei, und der Bogen entsank den ermatteten Händen.
Doch ihn hoben die Freunde behend auf den Wagen und führten
Ihn mit den Rossen des Hektor hinweg zu der troischen Veste, 340
Während er mühsam noch aufathmete, stöhnend und röchelnd.
Auch die Geschosse des Herrn vergaßen sie nicht im Gefilde;
Die auch hoben sie auf, und brachten sie ihrem Gebieter.
Mächtigen Lauts rief Ajas ihm zu, voll Grimmes im Herzen:
 Wohl entrannest du, Hund, am heutigen Tage des Todes 345
Schwerer Gewalt; nicht lange jedoch, so naht dir der Tage
Letzter heran durch einen der Danaer oder mich selbst auch;
Doch jetzt liegt mir ein Andres im Sinn, wie wir des Achilleus
Leiche den Danaern retten im blutigen Waffengewühle.
 Also der Held, und sandte den Tod in die Reihen der Troer, 350
Die noch kämpften den Kampf um die Leiche des Peleionen.
Doch da sie sah'n, wie Viele vor Ajas' mächtigem Arme
Jetzt aushauchten den Geist, da bebten sie bang und entflohen;
Gleich unmächtigen Geiern entwichen sie, welche der Adler
Schreckt, von den Vögeln des Himmels der furchtbarste, wenn sie
           die Heerde 355
Gierig zerfleischen im Wald, die grimmige Wölfe zerrissen:

Dritter Gesang.

Also zerstreute die Feinde der Held voll trotziges Muthes,
Jetzt mit gewaltigen Steinen und jetzt mit dem Schwert sie verfolgend.
Darum zagend und zitternd entflohen sie alle vom Schlachtfeld,
Schaar bei Schaar, den Staaren vergleichbar, welche der Habicht 360
Würgend verfolgt; in Haufen gedrängt dicht hinter einander
Fliehen sie hastig davon und entgeh'n dem grausen Verderben.
Also flohen die Troer bedrängt zu Priamos' Veste
Aus dem Gefild, sich ergebend der Macht ruhmlosen Entsetzens,
Bebend in Angst vor Ajas', des mächtigen, drohendem Schlachtruf, 365
Der sie verfolgte, die Hände befleckt mit dem Blute der Männer.
Und jetzt hätt' er sie alle zumal nach einander erschlagen,
Wären sie nicht in der Stadt weitoffene Thore geflüchtet;
Matt nur athmeten sie, die Furcht und Schrecken bezwungen.
Als er so sie gedrängt in die Stadt, wie der Hirte die Schafe, 370
Ging er zurück in das Feld; doch nicht mit den Füßen berührt' er
Wandelnd den Grund, durch Leichen und Blut und Rüstungen
    schreitend.
Denn weit lagen die Haufen Erschlagener durch das Gefild hin
Von der geräumigen Stadt bis dort zu dem Meere der Helle,
Jünglinge, die im Gewühle der Schlacht hinraffte das Schicksal. 375
Wie dichtstehende Saaten, gemäht von den Händen der Schnitter,
Wann sie gereist, hinsinken, und dort, mit Aehren belastet,
Zahllos liegen die Garben; des Tagwerks freut sich der Eigner,
Der sein herrliches Feld und die rührigen Männer betrachtet:
Also lagen sie hier, von dem traurigen Tode bezwungen, 380
Lagen Achäer und Troer, des kläglichen Krieges vergessend,
Mit dem Gesicht an der Erden. Achäa's tapferste Söhne
Zogen indeß noch nicht den erschlagenen Troern die Wehr ab,
Bis den Peliden die Flamme verzehrt, der ihnen ein Beistand
Trotzend auf eigene Kraft im stürmischen Kampfe voranzog. 385
Als ihn die Könige denn aus Kampf und Getümmel gerettet,
Mühten sich All' und hoben empor und trugen die Leiche
Weg und legten sie nieder im Zelt vor den eilenden Schiffen.
Um ihn sammelten sich und jammerten rings die Genossen,
Schmerzlich bewegt; er war ja die mächtige Wehr der Achäer. 390
Und nun lag er im Zelte, des Speers und der Kämpfe vergessend,

Dort, wo dumpf aufrauschten die Wogen des Hellespontos.
So wie Tityos stürzte, der Unhold, als er die Leto,
Die nach Pytho sich wandte, bewältigte; zürnend erlegte
Den unbändigen Frevler mit flüchtigen Pfeilen Apollon 395
Leicht und rasch; er, liegend in schaurigem Blute, bedeckte,
Groß an Gestalt, neun Hufen in Gäa's weitem Gefilde,
Die ihn gebar; um den Sohn, der den Seligen allen verhaßt war,
Jammerte sie; doch Leto, die göttliche, freute sich herzlich:
So lag Aeakos' Enkel entseelt auf feindlicher Erde, 400
Freude den Troern bereitend und ewigen Schmerz den Achäern.

Ringsum klagten die Völker, und graunvoll brauste das Meer auf.
Bald brach Allen das Herz, in dem innersten Grunde verzweifelnd,
Daß von den Dardanern nun sie Tod und Verderben bedrohe.
Wenn sie darauf an den Schiffen der liebenden Eltern gedachten, 405
Die sie gelassen daheim, und der Gattinnen, welche vor kurzem
Ihnen vermählt jetzt wohl in verlassenem Lager sich härmten
Mit unmündigen Kindern, die liebenden Gatten erwartend,
Seufzten sie mehr noch auf, durchmannt vom Verlangen der Klage.
Häuptlings niedergestreckt an der See tiefsandigem Ufer, 410
Weinten sie unablässig am Zelt des erhab'nen Achilleus,
Rissen das Haar mit den Wurzeln sich aus in verzweifelndem Schmerze,
Und entstellten die Häupter, mit stäubendem Sand sie bedeckend.
Wie wenn rings aus der Veste, von feindlichen Horden umlagert,
Angstausruf sich erhebt; die Belagerer stürmen die Mauern, 415
Setzen in Flammen die Stadt, die geräumige, morden die Bürger
Alle zumal, und zieh'n mit geplünderter Habe von bannen:
Also scholl an den Schiffen Achäa's jammernder Angstruf;
Denn dort lag des Beschirmers der Danaer, lag des Achilleus
Hohe Gestalt an den Schiffen, entseelt durch Göttergeschosse. 420
So lag Ares im Troergefild' einst, als mit des Feldes
Mächtigem Stein Zeus' Tochter, des schrecklichen, ihn in den Staub
warf.
Unablässig beklagten die Myrmidonen den Herrscher,
Dicht um die Leiche gedrängt des untablichen Aeakosenkels,
Der einst Allen gewesen ein freundlicher, treuer Genosse, 425

Dritter Gesang.

Niemals stolz sich geberbend und grausam wider die Menschen,
Nein, stets sinnig und klug und mit männlichem Muthe gewaffnet.
Doch vor Allen ertönte die schmerzliche Klage des Ajas,
Der den Verwandten zugleich in dem tapferen Todten beweinte,
Den ein Unsterblicher schlug; ihn hätte der Sterblichen keiner   430
Niedergestreckt, so viele des Erdballs Weiten umwohnen.
Er ward jetzo beklagt von Telamons herrlichem Sohne,
Der bald schmerzlichbewegt in das Zelt des erschlag'nen Achilleus
Trat und bald sich am Strande der See mit des mächtigen Leibes
Riesengestalt hinwarf, in das klagende Wort sich ergießend: 435
    Peleus' Sohn, du mächtige Wehr der beherzten Achäer,
Fern von der Phthier Gefilden an Ilios' Mauern erlagst du,
Irgendwoher urplötzlich von tückischem Pfeile getroffen,
Welchen die Feiglinge nur im Kampf mit dem Feinde versenden:
Niemand ja, der muthig den stattlichen Schild zu beherrschen,   440
Oder den Helm zu tragen versteht im Gewühle der Feldschlacht,
Auch in der Hand zu schwingen den Wurfspeer, daß er des Feindes
Busen zugleich durchbohrt mit der ehernen Hülle des Panzers,
Wird anstürmende Gegner von fern mit Pfeilen bekämpfen.
Denn wenn offen an dich, der dort dich getroffen, herantrat,   445
Traun, nie wär' er entronnen dem Andrang deines Geschosses.
Doch wohl war es der Wille des Zeus, uns ganz zu vernichten;
Stets ja vereitelt der Gott all' unsere Mühen im Kampfe.
Ja, bald gibt er den Troern den Sieg wohl über Achäa's
Söhne, nachdem er dem Volke geraubt solch mächtige Schutzwehr.   450
Weh, wie wird sein Vater, der Greis, im Palaste sich härmen,
Den dies schmerzliche Loos heimsucht im traurigen Alter,
Daß sein Leben erlischt alsbald mit der Kunde des Todes!
Wohl ist's besser für ihn, sogleich zu vergessen des Elends.
Denn wenn nicht ihn tödtet der Ruf von dem Tode des Sohnes,   455
Wird sein Alter (o Grauen!) vergehn in dem schrecklichen Leide,
Wenn er am Herde daheim in verzehrendem Schmerze sich abhärmt,
Peleus, welchen die Götter geliebt vor den Sterblichen allen.
Doch nicht Alles verleih'n sie den unglückseligen Menschen.
    Also klagte der Held, in Trauer versenkt, um Achilleus;   460
Endlos jammerte dann auch Phönix, der sich im Schmerze

Ueber die Heldengestalt hinwarf des beherzten Peliden.
Bang aufschluchzend begann er, in innerster Seele bekümmert:
Also starbest du mir, mein Sohn; mir ließest du scheidend
Ewigen Kummer zurück! O hätte das Grab mich verschlungen, 465
Eh' ich geseh'n dein Jammergeschick! Kein anderes Unheil
Ist mit herberem Schmerz mir je in die Seele gedrungen,
Selbst nicht, als ich von Haus wegschied, von den freundlichen Eltern,
Und durch Hellas irrte zu Peleus, welcher mich aufnahm,
Und mit Geschenken mich ehrt' und den Dolopern setzte zum König. 470
Und da trug dich der Vater im Saal umher in den Armen,
Legte dich mir an den Busen und bat mit bringenden Worten,
Treulich zu pflegen das Kind, als wär's mein eigenes Söhnchen.
Und ich that's; du, mir an der Brust voll Wonne dich wiegend,
Rieffst mir Väterchen oft mit kindlich lallendem Munde, 475
Netzest mir Brust und Gewand in lästiger Weise des Kindes,
Und ich habe mit Lust dich stets in den Armen getragen;
Denn wohl hoffte mein Herz in dir zu erziehen den Pfleger,
Der mein Helfer im Leben und Schutz im Alter mir wäre.
Ja, das hoffte mein Herz; doch kurz nur blühte die Hoffnung. 480
Denn nun schwandst du hinab in die Finsterniß; bitterer Jammer
Füllt mir das Herz, das auch noch anderer Kummer belastet:
Daß er mich selbst hinraffte, bevor der untadliche Peleus
Kunde davon empfängt; denn unablässig und endlos
Wird er jammern und klagen, sobald ihn erreichte die Botschaft. 485
Kann kein Schmerz doch herber für uns, für den Vater und mich, sein,
Als der Kummer um dich; der wird in die Tiefen des Hades,
Unter die Erd' uns bringen, bevor nach dem Rathe Kronions
Unabwendbar käme der Tod; und ersprießlicher wär' es,
Als noch länger zu leben, getrennt von unserem Helfer. 490

Sprach es, der Greis, im Herzen unendlichen Kummer bewegend;
Nächst ihm stand Agamemnon und jammerte, Thränen vergießend.
Schwer aufseufzend begann er, den brennenden Schmerz in der Seele:
Peleus' Sohn, du starbst, von den Danaern allen der Beste,
Starbst und beraubtest des Schutzes das mächtige Heer der Achäer. 495
Denn viel leichter fürwahr wird's, uns zu besiegen, dem Feinde,
Seit du fielst; dein Scheiden bereitete Freude den Troern,

Dritter Gesang.

Die vorher dich gefloh'n, wie flüchtige Schafe den Löwen;
Und nun wagen sie muthig den Kampf an den eilenden Schiffen.
Ha, wie täuschest du doch mit betrüglichen Worten die Menschen, 500
Vater Zeus! Du verspracheft mir einst zu zerstören die Veste,
Priamos' Stadt, und erfüllst mir jetzt nicht, was du verheißen.
Nein, mit frevelndem Truge bethörst du mich; denn ich verzweifle,
Nun der Pelide dahin, an das Ziel zu gelangen des Krieges.
  Sprach's, in der innersten Seele betrübt, und in bitterem Leide 505
Klagten die Völker umher um den muthigen Renner Achilleus.
Rings antworteten dröhnend dem jammernden Rufe die Schiffe,
Und unermeßlicher Lärm stieg auf in den ewigen Aether.
Wie langziehende Wellen, erregt von gewaltigem Winde,
Sich von der Höhe des Meeres mit Macht hinwälzen zum Strande, 510
Furchtbar zu schau'n, und sich brechen in stets sich erneuerndem
                                                  Andrang,
Daß ringsher das Gestad' aufhallt von der tosenden Brandung:
Also scholl um die Leiche der klagende Ruf der Achäer,
Die ohn' Ende beweinten des Aeakos tapferen Enkel.
  Nun brach über die Helden, die klagenden, dunkele Nacht ein, 515
Hätte sich Neleus' Sohn nicht so zum Atriden gewendet,
Nestor, welchem das Herz unendlicher Jammer bewegte,
Weil er Antilochos' stets, des verständigen Sohnes, gedachte:
  Atreus' herrlicher Sohn, stolzwaltender Fürst der Achäer,
Laß uns heut abbrechen die schmerzvolltönende Klage!   520
Wird's doch Niemand wehren den Danaern, wenn sie hinfort noch
Tage hindurch sich in Klagen ergeh'n und an Thränen sich weiden.
Jetzt laß uns von dem Blute des Aeakos muthigen Enkel
Reinigen, und auf's Lager sodann ihn legen; es ziemt nicht,
Daß man die Todten beschimpft durch zögernde Ehrenbestattung. 525
  Also gebot dem Atriden der Greis, der besonnene Nestor.
Doch der ging zu den Freunden umher und mahnte sie bringend,
Kessel mit Wasser zu füllen und rasch an das Feuer zu stellen,
Daß es erwarm', und zu waschen den Leichnam, dann in die schönen,
Purpurfarb'nen Gewande zu hüllen ihn, welche die Mutter   530
Ihm mitgab gen Troja; behend vollzogen's die Freunde.
Als sie darauf nach Gebühr mit Sorgfalt Alles vollendet,

Legten sie nieder im Zelt den erschlagenen Aeakosenkel.
Doch ihn sehend erbarmte sich sein Zeus' Tochter Athene;
Und sie träufelte schnell Ambrosia über das Haupt ihm, 535
Welche die Fäulniß lang abwehrt von den Gliedern des Todten,
Daß er so frisch dalag, wie ein Lebender, welcher noch athmet,
Gab hierauf dem Gefall'nen den Ausdruck schrecklichen Ernstes
Auf die gerunzelten Brau'n, der einst auf dem furchtbaren Antlitz
Drohend geruht, als grollte der Held um den todten Patroklos, 540
Schuf die Gestalt auch höher an Wuchs und schöner von Anseh'n.
Staunen ergriff, da sie kamen zu Hauf, den Peliden zu schauen,
Argos' Volk; wie lebend ja lag auf dem Bette die hohe
Heldengestalt, als athme sie noch in ruhigem Schlummer.

Doch die gefangenen Frau'n, die selbst er erbeutet, Achilleus, 545
Als er des Kilikervolks hochragende Veste verwüstet,
Theben, Eetions' Stadt, und die heilige Lemnos erobert,
Standen umher, mit den Nägeln die blendende Haut sich zerfleischend,
Jammerten und wehklagten, die Brust mit den Händen sich schlagend,
Tief aus innerstem Herzen um Aeakos' freundlichen Enkel, 550
Der sie geehrt, obwohl von feindlichen Vätern entsprossen.
Aber von allen am tiefsten betrübt im Grunde der Seele
War Briseïs, die Gattin von Peleus' streitbarem Sohne.
Stets umkreiste die Arme mit jammerndem Rufe den Todten,
Während sie wild mit den Händen die reizende Haut sich zer-
                  fleischte; 555
Ihr auf blendendem Busen erhoben sich blutige Male
Rings von den Schlägen der Hand; doch lieblich glänzte die Schönheit
Auch durch den bittersten Schmerz, und Anmuth strahlte das Antlitz.
Sie nun rief, ausbrechend in gramvoll klagende Töne:
  Weh mir, welche vor allen der grausefte Jammer getroffen! 560
Denn kein anderes Loos, nicht als ich verloren die Heimat,
Nicht was über die Brüder hereinbrach, traf mich so schmerzlich,
Als dein Tod mich betrübt. Du warst mir heilige Sonne,
Warst mir leuchtender Tag und wonniges Leben und Hoffnung
Künftigen Glücks und wider den Schmerz ein gewaltiges Bollwerk, 565
Warst mir stets viel theurer sogar als Eltern und Schönheit,
Warst mir Alles allein, die dir nur Sklavin gewesen,

Dritter Gesang.

Nahmst zum Gemahle mich an, und enthobst mich knechtischer Arbeit.
Doch jetzt wird mich ein Andrer vom Danaervolk in den Schiffen
Führen in Argos' dürres Gefild, in die Fluren von Sparta; 570
Ja, jetzt werd' ich, die Sklavin, unsäglichen Jammer erdulden,
Deiner beraubt: ach, daß mich der aufgeschüttete Hügel
Hätte bedeckt, eh' als ich geseh'n dein Todesverhängniß!
Also jammerte sie mit den unglückseligen Mägden
Und dem bekümmerten Volke der Danar um den Peliden, 575
Klagt' um König zugleich und Gemahl; nie wurde das Aug' ihr
Trocken und rastlos strömte die bittere Zähre zur Erde
Ihr von den Wimpern herab, wie dunkeles Wasser des Quelles,
Welcher vom Fels sich ergießt, den hoch auf hartem Gesteine
Eis und Schnee rings starrend bedeckt, bis er unter des Ostwinds 580
Schmelzendem Hauche zerrinnt und den wärmenden Strahlen der
    Sonne.
Doch jetzt hörten sie drunten die klagenden Töne der Trauer,
Nereus' Töchter, so viele des Meers Abgründe bewohnen.
Bitteres Leid durchzuckte das Herz der unsterblichen Jungfrau'n;
Gramvoll seufzten sie auf; mit klagte der Hellespontos. 585
Schnell sich umhüllend die Glieder mit meerblaufarb'nen Gewändern,
Stürmten sie hin zu dem Ort, wo die Schiffsmacht stand der Achäer,
Schaar bei Schaar durchschneidend die grauliche Flut, und die Wogen
Wichen um sie sich zertheilend, indeß sie klagend und jammernd
Eilten dahin, zu vergleichen den Kranichen, welche den nahen 590
Sturm mit lautem Gekreisch ankündigen: ihnen gesellten
Sich bangstöhnend die Thiere der Meerflut. Ohne Verzug denn
Kamen sie nahe dem Ziel, voll Gram wehklagend um Thetis'
Muthigen Sohn, der Schwester. Zugleich vom Helikon stiegen
Eilend die Musen herab, unnennbare Trauer im Herzen, 595
Ehre zu zollen bemüht Nereus' helläugiger Tochter.
Doch Zeus weckt' in der Seele der Danaer Muth und Vertrauen,
Daß sie nicht vor Schrecken erzitterten, wenn in dem Heere
Sichtbar erschiene die Schaar der Unsterblichen. Klagend umstanden
Die des Achilleus Leiche, wiewohl unsterblicher Abkunft, 600
Alle zumal; weit klang es zurück von dem Meere der Helle.
Rings um des Peleus Sohn ward feucht von den Thränen die Erde;

Solch unermeßliches Leid durchbebte sie; auch von der Völker
Thränen benetzt ward Alles umher, Zelthütten und Schiffe,
Zeug und Waffen und Wehr; auch ihr Leib war unermeßlich. 605
Thetis umschlang mit den Armen den Sohn und küßte den Mund ihm,
Jammerte laut und rief, in glühende Thränen ergossen:
  Freue sich Eos, die Hehre mit rosigem Schleier, am Himmel,
Freue sich auch, nicht grollend hinfort um Asteropäos,
Axios' breites Gewässer, zugleich mit Priamos' Hause! 610
Doch ich will zum Olympos hinaufgeh'n, will zu Kronions
Füßen, des ewigen Gottes, mit jammernder Klage mich werfen,
Daß er dem sterblichen Manne mich hingab wider mein Wollen,
Ihm, den bald die Gewalt unfreundlichen Alters erfaßte,
Und dem schon todbringend die düsteren Keren sich nahten. 615
Aber ich härme mich wahrlich um i h n nicht, wie um Achilleus,
Den der olympische Zeus mir einst in des Aeakos Hause
Herrlich zu machen verhieß, da stets vor der Ehe mir graute,
Daß ich in stürmenden Wind mich verwandelte, dann in Gewässer,
Dann in des Vogels Gestalt, und dann in flammendes Feuer. 620
Also floh ich Göttin des sterblichen Mannes Gemeinschaft,
Mich umwandelnd in Alles, was einschließt Himmel und Erde,
Bis er zuletzt mir verhieß, der Olympier, meinen Achilleus
Einem Unsterblichen gleich zu verherrlichen; und er erfüllte,
Was er verhieß; denn er ward der gewaltigste unter den Menschen. 625
Aber (o bitterer Schmerz!) frühzeitigem Tode verfällt er.
Darum steig' ich zum Himmel empor, zum Palaste Kronions,
Klagend um meinen Geliebten, und was ich früher bestanden,
Duldend für ihn und die Söhne, die schmachvoll rangen in Drangsal,
Dessen gedenk' ich vor Zeus, sein Herz zu bewegen im Busen. 630
  Also jammerte Thetis, die meerentsprossene Göttin.
Ihr antwortete dann Kalliope, sinnig im Herzen:
  Hemme die Klag', o Thetis, und nicht in dem heftigen Schmerze
Hadere wegen des Sohnes mit ihm, der Göttern und Menschen
Mächtig gebeut! Auch Zeus', des gewaltigen Donnerers, Söhne 635
Fielen dem Tode zum Raube, von schrecklichen Keren bewältigt:
Auch m e i n Sohn ist gestorben, obwohl unsterblich ich selbst bin,
Orpheus, dessen Gesang scharfzackige Felsen sich nachzog,

Dritter Gesang.

Auch dichtlaubige Wälder und raschhinflutende Ströme,
Auch die gewaltigen Hauche der luftdurchsausenden Winde, 640
Und die Geschlechte der Vögel, die stürmenden Segler der Lüfte.
Aber ich trug mein schweres Geschick; dem unsterblichen Gotte
Ziemt es ja nicht, in Trauer und Leid zu verzehren die Seele.
Darum gebiete dem Schmerz um den Sohn, ob herzlich betrübt auch;
Denn stets werden die Sänger den Ruhm und die Stärke des
    Helden 645
Unter den Sterblichen feiern, wie ich's und die anderen Musen
Ihnen gelehrt. Ja, laß dir von finsterem Grame das Herz nicht
Beugen, indem du dem Schmerz gleich sterblichen Frauen dich hingibst.
Hörtest du nie, daß Aesa, die selbst nicht achtet der Götter,
Unaufhaltsam die Menschen, die erdbewohnenden alle, 650
Unheilbringend umfliegt? Nur ihr ward solche Gewalt einst.
Sie wird jetzt auch Troja, die Stadt mit den goldenen Schätzen,
Stürzen, nachdem sie von Troern und Danaern wen sie vertilgen
Wollte vertilgt; kein Gott ja vermag ihr solches zu wehren.
    So Kalliope dort, voll sinnigen Rathes im Herzen. 655
Aber hinab in die Flut des Okeanos eilte die Sonne;
Düstere Nacht sank rings am unendlichen Himmel hernieder,
Trost in Bekümmerniß schaffend den trauernden Menschengeschlechtern.
Dort nun lagerte sich auf sandigem Ufer in Schaaren
Argos' Volk um die Leiche zum Schlaf, von Kummer belastet; 660
Doch umfing kein Schlummer die Thetis; neben dem Sohne
Saß sie, von Nereus' Töchtern umringt; zur Seite die Musen
Sprachen mit freundlichen Worten der Tiefbekümmerten Trost ein,
Hier abwechselnd und dort, auf daß sie des Grames vergesse.
    Doch als Eos am Aether emporstieg, fröhlichen Sinnes, 665
Allen im troischen Volk und dem Priamos heiteren Lichtglanz
Spendend, indeß viel Tage hindurch die Achäer bekümmert
Noch um Achilleus weinten, und weit die Gestade des Meeres
Widerhallten die Klage, der Meergreis jammernd in Thetis'
Gram einstimmte, der Tochter, zugleich auch alle die andern 670
Seegottheiten vereint das Geschick des Peliden beklagten:
Da denn gaben die Leiche von Aeakos' herrlichem Enkel
Argos' Söhne den Flammen, nachdem sie mächtiger Bäume

Lasten gehäuft; die trugen sie mühsam nieder vom Ida
Alle zugleich, wie's ihnen des Atreus Söhne geboten, 675
Aus unzähligen Stämmen emporzuthürmen den Holzstoß,
Daß in Eile die Flammen Achilleus' Leiche verzehrten.
Dann viel Wehren und Waffen erschlagener Streiter zusammen
Häuften sie rings auf's Scheitergerüst, und warfen darüber
Viel frischblühende Söhne der Dardaner, die sie geschlachtet. 680
Wiehernde Rosse sodann und gewaltige Rinder und Schafe
Fügten sie bei und Schweine zugleich, schwerstrotzend von Fette.
Sklavinnen brachten in Fülle Gewand' aus bergenden Schränken
Weinend heran und warfen sie all' auf den ragenden Holzstoß,
Häuften dazu noch Elektron und Gold, und streitbare Phthier 685
Schnitten die Locken des Hauptes sich ab und verhüllten den Leich-
nam.
Auch Briseis, in Trauer versenkt an der Leiche des Königs,
Weihte das eigene Haar als letztes Geschenk dem Gebieter.
Spendend goßen sie dann auch viel Oelkrüge zur Erde;
Andere stellten sie rings um den Holzstoß, Krüge mit Honig, 690
Krüge mit Weine gefüllt; der duftete lieblich wie Nektar.
Auch viel Anderes noch, süßduftendes, Wunder den Menschen,
Warfen sie drauf, was die Erde gebiert und die göttliche Meerflut.
 Aber nachdem sie das Scheitergerüst zur Genüge geordnet,
Zogen daher in Waffen zu Fuß und zu Wagen die Streiter 695
Rings um das vielbeweinte Gerüst; da goß der Kronide
Auf des Achilleus Leich' Ambrosiathau vom Olympos,
Und um Ehre zu zollen der göttlichen Tochter des Nereus,
Sandt' er den Sohn Hermeias an Aeolos, daß er in Eile
Rufe die heilige Macht sturmathmender Winde; (das Feuer 700
Legten sie schon ringsher an den Holzstoß;) Aeolos folgte
Schnell dem Gebote des Gottes und rief urplötzlich dem wilden
Boreas, rief den Hauchen des graunvoll tobenden Westwinds,
Alsbald stürmenden Fluges in Ilios' Ebne zu eilen.
Die denn brausten sofort in unendlichem Drange die Bahn hin 705
Ueber die Wogen des Meers, und Erde zugleich und Gewässer
Rauschten umher; hoch oben die Luft durchrasend im Fluge,
Tummelten sich und jagten sich wild zahllose Gewölke.

Dritter Gesang.

So nun stürzten vereint (denn also gebot es Kronion)
Alle zum Scheitergerüst des Achilleus; mächtig erhob sich   710
Flammende Glut; da scholl von den Myrmidonen ein endlos
Jammergeschrei, und die Winde, von rauschendem Wirbel getrieben,
Tosten heran um die Leiche den ganzen Tag und die Nacht durch,
Rüstiger stets anfachend die Glut; in den göttlichen Aether
Hob sich der Rauch dichtqualmend empor; die gewaltigen
                              Stämme   715
Knisterten laut, von den Flammen umleckt, bald dunkele Asche.
Als ihr Werk vollendet die niemals rastenden Winde,
Kehrten sie heim mit den Wolken, in eigene Grotten ein jeder.
Aber nachdem die vertilgende Glut den gewaltigen König
Nun am letzten verzehrt von den Jünglingen und von den
                              Rossen,   720
Die dort lagen um ihn mit den anderen köstlichen Schätzen,
Welche die Danaer weinend gehäuft um die Leiche des Herrschers:
Löschten die Myrmidonen die Glut mit funkelndem Weine.
Doch leicht kennbar erschien sein Gebein, nicht ähnlich dem andern,
Nein, wie Gigantengebein; auch konnte sich nichts von dem
                              Andern   725
Mischen mit ihm; denn Rinder und Roff' und Söhne der Troer
Lagen, gemischt mit den andern Erschlagenen, wenig entfernt nur,
Ringsher um den Peliden; er selbst in der Mitte der Andern
Lag allein, von Hephästos' Gewalt in Asche verwandelt.
Und nun sammelten seufzend die Myrmidonen des Königs   730
Weißes Gebein, und bargen es wohl in ein silbernes Kästchen,
Räumig und schwer; rings glänzt' es geschmückt mit spiegelndem
                              Golde.
Nereus' Töchter benetzten sodann die Gebeine des Helden,
Hoch ihn ehrend, mit Oel und Ambrosia, hüllten es alles
Ein mit dem Fette des Stiers, durchwürzt mit lieblichem Honig.   735
Thetis reichte darauf ein Gefäß mit doppeltem Henkel,
Ein ruhmwürdiges Werk des Hephästos, das zum Geschenk ihr
Einst Dionysos verehrt. Da legten sie nieder die Reste
Vom großherzigen Sohne des Peleus. Aber Achäa's
Jünglinge häuften ihm hoch ein riesiges Mal zum Gedächtniß   740

Auf dem erhabensten Strand an den Tiefen des Hellespontos,
Innig den tapferen König der Myrmidonen bejammernd.
Auch den unsterblichen Rossen des muthigen Renners Achilleus
Blieb nicht trocken das Aug'; auch sie wehklagten und weinten
Um den gefallenen König, gebannt an die schwebenden Schiffe. 745
Alle Gemeinschaft floh'n sie der unglückseligen Menschen
Und der achäischen Rosse: so groß war ihre Betrübniß.
Ueber Okeanos' Fluten und Tethys' Grotten im Meergrund
Ferne hinweg von dem Jammer der Sterblichen wollten sie dorthin
Flieh'n, wo die hohe Podarge die windschnelleilenden beide 750
Einst in Liebe vereinigt dem brausenden Weste geboren.
Und sie hätten in Eile vollbracht, was ihnen genehm war,
Wenn nicht Götterbeschluß sie zurückhielt, bis des Achilleus
Rüstiger Sohn anlangte von Skyros, dessen sie selbst auch
Warteten, daß er käme zum Heer; denn bei der Geburt schon 755
Hatten die Schicksalsmoiren, erzeugt von dem heiligen Chaos,
Ihnen verhängt dies Loos, obwohl sie stammten von Göttern,
Daß Poseidon zuerst sie bändigte, daß sie nach ihm dann
Peleus dienten, dem kühnen, und dann dem beherzten Achilleus,
Und nach diesen zum vierten Achilleus' Sohne, dem Pyrrhos, 760
Den sie dereinst in die Fluren Elysions lebend entführen
Sollten, dem Rath des Kroniden gemäß, in der Seligen Eiland.
Darum, wiewohl in der Seele von bitterem Harme getroffen,
Blieben sie dort an den Schiffen zurück, um den einen Gebieter
Schmerzlich betrübt, und sich sehnend, den anderen Herrscher
    zu schauen. 765
Jetzt aus schäumenden Wogen des wildauftosenden Meeres
Schwang sich empor zum Strande der Erdumstürmer; die Menschen
Sahen ihn nicht; er trat zu den göttlichen Töchtern des Nereus,
Sagte zu Thetis dann (sie trauerte noch um Achilleus):
Laß jetzt ab, um den Sohn endlos dich zu härmen im Jammer; 770
Nicht mit den Todten hinfort, er wird mit den Göttern verkehren,
Wie Dionysos verkehrt und die riesige Kraft des Herakles.
Denn ihn hält kein Todesgeschick noch Hades im Dunkel
Ewig zurück; bald schwingt er in Zeus' Glanzhöhen sich aufwärts.
Ich werd' ihm zum Geschenke verleih'n ein gesegnetes Eiland 775

Dritter Gesang.

Im gastfreundlichen Pontos, und ewig wird er ein Gott hier
Leben hinfort: die Geschlechte der ringsumwohnenden Menschen
Werden ihn allzeit ehren mit lieblichduftenden Opfern,
Ihn hochhalten wie mich; du hemme die bittere Klage,
Und laß ab, noch länger das Herz zu verzehren in Unmuth. 780
    Also sprach er zu Thetis und tröstete; dann wie ein Lufthauch
Eilt' er hinab zum Meere; das Herz im Busen der Göttin
Athmete auf ein wenig; der Gott hielt, was er verheißen.
Doch sie gingen betrübt, zu den eigenen Schiffen ein jeder,
Die sie geführt aus Hellas, die Danaer; aber die Musen 785
Kehrten zum Helikon heim, in die Meerflut tauchten die Jungfrau'n,
Nereus' Töchter, hinab, voll Schmerz um den edlen Achilleus.

Druck von C. Hoffmann in Stuttgart.

Quintus von Smyrna.
Die Fortsetzung der Ilias.

Deutsch

in der Versart der Urschrift

von

J. J. C. Donner.

Zweites Bändchen.
4ter bis 6ter Gesang.

Stuttgart.
Hoffmann'sche Verlags-Buchhandlung.
1866.

Vierter Gesang.

Inhalt. Die Troer bestatten den Glaukos, den Sohn des Hippolochos. Apollon aber läßt seine Leiche durch die Winde nach Lykien tragen, wo unter seinem Grabhügel der Fluß Glaukos entspringt. Die Achäer fahren fort, um Achilleus zu trauern. Furcht und Hoffnungen der Troer. Verschiedene Stimmung der Götter im Olympos. Am darauf folgenden Tage werden die Achäer, die nach dem Rathe des Diomedes Troja bestürmen wollen, durch Ajas zurückgehalten, der nach dem Gebote der Thetis Kampfspiele zu Ehren des Achilleus anzuordnen räth. Thetis stellt die Kampfpreise aus, worauf Nestor in einer Lobpreisung des Achilleus sich ergeht. Ajas, der Sohn des Oileus, siegt im Laufe; Diomedes und Ajas, der Sohn des Telamon, theilen den Preis im Ringkampf. Idomeneus siegt im Faustkampfe; Alamas und Epeios kämpfen ohne Entscheidung; Teukros erhält den Preis im Pfeilschießen, Ajas, der Telamonier, im Diskoswerfen, Agapenor im Springen, Euryalos im Lanzenwurfe. Ajas, Telamons Sohn, siegt im Ring- und Faustkampf, Menelaos im Wagenrennen, Agamemnon im Wettrennen mit Pferden.

Auch Hippolochos' Sohn, der gewaltige, ward von den Völkern
Troja's schmerzlich beweint; die Trauernden thürmten den Holzstoß
Vor Dardania's Thoren empor und legten den stolzen
Helden darauf; schnell hob ihn indeß aus den lobernden Flammen
Phöbos Apollon selbst und gab ihn den flüchtigen Winden, 5
Daß sie sofort ihn trügen in Lykia's reiche Gefilde.
Alsbald trugen ihn die in ein liebliches Land zu Telandros'
Thälern hinweg und wälzten auf ihn ein gewaltiges Felsstück.
Ringsum ließen die Nymphen des ewig fließenden Stromes
Heilige Flut aufsprudeln, des Stroms, den heute die Menschen 10

Noch als Glaukos bezeichnen, den rauschenden; also geboten
Haben es wohl zur Ehre des Lykierfürsten die Götter.
Aber Achäa's Söhn' an den schnellhinwandelnden Schiffen
Jammerten fort um den tapfern Achilleus, all' in dem weiten
Heere von bitterem Leide gebeugt; denn alle vermißten 15
Ihn wie den eigenen Sohn; leer blieb kein Auge von Thränen.
Aber den Dardanern regt' unnennbare Wonne das Herz auf,
Als sie in Schmerz die Achäer und ihn von der Flamme verzehrt sah'n;
Und voll fröhlichen Muthes begann wohl Einer im Volke:
Jetzt hat wider Erwarten Kronions Huld vom Olympos 20
Wonne gebracht uns allen; wir wünschten ja längst den Achilleus
Fallen zu seh'n an den Mauern von Ilios; nun er dahin ist,
Werden sie frisch aufathmen, der Dardaner stolze Geschlechter,
Hoff' ich, vom blutigen Mord des entseelenden Schlachtengewühles;
Denn stets sann er im Geiste dem troischen Volke Verderben, 25
Und die vertilgende Lanze, vom Blut der Gemordeten triefend,
Wüthet' (o Graun!) in den Händen des Schrecklichen; keiner der
Unsern,
Der sich entgegen ihm warf, sah neu aufleuchten den Morgen.
Jetzt wohl werden sie fliehen, die streitbaren Männer Achäa's,
In den gebogenen Schiffen, nachdem der Pelide gefallen. 30
Wäre doch Hektors Stärke noch hier, daß Keiner entränne,
Daß er die Danaer alle zumal in den Zelten erschlüge!
So sprach Einer im Volke der Dardaner, freudiges Herzens;
Aber ein Anderer sprach mit sinnig erwägendem Geiste:
Wähntest du, daß der Achäer verderbliches Heer in den Schiffen 35
Alsbald fliehe hinweg auf dunkelen Wogen des Meeres?
Doch wie kennten sie Furcht, die stets nach Kämpfen verlangen?
Gibt's doch andere Männer und Helden noch außer Achilleus,
Ajas und Tydeus' Sohn und die rüstigen Söhne des Atreus;
Mir graut noch vor diesen, obwohl der Pelide gefallen. 40
Wenn sie nur austilgte der silberne Bogen Apollons,
Wiche der Krieg von uns, wie's unseren Wünschen genehm ist,
Wiche die schmähliche Noth an dem Tag, wo dieses geschähe.
So sprach der. Doch die Götter in seligen Höhen des Himmels
Trauerten, welche von ihnen die rüstigen Danaer schirmten. 45

Vierter Gesang.

Und sie verhüllten das Haupt in undurchbringliche Wolken,
Schmerzlich bewegt; doch jauchzten die anderen, welche den Troern
Ein willkommenes Ende des Kriegs zu bereiten gedachten.
Und nun sprach zu Kronion die ruhmvoll waltende Here:
    Zeus, blitzschleudernder Vater, warum denn schirmst du die
                       Troer?   50
Denkst du der Jungfrau nicht, der lockigen, die du vor Zeiten
Als liebreizende Gattin gesellt dem erhabenen Peleus
Dort in des Pelion Thal? Die unsterbliche Feier der Hochzeit
Hieltest du selbst; wir alle, die Himmlischen, saßen am Mahle
Selbiges Tags, und brachten ihr viel' anmuthige Gaben.   55
Doch dies hast du vergessen und Hellas Trauer bereitet.
    Sprach's; ihr entgegnete nichts der unsterbliche Gott des Olympos.
Denn er saß, in der Seele betrübt und Vieles erwägend,
Weil das Geschick es verhängt, daß Pergamos falle durch Argos'
Jünglinge, denen er noch Unheil zu bereiten gedachte   60
Im wildstöhnenden Krieg und dann auf tosendem Meere.
Und so sann er im Geist, was ihm zu vollenden bestimmt war.
    Eos tauchte hinab in Okeanos' tiefe Gewässer,
Und die verdüsterte Welt umlagerte nächtliches Dunkel,
Da von den Mühen des Tages erquickt aufathmen die Menschen.   65
Und nun nahmen das Mahl die bekümmerten Männer Achäa's.
Denn Niemanden gelingt es, den quälenden Hunger zu wehren
Von dem begehrenden Magen, sobald er in's Inn're gedrungen.
Bald ermatten die Kniee, die rüstigen, und du vermagst nicht,
Wenn du den Bauch nicht sättigst, dem lästigen Uebel zu steuern.   70
Deßhalb nahmen sie Speise, wiewohl tief trauernd im Herzen;
Denn schwer drängte sie alle die Noth unleiblichen Hungers.
Als sie genossen das Mahl, da nahte der labende Schlummer,
Nahm von den Gliedern die Sorgen hinweg und erneute die Kräfte.
    Doch da die Bären das Haupt hinwendeten gegen den Aufgang,   75
Harrend des Lichtes der Sonnen, und Eos wieder erwachte,
Rafften sich auf von den Lagern die rüstigen Männer Achäa's,
Mord und grauses Verderben den troischen Völkern ersinnend,
Stürmisch bewegt, wie der Wogen Gewalt im ikarischen Meere,
Oder die reifenden Aehren im Saatfeld, wenn der erregte   80

Zephyros Wolken versammelnd in mächtigen Stößen heranbraust:
Also bewegten sich dort am Hellespontos die Völker.
   Und Diomedes begann zu dem muthigen Heer der Achäer:
   Freunde, beseelet euch wirklich ein Geist, ausharrend im Kampfe,
Wollen wir jetzt noch wackrer zum Streit mit den Feinden uns
     gürten;   85
Denn sonst fassen sie Muth, nachdem der Pelide gefallen.
Laßt uns denn nicht säumen, mit Rüstungen, Wagen und Rossen
Rings zu belagern die Veste; der Ruhm krönt unsere Mühen.
   Also sprach er im Volk, und Ajas sagte dagegen:
Was du gesagt, ist klug, kein eitles Gered' o Tydide,   90
Da du zum Kampf mit den Schaaren der tapferen Troer Achäa's
Streitbare Jünglinge rufst, die selbst schon glühen von Streitlust.
Aber zu warten geziemt, bis Thetis wieder, die Göttin,
Steigt aus der Flut; denn diese beschloß gar stattliche Preise
Auszusetzen für Kämpfer am Grab des erschlagenen Sohnes,   95
Wie sie mir gestern verkündet, entfernt von den andern Achäern,
Als sie hinab in die Tiefe der See stieg; wohl in die Nähe
Kam sie bereits. Doch haben die Dardaner, wenn der Pelid' auch
Todt ist, da wir beide mit Atreus' Sohne noch leben,
Wohl nicht sonderlich Muth, im offenen Felde zu kämpfen.   100
   So sprach Ajas, der Held; ihm war's in der Seele verborgen,
Welch ein Jammergeschick nach vollendeten Spielen ein Gott ihm
Ordnete. Doch es versetzte des Tydeus Sohn Diomedes:
   Freund, wenn Thetis wirklich erscheint an dem heutigen Tage,
Stattliche Preise zu setzen am Grab des gefallenen Sohnes,   105
Wollen wir nur hier bleiben und fest auch halten die Andern.
Denn es geziemt uns stets der Unsterblichen Wink zu gehorchen.
Doch auch ohne der Götter Gebot sei Jeder bereitet,
Peleus' Sohne zu zollen die herzerfreuende Ehre.
   Also sprach Diomedes', des streitbaren, tapfere Seele.   110
Doch jetzt hob aus dem Meer sich empor die Gemahlin des Peleus,
Leicht wie des Morgens lebendiger Hauch, und plötzlich erschien sie
In der Achäer Gewühl; sie warteten voller Begier schon,
Diese, sich selbst zu versuchen im Kampf an den mancherlei Spielen,

Vierter Gesang.

Jene, den Sinn und das Herz an den kämpfenden Männern zu
       laben. 115
Und den Versammelten setzte die blauumschleierte Thetis
Preise des Kampfspiels aus und mahnte das Volk der Achäer,
Gleich zu beginnen den Kampf, und die Danaer folgten der Mahnung.
Neleus' Sohn erhob sich zuerst in der Mitte des Volkes,
Zwar nicht, weil's ihn drängte, sich abzuquälen im Faustkampf, 120
Noch in ermüdendem Ringen; vorlängst schon machte die Glieder
Und die Gelenk' ihm erstarren die Last des beschwerlichen Alters.
Doch voll Kraft noch lebte der Geist in dem Busen des Greises
Und der verständige Sinn; nie maß sich mit ihm ein Achäer,
Wann ein Kampf um das Wort sich erhob in der Völkerversamm-
       lung; 125
Ihm auch wich als Redner im Rath des versammelten Volkes
Selbst der gepriesene Sohn des Laertes und von Achäa's
Königen allen der erste, des Speerkampfs Held Agamemnon.
Und so pries er vor ihnen die freundliche Tochter des Nereus,
Die durch heiteren Sinn und Schönheit glänze vor allen 130
Götterfrauen im Meere; die Göttin freute sich herzlich,
Als sie's vernahm; dann sprach er von Peleus' wonniger Hochzeit,
Die auf Pelions Höhen die Seligen selbst ihm bereitet,
Dann auch, wie sie daselbst an dem göttlichen Mahle sich labten,
Als mit unsterblichen Händen die himmlischen Horen die Speisen 135
Brachten in goldenen Körben und rings aufhäuften zum Schmause,
Themis in freudiger Eile die silbernen Tische zu stellen
Kam und Hephästos entflammte die lauteren Gluten des Feuers,
Auch in den goldnen Pokalen Ambrosia mischten die Nymphen;
Wie sich zu lieblichem Tanze die Chariten wandten, die Musen 140
Alle zu holdem Gesang sich bereiteten, daß sich in Wonne
Tauchten Gebirg' und Wälder und Wild, und der ewige Aether,
Cheirons herrliche Grotten und selbst frohlockten die Götter.
Dies denn alles erzählte des Neleus Sohn den Argeiern,
Welche gespannt aufhorchten und ihn mit Entzücken vernahmen. 145
Und nun pries er dem Volke des tapferen Helden Achilleus
Unvergängliche Thaten, und all' in der lauschenden Menge
Hörten es froh aufjauchzend; sodann mit entsprechenden Worten

Fing er an zu verkünden das Lob des gefeierten Helden,
Wie er ziehend zur See zwölf feindliche Städte verwüstet, 150
Und im unendlichen Land elf andere, wie er erschlagen
Telephos und des erlauchten Eetion heilige Stärke
Dort in der thebischen Flur, und dann mit dem Speere getödtet
Kyknos, Poseidons Sohn, und den göttlichen Mann Polydoros,
Troilos' Heldengestalt und den tapferen Asteropäos, 155
Wie er die Wellen des Xanthos mit strömendem Blute geröthet,
Und sein rauschendes Bett mit unzähligen Todten bedeckte
Weithin, als er Lykaon erschlug in der Nähe des Stromes;
Wie er den Hektor bezwang und Penthesileien erlegte
Und den erhabenen Sprossen der glanzvoll thronenden Eos. 160
All dies, lange gekannt von den Danaern, pries er im Worte,
Rühmte den riesigen Wuchs des Gefallenen, wie der Achäer
Keiner mit ihm sich zu messen gewagt in der Jünglinge Kämpfen,
Wenn sie in eilendem Laufe die Kraft wetteifernd erprobten,
Nicht in dem Tummeln der Renner und nicht in der stehenden Feld-
schlacht; 165
Wie er an reizender Schöne die Danaer alle besiegte
Und an gewaltigem Muth, wenn Ares stürmend heranschritt.
Dann zu den Himmlischen fleht' er empor, ihm möge der Sohn einst
Gleichen, von Skyros kommend, dem meerumflossenen Eiland.

Was er gesagt, vernahmen die Danaer alles mit Beifall; 170
Ja, zustimmend vernahm's auch Thetis selbst und verehrt' ihm
Telephos' schnelles Gespann, das der an dem Strome Kaïkos
Einst zum Geschenke verehrte dem Wurfspeerschwinger Achilleus,
Als ihn, niedergebeugt im Geist von der schmerzenden Wunde,
Dieser geheilt mit dem Speere, womit er selbst in die Hüfte 175
Kämpfend ihn traf, so daß er am anderen Ende herausdrang.
Dieses Gespann gab Nestor, des Neleus Sohn, den Gefährten,
Die zu den Schiffen es führten, das Lob anstimmend des Königs,
Ihres erhabenen Herrn. Doch Thetis stellte des Laufes
Preis jetzt auf in die Mitte der Bahn, zehn Kühe mit Kälbern, 180
Die sich zu jeder gesellten, die Milch noch saugend der Mutter.
Vormals hatte vom Ida der trotzige Muth des Achilleus
Jen' als Beute getrieben, der stämmigen Lanze vertrauend.

Vierter Gesang.

Und zwei Kämpfer erstanden um sie, nach dem Siege verlangend,
Teukros, Telamons Sohn, und Ajas, Sohn des Oileus,   185
Ajas, der beste von Allen im Volk pfeilschießender Lokrer.
Schnell denn gürteten sie das Gewand um die Mitte des Leibes,
Aber das Untere alles verhüllten sie, wie sich geziemte,
Aus ehrfürchtiger Scheu vor Peleus' hehrer Gemahlin
Und vor den Meerjungfrauen, den anderen Töchtern des Nereus, 190
Welche gekommen mit ihr, um die rüstigen Kämpfe zu schauen.
Aber des Atreus Sohn wies ihnen des flüchtigen Laufes
Endziel an, er, Herrscher im Volk der gesammten Achäer.
In unblutigen Kampf trieb Eris Beide; sie stürmten,
Habichten gleich, aus den Schranken in rastlos eilendem Wett-
    lauf,   195
Und gleich rüstig die Beiden; die Danaer hüben und drüben
Jauchzten getheilt jetzt diesem und jetzt dem Anderen Beifall.
Doch schon waren sie nahe dem Ziel voll Siegesverlangen,
Als unsterbliche Götter die Kraft und die Glieder des Teukros
Fesselten; heimliche Tücke des Schicksals oder ein Gott auch   200
Führt' ihn in wildes Gestrüpp tiefwurzelnder Sumpftamarisken,
Daß er darein sich verstrickend zu Fall kam; schmerzlich verrenkt' er
Links am Knöchel den Fuß, und weitum schwollen die Adern
Mächtig ihm auf; da schrieen die Danaer rings um den Kampfplan
Hell auf; Ajas, der Sohn des Oileus, fröhliches Muthes,   205
Stürmte vorüber an Teukros; die Lokrier liefen zusammen,
Welche vordem ihm gefolgt, und jubelten alle vor Freude,
Trieben die Kühe sodann zur Weide hinweg an den Schiffen.
Aber den Teukros führten, den hinkenden, seine Genossen
Eilig hinweg, vielthätig um ihn; jetzt, ohne zu säumen,   210
Wuschen die Aerzte vom Fuße das Blut ab, tränkten mit Oel dann
Wollene Fäden und legten sie drauf; dann fügten sie sorgsam
Einen Verband um die Wund' und linderten also die Schmerzen.
    Wieder erhoben sich nun zween Andere, tapfere Männer,
Sich als Ringer zu messen: des muthigen Rossebezähmers   215
Tydeus Sohn mit Ajas, des Telamon riesigem Sohne.
Die denn traten zum Streite heran, daß Staunen Achäa's
Völker ergriff; denn sie waren Unsterblichen ähnlich von Anseh'n.

Alsbald rangen die Helden im Kampf, wie reißende Thiere,
Welche, verlangend nach Raub, um den Hirsch sich bekämpfen im
　　　　　　　　　　　　　　　　Bergwald,　　220
Beide sich gleich an Kraft und verwegenem Muthe; sie weichen
Keines dem andern an Stärke, so trotziger Eifer beseelt sie:
Also stritten die Beiden, an Muth gleich; endlich umfaßte
Ajas mit markigen Armen des Tydeus Sohn in der Mitten,
Ihm zu zerbrechen die Rippen; und er voll Kraft und Gewandt-
　　　　　　　　　　　　　heit　　225
Bückte sich, zog die Hüfte zurück, stemmt' unter des Ajas
Arm mit der Schulter sich an, und entwand sich, biegend den
　　　　　　　　　　　　　Schenkel,
Rasch dem umklammernden Fuß, hob stracks in die Höhe den Gegner,
Warf ihn dann an die Erde, den furchtbaren, nieder und setzte
Sich auf ihn. Hell schrieen die Danaer; aber im Herzen　　230
Grollend, erhob sich Ajas, der muthige Held, in des Kampfes
Grauen sich wieder zu stürzen; sofort von den schrecklichen Händen
Schüttelt' er ab voll Eile den Staub; dann glühend in Streitlust,
Rief er zum Kampf den Tydiden heran; der, ohne zu zittern,
Stellte sich ihm; rings wallte der Staub auf unter den Füßen　235
Beider; sie rannten zusammen, wie zwei kampfrüstige Stiere,
Die in den Bergen sich treffen, die trotzige Kraft zu versuchen,
Staub mit den Füßen erregend; im Umkreis dröhnen die Hügel
Wider von ihrem Gebrüll; sie, voll unermüdeter Kampfgier,
Rennen sofort mit den Häuptern in mächtigem Stoß an einander, 240
Wüthend in langandauerndem Streit, und in heftigem Keuchen
Schwer und bang aufathmend von kraftanstrengendem Kampfe,
Und von den Mäulern ergießt sich der Schaum dicht tropfend zur
　　　　　　　　　　　　　Erde.
Also mühten die Beiden sich ab mit den markigen Armen,
Und von den mächtigen Schlägen der Faust erdröhnten die Rücken, 245
Knirschten die sehnigen Nacken der Kämpfenden, so wie die Bäume
Stöhnen im Wald, vom Sturm an den blühenden Aesten gebrochen.
Oft umschlang der Tydide die nervigen Hüften des Ajas
Mit den gewaltigen Armen, und nie ließ Ajas, der große,
Sich wegdrängen von ihm, er blieb unerschüttert zur Stelle.　250

Vierter Gesang.

Und einstürmend von oben erfaßt' er ihn wohl an den Schultern,
Schüttelt' ihn dann mit Gewalt, ihn so an die Erde zu reißen.
Doch nun rangen sie wieder in anderer Art mit einander.
Hier und dort schrie'n mächtig, den Kampf anschauend, die Völker,
Diese den tapferen Ajas ermuthigend, jene des Tydeus 255
Glänzenden Sohn. Doch Ajas umschlang, nachdem er die Schultern
Niedergedrückt, mit dem Arme den Leib und warf den Tydiden
Rasch, als wär' er ein Fels, mit gewaltiger Kraft an die Erde.
Weithin dröhnte vom Falle der Grund, laut schrieen die Völker.
Dennoch raffte der Held sich empor, mit dem riesigen Ajas 260
Selbst zum dritten Male den Kampf zu bestehen verlangend;
Da trat Nestor hervor und sprach, an die Beiden sich wendend:
Setzt, ihr wackeren Kinder, ein Ziel dem verwegenen Ringkampf;
Denn wir alle ja wissen, wie weit im achäischen Volk ihr
Alle besiegt an Kraft, seitdem der Pelide gefallen. 265
Sprach's; sie ließen vom Kampf und wischten den Schweiß mit
              den Händen
Ab von der Stirn, der strömend von Hals und Wangen herabtroff,
Küßten sich dann und entsagten dem Streit in freundlichem Sinne.
Vier der gefangenen Frau'n gab Thetis ihnen, die Hehre,
Dann zum Geschenk, vier Frauen, auf die mit bewundernden
              Staunen 270
Selbst hinblickten die Helden, die muthigen, weil sie vor allen
Anderen Frau'n vorragten an Geist und in Werken der Hände,
Außer der lockigen Tochter des Brises; früher entführte
Sie der Pelid' aus Lesbos und freute sich ihrer im Herzen.
Eine der Frauen beschickt' als Ordnerin Speisen und Mahlzeit; 275
Eine besorgt' am Mahle den lieblichen Wein für die Gäste;
Eine sodann goß Wasser den Schmausenden über die Hände
Nach vollendetem Mahl, und die Andere schaffte den Tisch weg.
Tydeus' tapferer Sohn und die riesige Stärke des Ajas
Theilten und sandten sie dann zu den schöngeschnäbelten Schiffen. 280
Nun vor Allen erhob sich Idomeneus' Kraft zu dem Faustkampf;
Denn er war wohlkundig in jeglicher Weise des Kampfes.
Ihm trat Keiner entgegen; die Anderen zogen in Ehrfurcht
Alle vor ihm sich zurück; er war schon älter an Jahren.

Thetis verehrt' ihm den Wagen, dazu schnellfüßige Rosse, 285
Welche der große Patroklos vordem abführte den Troern,
Als er getödtet im Kampf den erhabenen Helden Sarpedon.
Doch Idomeneus gab sie dem Freund an die Schiffe zu führen;
Aber er selbst blieb da, die gepriesenen Spiele zu schauen.
Phönix wandte sich dann zu den rüstigen Männern Achäa's: 290
  Herrlicher Preis, den jetzt dem Idomeneus gaben die Götter!
Nicht mit Händen und Schultern und nicht in blutigem Wettkampf
Müht' er sich ab; sie wollten als älteren Helden ihn ehren.
Aber um anderen Preis werbt jetzt, ihr jüngeren Männer,
Wider einander erhebend die kundigen Hände zum Faustkampf; 295
Auf, und erheitert das Herz dem geschiedenen Sohne des Peleus!
  Sprach's; sie sahen einander sich an, da sie solches vernahmen;
Aber sie hätten sich alle des Wettkampfs ruhig enthalten,
Hätte sie nicht der Nelide mit strafenden Worten bedeutet:
  Freunde, mit nichten geziemt es für kriegserfahrene Männer, 300
Daß sie den Faustkampf meiden, der Jünglinge wonnig Entzücken,
Der nach bestandener Mühe mit Ruhm und Ehre verherrlicht.
Wär' ich so jugendlich noch und die Kraft unerschüttert wie vormals,
Als wir den Pelias dort, den erhabenen Helden, begruben,
Ich und der Vetter Akastos vereint an demselbigen Orte, 305
Als ich im Faustkampf mich mit dem Sohne des Zeus, Polydeukes,
Maß, bei schwankendem Siege gekrönt mit dem nämlichen Preise:
Und in dem Ringkampf hat mich sogar Ankäos bewundert,
Er, der stärkste von allen; er zagt' und erkühnte sich nicht mehr,
Mir zu bestreiten den Sieg; denn schon in den früheren Jahren 310
Hatt' ich ihn einst im Volke der erzumschirmten Epeier
Niedergekämpft, so tapfer er war; er fiel mit dem Rücken
Bei Amarynkeus' Mal in den Staub; da blickten die Vielen,
Welche dem Kampf zuschauten, auf mich mit bewundernbem Staunen.
Darum hob er, wie rüstig auch sonst, nicht wieder den Arm auf, 315
Mich zu besteh'n, und ohne Beschwerd' errang ich den Kampfpreis;
Doch jetzt drückt mich Alter und Mühsal; darum entbot ich
Euch, euch ziemt es, um Preise des Siegs mit den Armen zu werben;
Denn Ruhm bringt es dem Jüngling, den Preis zu gewinnen im
  -      Wettstreit.

Vierter Gesang.

Also der Greis; da erhob sich ein Mann voll trotziges Muthes, 320
Panopes' rüstiger Sohn, des erhabenen, löwenbeherzten,
Welcher das Roß auch baute, des Priamos thürmende Veste
Einst zu verderben bestimmt; doch Niemand wagt' es im Faustkampf
Ihm sich entgegenzustellen; im blutigen Werke des Krieges
War er nicht so gewandt, wenn Ares stürmend heranschritt. 325
Und nun hätte der Held Epeios, ohne zu kämpfen,
Zu den achäischen Schiffen die herrlichen Preise gesendet,
Trat ihm nicht entgegen der Sohn des erhabenen Theseus,
Akamas, Meister des Speers und mit eisernem Muthe gewaffnet,
Um die gelenkigen Hände die trockenen Riemen geschlungen, 330
Die mit erfahrener Kunst Euenors Sohn, Agelaos,
Ihm um die Fäuste gegürtet, zum Kampf aufmunternd den König.
Also ermuthigten auch des Epeios Waffengenossen
Panopes' Sohn; er stand, wie ein Leu, in der Mitte der Freunde,
Mit der gediegenen Haut vom kräftigerschlagenen Stiere 335
Rings umschlungen die Faust; hell schrie'n die versammelten Völker
Hier und dort, aufregend den Muth der gewaltigen Männer,
Jetzt in den blutigen Kampf die unnahbaren Hände zu tauchen.
Aber sie selbst auch standen bereit zu stürmischem Angriff
Beide, versuchend die Kraft, ob noch so gelenkig die Hände 340
Wären wie sonst und nicht von des Kriegs Mühsalen ermattet.
Scharf umschauenden Blickes erhoben sie wider einander
Dann nicht säumig die Hände; mit langsam wechselnden Knieen
Schritten sie näher heran auf den obersten Spitzen der Füße;
Lange vermieden es Beide, die Kraft an einander zu messen, 345
Bis sie trafen zusammen, den flüchtigen Wolken vergleichbar,
Die von den Stößen des Windes beschwingt auf einander sich stürzen,
Blitz auf Blitz aussendend; des Aethers Weiten erzittern
Rings von den donnernden Schlägen, und graunvoll tosen die
    Stürme:
Also dröhnten vom Schlag der gehärteten Riemen die Backen; 350
Blut floß nieder in Strömen; der Schweiß, mit dem Blute sich
    mengend,
Rann von den Stirnen herab und röthete blühende Wangen.
Doch sie mühten im Kampfe sich unablässig, Epeios

Ließ nicht ab von dem Gegner, entbrannt von stürmischem Muthe.
Theseus' Sohn, vorsichtig und klug sich entziehend dem Andrang, 355
Wandte sich oft und lenkte den Schlag der gedrungenen Hände
Von sich hinweg in die Luft; dann links und rechts ihn bedrängend,
Sprang er heran und traf mit der Faust ihn über die Brauen,
Daß es drang in den Knochen, und Blut von dem Auge herabrann.
Gleichwohl traf Epeios den Akamas über den Schläfen 360
Mit schwerwiegender Faust, und warf ihn nieder zur Erde.
Aber er rafft' alsbald sich empor, auf den mächtigen Helden
Stürzend, und traf ihm das Haupt; doch der, wie er wieder heran-
brang,
Wich ein wenig ihm aus, und schlug mit der Rechten die Nase,
Schlug mit der Linken die Stirn; Held Akamas reckte die Hand
aus, 365
Jeglicher Art Kunstgriffe bethätigend; doch die Achter
Rissen sie los von einander, indeß um die Wonne des Sieges
Sie noch länger zu kämpfen gelüstete; rüstige Diener
Lösten die blutigen Riemen sofort von den markigen Fäusten;
Aber sie selbst erholten ein Weniges sich von der Arbeit, 370
Mit viellöchrigen Schwämmen den Schweiß von der Stirne sich
wischend.
Und nun führten die Freunde mit holdzuredenden Worten
Einen zum Anderen hin, und beschworen sie, daß sie der alten
Freundschaft wieder gedenkend des traurigen Grolles vergäßen.
Jene gehorchten sogleich dem ermahnenden Wort der Genossen. 375
Ist doch immer das Herz des Verständigen freundlich und liebreich;
Und so küßten sich Beide, des bitteren Streites vergessend.
Alsbald schenkte die Göttin, die blauumschleierte Thetis,
Zwei Mischkrüge von Silber den Tapferen, welche nach solchem
Preise verlangt; Euneos, der mächtige Sohn des Jason, 380
Hatte sie Peleus' Sohn als Preis für den starken Lykaon
Einst auf Lemnos gegeben, dem meerumfluteten Eiland.
Vormals hatte Hephästos dem herrlichen Gott Dionysos
Beide geschenkt, als der die gefeierte Tochter des Minos,
Die Theseus, nicht wollend, im meerumflossenen Eiland 385
Dia verließ, zum Olympos entführt' als himmlische Gattin.

Aber der freundliche Gott Dionysos gab sie dem Sohne
Thoas mit Nektar gefüllt, und Thoas gab sie mit vielen
Schätzen der Hypsipyleia; dem göttlichen Sohne vererbte
Diese sie dann; der gab sie des Peleus Sohn für Lykaon. 390
Einen erhielt von den Krügen der Sohn des gepriesenen Theseus;
Aber den anderen trug Epeios, der Held, zu den Schiffen
Freudiges Muthes hinweg. Podaleirios heilte die Wunden
Dann mit sorgsamer Kunst; denn selbst mit dem eigenen Munde
Sog er sie aus, und verband die zerrissene Haut mit den Händen, 395
Breitete dann wohlkundig die heilenden Mittel darüber,
Die ihm der Vater verlieh'n, die noch an dem nämlichen Tage
Selbst unheilbaren Wunden und tödtlichen schaffen die Heilung.
So an dem Antlitz auch und dem lockigen Haupte der Helden
Heilten die Wunden sofort und besänftiget ruhten die Schmerzen. 400
    Jetzt zum Kampf mit den Bogen erhoben sich Teukros und Ajas,
Oileus' Sohn, die früher im Lauf mit einander sich maßen.
Fernhin stellt' Agamemnon den Helm, von Mähnen umflattert,
Ihnen zum Ziel und sprach: der ist mir der wackerste Schütze,
Der von dem Helme den Busch wegschießt mit dem spitzigen Pfeile. 405
Ajas schnellte zuerst alsbald von dem Bogen den Pfeil ab,
Traf mit dem Pfeile den Helm, und weithin dröhnte des Erzes
Gellender Klang; doch Teukros, im Geist nicht weiter erwägend,
Sandte den Pfeil als Zweiter, und schnell von dem Helme die Mähne
Trennte das spitze Geschoß. Hell schrie'n die versammelten Völker, 410
Ihn mit unendlichem Lobe verherrlichend, weil ihn die Wunde
Noch an dem rüstigen Fuße belästigte, aber ihn dennoch
Nicht abhielt, das beschwingte Geschoß in die Ferne zu senden.
Ihm gab Peleus' Gattin des Troilos glänzende Rüstung,
Den einst Hekabe dort in der heiligen Troja geboren, 415
Unter den Jünglingen allen den trefflichsten; aber es ward ihr
Keinerlei Wonne davon; ihm hatte ja schon des Achilleus
Unheilbringende Lanze das blühende Leben gemordet.
Wie in dem thauigen Garten ein Mann mit geschliffener Sichel
Aehren und Mohn abschneidet, bevor sie Früchte gezeitigt, 420
Daß sie fortan nimmer zu fröhlicher Reife gedeihen,
Noch daß neuer Same zu künftiger Saat sich erzeuge:

So warb Priamos' Sohn, an Schönheit ähnlich den Göttern,
Durch den Peliden erlegt, noch bartlos, als er die Liebe
Noch nicht kannte, mit Kindern, ein Kind noch, spielend verkehrte. 425
Doch ihn trieb das Geschick zum menschenvertilgenden Kriege,
Als er trat in die Jahre der vielerfreuenden Jugend,
Wo sich die Mannskraft regt im erstarkenden Geiste des Jünglings.
  Auch des gewichtigen Diskos gewaltige Scheibe versuchten
Viele darauf alsbald mit gelenkigem Arme zu schwingen. 430
Aber im Danaervolke verstand sie Keiner zu schleudern,
Außer dem streitbaren Sohne des Telamon, welcher im Schwunge
Sie mit der nervigen Hand aussendete, leicht wie des Baumes
Schößling, welcher verdorrt' in den glühenden Tagen des Sommers,
Wann im Gefilde die Saaten, die dürstenden, alle vertrocknen. 435
Staunen ergriff jetzt Alle, wie weit aus den Händen das Erz ihm
Flog, das kaum zwei Männer mit Müh' aufhoben am Boden.
Vormals schleuderte wohl Antäos' Stärke den Diskos
Mühlos, wann er erprobte die Kraft der gewaltigen Glieder,
Eh' in den Staub ihn streckte die markige Faust des Herakles. 440
Ihn mit der anderen Beute besaß, errungen als Kampfpreis
Seiner unnahbaren Hände, Herakles; aber er gab ihn
Später dem tapferen Sohne des Aeakos, als er die stolze,
Wohlummauerte Troja, vereint mit dem Helden, erobert.
Telamon gab ihn dem Sohn, und d e r in den eilenden Schiffen 445
Führt' ihn mit gen Troja, damit er, denkend des Vaters,
Freudig und frisch in dem Kampf mit den rüstigen Troern erscheine,
Und auch sonst an der Scheibe die Kraft erprobe des Armes.
Die warf Telamons Sohn aus markiger Hand in die Ferne.
Und nun gab ihm Memnons, des göttlichen, glänzende Rüstung 450
Nereus' Tochter als Preis; hoch staunten darob die Achäer;
War doch Alles an ihr von übergewaltiger Größe;
Und Held Ajas empfing sie, das Herz voll jauchzender Freude.
Denn er war es allein, beß riesiger Größe sie paßte,
Wenn er mit ihr sich umhüllte die stolzaufstrebenden Glieder. 455
Selbst dann hob er den Diskos empor, auf daß er hinfort ihm
Diene zur Lust, so oft er daran sich zu üben verlange.
  Weiter erhoben sich Viele, den Preis zu gewinnen im Wettsprung;

Vierter Gesang.

Doch am weitesten sprang Agapenor, Meister im Speerkampf,
Ueber die Zeichen hinaus; ihm riefen die Danaer Beifall. 460
Und die gepriesene Wehr des gewaltigen Kyknos verehrt' ihm
Thetis; Kyknos erschlug, als Protesilaos gefallen,
Viele, der Erste der Helden in Jlios, aber erlag dann
Peleus' Sohn, und die Troer umfing unermeßlicher Jammer.
Aber im Speerwurf glänzt' Euryalos hoch vor den Andern; 465
Hellauf jauchzte das Volk; kein Anderer werde, so hieß es,
Selbst den geflügelten Pfeil in weitere Ferne versenden.
Darum gab ihm die Mutter von Aeakos' streitbarem Enkel
Eine geräumige Schale, geformt aus Silber; Achilleus
Nahm sie zur Beute sich einst, nachdem er getödtet den Mynes, 470
Als er die Stadt Lyrnessos im troischen Lande verheerte.
Ajas aber, sich sehnend, mit Faust und Füßen zu kämpfen,
Ein hochsinniger Held, rief jetzt die beherztesten Männer
Alle zum Wettstreit auf; voll staunender Scheu und Bewunderung
Sah'n sie den riesigen Mann, den verwegenen; ihn zu bestehen, 475
Wagten sie nicht; Furcht hatte den Muth in den Herzen der Helden
Niedergebeugt; sie besorgten im Geist, daß jeglichem Manne,
Der sich entgegen ihm werfe, der Held mit zerschmetternden Schlägen
Seines gewaltigen Arms unendlichen Jammer bereite.
Doch dem Euryalos endlich, dem streitbaren, winkten sie alle, 480
Ihn aufmunternd zu kämpfen; er war wohlkundig des Faustkampfs;
Und er begann im Volk, vor dem tapferen Mann sich entsetzend:
Jeglichen anderen, welchen ihr wollt, im achäischen Heere
Will ich, o Freunde, besteh'n; vor Ajas graut mir im Herzen,
Der viel tapferer ist als ich; er wird mich erschlagen, 485
Wenn die Wuth ihn befällt bei'm Angriff; lebend ja kommt wohl
Keiner zurück zu den Schiffen vom Kampf mit dem riesigen Manne,
Keiner fürwahr, und trüg' er ein eisernes Herz in dem Busen.
Sprach's; sie lachten darob; er freute sich innig im Herzen,
Ajas, der trotzige Held; zwei blinkende Silbertalente 490
Gab ihm Nereus' Tochter als Preis, daß ohne Beschwerd' ihm
Also geworden der Sieg; auf Ajas blickend, gedachte
Thetis des trautesten Sohns, und schmerzliche Trauer befiel sie.
Eilig erhoben sich jetzt, verlockt von dem Preise des Kampfes,

Andre, geübt in der Kunde, die feurigen Rosse zu tummeln: 495
Held Menelaos zuerst und Eurypylos, muthig im Streite,
Thoas, Eumelos sodann, und der göttliche Mann Polypötes.
Alsbald zäumten sie auf und schirrten die Ross' an den Wagen,
Alle sich drängend in Hast nach herzenerfreuendem Siege,
Schwangen sich rasch in die Wagen und sammelten sich in des
           Kampfes 500
Sandigem Plan, und stellten sich auf an den Schranken ein Jeder,
Faßten in Eile sodann mit rüstigen Händen die Zügel.
Schnaubend in feurigem Muth, voll Gier, zu gewinnen den Vorsprung,
Strebten die Rosse voran und stampften den Grund mit den Hufen,
Spitzten das Ohr und benetzten mit triefendem Schaum die Gebisse. 505
Und die schwangen die Geißel sofort, die geflügelten Rosse
Treibend mit mahnendem Ruf, die schnell wie Harpyn in den Jochen,
Zürnend dem Schwunge der Geißel, in stürmendem Laufe dahinfloh'n,
Rasch hintragend die Wagen, die leicht aufhüpften am Grunde.
Weder ein Wagengeleis' im Gefild noch Spuren der Hufe 510
Konnte man schau'n; so rannten in fliegender Eile die Rosse;
Dicht auf stieg vom Felde der Staub in die Lüfte, dem Rauche
Oder dem Nebelgewölke vergleichbar, das in den Bergen
Rings ausgießt um die Höhen der Südwind oder der Westwind,
Wenn sich ein Wetter erhebt und unendlichen Regen herabströmt. 515
Weit vor den anderen flog mit den hurtigen Rossen Eumelos;
Ihm dann folgten die Stuten des Thoas; hinter einander
Schrieen sie laut und sprengten dahin durch's weite Gefilde.
(Lücke.)
Alsbald lösten die Freunde die keuchenden Renner am Wagen;
Und auch alle die Andern, so viel auf dem Plane gerungen, 520
Lösten sofort vom Joche die sturmschnell eilenden Rosse.
Thoas, dem göttlichen, dann, Eurypylos auch, dem beherzten,
Heilte der Meister der Kunst Podaleirios jegliche Wunde,
Die sie verletzt, da sie rennend im Wettstreit sanken vom Wagen.
Doch froh war Menelaos, der Held, des errungenen Sieges; 525
Und er empfing als Preis von der lockigen Tochter des Nereus
Einen Pokal aus Gold, von Eetions Schätzen ein Kleinod,
Ehe des Aeakos Enkel die herrliche Thebe verheerte.

Vierter Gesang.

Andere zäumten sich dann einhufige Rosse zum Wettlauf,
Faßten die ledernen Geißeln sofort mit rüstigen Händen, 530
Schwangen sich rasch auf die Renner und warteten alle des Zeichens.
Muthvoll knirschten am Stangengebiß mit den Zähnen die Rosse,
Schäumend und vorwärts drängend den Grund mit den Füßen zerstampfend.
Alsbald that sich vor ihnen die Bahn auf, und in gestrecktem,
Reißendem Lauf kampfgierig entstürzten sie alle den Schranken, 535
Gleich an Schnelle den Hauchen des furchtbar tosenden Nordes
Oder dem rauschenden Süd, der weit mit gewaltigen Stößen
Wirbelnd das Meer aufregt, wann unheilbringenden Altars
Stern sich erhebt, viel Jammer und Noth dem Piloten bereitend.
Also rannten die Rosse mit flüchtigen Füßen im Felde 540
Mächtigen Staub aufwölkend dahin; mit ermahnenden Rufen
Spornten sie alle die Rosse, zugleich mit der Rechten die Geißel
Schwingend und unablässig zugleich mit erhobener Linken
Schüttelnd die dröhnenden Zügel um Haupt und Backen der Renner.
Rastlos rannten die Rosse; Geschrei, laut schallend, erhob sich 545
Mitten im Volk, und sie flogen dahin durch's weite Gefilde.
Und nun hätte vor allen ein flüchtiger Renner aus Argos,
Auf dem Sthenelos saß, sogleich sich errungen den Kampfpreis,
Wär' er nicht, ablenkend vom ebenen Pfade der Rennbahn,
Oft in's Gefilde geschweift; denn Sthenelos' Hand, wie gewandt auch, 550
Lenkte das Roß nicht wieder zurück; in den Künsten des Wettlaufs
War's noch fremd; wohl stammt' es von nicht uneblem Geschlechte,
Nein, von dem göttlichen Blute des hurtigen Rosses Arion,
Das die Harpye Podarge dem brausenden Weste geboren,
Unter den Rossen das schnellste; denn selbst mit den Stürmen des Vaters 555
Lief wetteifernd Arion; Abrastos hatte zum Lohn einst
Ihn von den Göttern empfangen; von ihm nun stammte das andre.

Und Diomedes gab's vor Ilios seinem Genossen
Sthenelos dann zum Geschenk; und der, auf die Schnelle des Rosses
Bauend, führt' es zum Kampf wetteifernder Rosse, zur Rennbahn, 560

Weil er die Ehre des Preises im Wettstreit dort zu gewinnen
Hoffte, der Erste von Allen; indeß — er hoffte vergebens,
Sich des Ruhmes zu freu'n als Kämpfer am Grab des Achilleus.
Denn er gelangt' als Zweiter zum Ziel; wild stürmt' Agamemnon
Siegend an ihm durch Kunst des geschwinderen Rosses vorüber. 565
Laut pries Alles umher Agamemnon, pries des beherzten
Sthenelos Roß und ihn selbst, der doch als Zweiter an's Ziel kam,
Wenn sein Roß auch manchmal hinausflog über die Rennbahn,
In unbändigem Drange den flüchtigen Füßen vertrauend.
Thetis schenkte sodann Polydoros' silbernen Harnisch 570
Atreus' jubelndem Sohn Agamemnon; Asteropäos'
Helm aus Erz, den gebiegnen, verehrte sie Kapaneus' Sohne,
Zwei Wurfspeere zugleich und den undurchbringlichen Leibgurt.
  So auch gab sie Geschenke den anderen Kämpen und Allen,
Welche zusammengekommen am Grab des Peliden Achilleus 575
Selbigen Tag zu bestehen den Streit. Doch tief in der Seele
Härmte sich Lartios' Sohn, daß ihm, der, trotziges Muthes,
Sehnlich verlangt in den Kämpfen die rüstige Kraft zu versuchen,
Wehrte die schmerzliche Wunde, die Alkons Speer ihm geschlagen,
Als er rang um die Leiche von Peleus' mächtigem Sohne. 580

Fünfter Gesang.

Inhalt. Nach vollendeten Kampfspielen setzt Thetis die Wehr des Achilleus als Preis für denjenigen aus, der die Leiche des Helden gerettet habe und der tapferste Achäer sei. Ausführliche Beschreibung der Waffen, besonders des Schildes. Als Bewerber um den Preis treten Odysseus und Ajas, der Sohn des Telamon, auf, wobei sich Beide auf das Urtheil des Nestor, des Idomeneus und des Agamemnon berufen. Diese lehnen die Entscheidung ab und bestellen die gefangenen Troer zu Richtern. Zuerst macht Ajas in ausführlicher Rede seine Ansprüche geltend, dem dann Odysseus erwidert. Nach wiederholten Entgegnungen von beiden Seiten erkennen die Troer dem Odysseus die Waffen zu. Ajas wird von seinen Freunden in sein Zelt zurückgeführt; und durch Athene, die für Odysseus Gefahr fürchtet, zum Wahnsinn getrieben, wüthet er unter den Schafen, die er für Achäer hält, erkennt aber bald bei wiedergekehrter Vernunft seinen Irrthum, und stürzt sich in sein Schwert. Die Achäer betrauern seinen Tod, besonders Teukros, sein Bruder, Tekmessa und Odysseus selbst. Zuletzt wird auf Nestors Mahnung seine Leiche bestattet.

Aber nachdem sie alle die anderen Kämpfe vollendet,
Stellte die göttliche Wehr von Aeakos' tapferem Enkel
Thetis als Preis für den Sieger zur Schau; weit strahlten im Glanze
Alle die Wundergebilde der Kunst, die der Meister Hephästos
Auf des Achilleus Schild, des verwegenen Helden, geschaffen. 5
Darauf hatte der Gott voll ewiger Schöne gebildet
Himmel zugleich und Aether, das wogende Meer und die Erde,
Wolken und Winde sodann und den Mond und die Sonne, gesondert,
Jedes am eigenen Ort; da schuf er alle die Wunder,
Welche die Bahn hinziehen am kreisenden Himmelsgewölbe. 10

Unter dem Himmel ergoß sich die Luft in unendlichen Weiten;
Allda schwebten im Fluge dahin langschnäblige Vögel;
Lebende flögen umher, so schien's, mit den Hauchen des Windes.
Auch war Tethys darauf und Okeanos' tiefes Gewässer;
Dem entquollen die Wellen der lauthinrauschenden Ströme, 15
Die ringsher durch die Erde nach jeglicher Seite sich wälzen.
Kunstvoll sahst du gebildet sodann auf hohen Gebirgen
Gräßlicher Löwen Gezücht und der Schakale trozige Wildheit,
Panther und Bären zugleich, unbändige — mächtige Eber,
Ihnen gesellt, die schnaubend in unbarmherzigem Rachen, 20
Unnahbar, mit Geknirsch die verwundenden Hauer sich schärften,
Jäger dabei, die von hinten an's Wild hinhetzten die Doggen,
Andere dann, die, mit Steinen bewehrt und schwingend den Jagdspeer,
Rüstig darauf einstürmten von vorn', als lebten sie wirklich.
Menschenzermalmenden Krieg und blutiges Schlachtengetümmel 25
Sahest du dann; erschlagen, vermischt mit ihren Gespannen,
Sanken die Männer umher; ringsum schien alles Gelände
Auf dem gebiegenen Schilde bedeckt mit Strömen des Blutes;
Dort auch sahst du den Schrecken, die Furcht und Enyo, das Graunbild,
Schaurig gebadet in Blut vom Haupt zu den Füßen hernieder, 30
Dann mit den wilden Erinnen die unheilbringende Zwietracht,
Diese die Männer entflammend zu tosendem Waffengewühle,
Jene vom Mund ausathmend die Glut des vertilgenden Feuers.
Weitum tobten die Keren erbarmungslos; in der Mitte
Wallte des Todes Gestalt voll Grausen einher; in der Nähe 35
Schritten die düsteren Geister dahin dumpfdröhnender Schlachten,
Welchen das Blut und der Schweiß ringsum von den Gliedern herabtroff.
Auch Gorgonen erblicktest du da, graunvolle Gestalten,
Rings um die Locken des Hauptes mit furchtbaren Schlangen gegürtet,
Die wild züngelten alle. Das staunenswürdigste Schauspiel, 40
Waren die Wundergebilde zugleich für die Menschen ein Grauen;
Denn wohl schien's, als lebten sie dort und regten sich wirklich.
Das denn waren sie alle, die schrecklichen Bilder des Krieges:
Seitwärts aber erschienen die reizenden Werke des Friedens.
Denn unzählige Stämme der vielfachduldenden Menschen 45
Wohnten in prangenden Städten, geschirmt von der ordnenden Dike.

Fünfter Gesang.

Der trieb dieses Geschäft, ein Anderer jenes; von Frucht schwer
Strotzten die Tennen im Feld; froh blüht' und grünte das Erdreich.
Steil erhob sich sodann auf dem göttlichen Werk des Hephästos
Auf unebenem Grunde der Berg hochheiliger Tugend. 50
Hoch auf dem Gipfel des Berges, umhüllt von purpurnem Kleide,
Stand sie selber, des Himmels Gewölb mit dem Haupte berührend.
Rings aufsteigende Pfade, gehemmt durch starrende Klippen,
Wehrten dem rüstigen Schritte der Wanderer; viele von diesen
Wichen zurück, vor den Mühen der schwierigen Bahn sich entsetzend; 55
Wenige klommen im Schweiß aufwärts auf heiligem Pfade.
  Dann auch sahst du die Furchen entlang hinwandeln die Schnitter,
All' in den rüstigen Händen die schneidende Sichel bewegend;
Zahlreich fielen die Halme zur Erd', und Binder umwanden
Sie mit Seilen zu Garben, und endlos glühte die Arbeit. 60
Dann auch sahest du Stiere, den Hals im Joche; die einen
Zogen die Wagen dahin schwervoll mit Gebunden von Aehren;
Andere wühlten das Land mit dem Pflug um; hinter dem Pfluge
Lockerte sich ringsher in dunkelen Schollen der Grund auf.
Jünglinge folgten sodann, mit stachlichten Stäben die Rinder 65
Links und rechts antreibend, und niemals ruhte die Arbeit.
  Dann auch sahst du Gelag bei'm Klang der Gitarren und Flöten,
Blühende Jünglinge dann, im Tanz sich schwingend mit Jungfrau'n,
Die sich gewandt umdrehten im Kreis, als lebten sie wirklich.
  Nahe den Tänzen indeß und den lieblichen Wonnen des Mahles 70
Tauchte, von Schaum noch triefend das Haupt, aus Wogen des
　　　　　　　　　　　　　　　　　　　　　　　　　　Meeres
Kypris, reizend im Kranze, von Himeros' Schwingen umflattert,
Der voll Anmuth lächelt in lockiger Chariten Mitte.
  Dort auch waren die Töchter zu schau'n des gewaltigen Nereus,
Wie sie die Schwester empor aus weitdurchwanderten Meeren 75
Führten zum Hochzeitfeste mit Aeakos' Sohne; die Götter
Saßen versammelt am Mahl auf Pelion's mächtigem Gipfel,
Und schöngrünende Wiesen, durchströmt von rauschenden Bächen,
Prangten umher im Glanz unzähliger Blumen und Blüten;
Haine dabei und Borne mit hell durchsichtigem Wasser. 80
  Dort auch sahest du Schiffe bedrängt hingleiten die See durch;

Seitwärts trieben die einen, und grabaus schwammen die andern.
Ringsher thürmten um sie sich empor dumpfhallende Wogen,
Furchtbar erregt; und die Schiffer umher, als lebten sie wahrhaft,
Zogen, entsetzt, vor dem wilden Orkan weißschimmernde Segel 85
Ein, arbeitend mit Macht, dem vertilgenden Tode zu wehren;
Andere saßen am Ruder und schalteten, und um die Schiffe
Schäumte das dunkele Meer weiß auf von dem Schlage der Ruder.

Dort auch sahst du den Stolzen, den Erdumstürmer Poseidon,
Unter den Ungethümen des Meers; ihn trugen die Rosse 90
Eilend dem Sturmwind gleich, als lebten sie, über das Meer hin;
Treibend schwang er die Geißel, die goldene; während er hinfuhr,
Legte die Flut sich schweigend um ihn, und zu spiegelnder Glätte
Ebnete sich's; um den Herrscher in fröhlichen Haufen versammelt,
Drängten sich schmeichelnd an ihn ringsher zahllose Delphine, 95
Hoch aufjubelnd in Lust; obwohl aus Silber gebildet,
Schienen sie Schwimmenden gleich in dem schwarzaufwogenden
       Meerschwall.

Kunstvoll sahst du daselbst noch mancherlei Werke geschaffen
Von den unsterblichen Händen des sinnigen Meisters Hephästos;
Aber sie all' umgab des Okeanos tiefes Gewässer, 100
Das an dem äußersten Rande sich hinzog, der den gesammten
Schild einschloß und alle die göttlichen Wundergebilde.

Neben dem Schild lag dort der gewichtige Helm des Achilleus.
Auf ihm war der Kronide zu seh'n; hoch auf dem Olympos
Stand er, in Zorn aufflammend, indeß, um den König zu
       schirmen, 105
Wider empörte Titanen mit ihm losstürmten die Götter.
Mächtig umfing sie des Feuers Gewalt schon; ohne zu rasten,
Zuckten vom Himmel herab, zahllos wie die Flocken des Winters,
Blitze von Zeus, da Zeus in unendlicher Kraft sich erhoben;
Und kaum athmeten noch, von Flammen umleckt, die Titanen. 110

Dann stand neben dem Helme des Harnisches herrliche Wölbung,
Der einst unburchdringlich die Brust des Peliden umschlossen.

Weiter erblicktest du dort die gewaltigen, riesigen Schienen,
Deren gewichtige Last nur nicht dem Peliden zu schwer war.

Nahe daneben erglänzte das unaufhaltsame Schwert auch, 115

Fünfter Gesang.

Hängend in silberner Scheibe, geschmückt mit goldener Kuppel,
Auch mit zierlichem Griffe von spiegelndem Elfenbeine,
Der durch blendenden Schimmer hervorstrahlt' unter den Waffen.
Diesen zunächst lag noch der gewaltige Speer an der Erde,
Pelions eschene Lanz', hochwipfligen Tannen vergleichbar, 120
Noch von Moder umhaucht und dem Blut aus den Wunden des
Hektor.
Und nun sprach sie, gewandt zu den rüstigen Helden Achäa's,
Noch um Achilleus trauernd, die blauumschleierte Thetis:
Was, den gefallenen Sohn zu verherrlichen, trauernd die Mutter
An Kampfpreisen gesetzt, das ist jetzt Alles gewonnen. 125
Auf, nun trete der Beste der Danaer, welcher den Leichnam
Rettete, vor, auf daß ich sofort ihm gebe die stolze,
Göttliche Wehr, die selbst unsterbliche Götter bewundert.
Thetis sprach's; da sprangen empor, mit dem Worte zu kämpfen,
Lartios' Sohn und Ajas, des göttlichen Telamon Sprößling, 130
Welcher im Volk der Achäer an Tapferkeit Alle besiegte.
So wie Hesperos hell hinzieht in der Tiefe der Nachtzeit,
Welcher, das schönste Gestirn, am leuchtenden Himmel heraufsteigt:
So stand Telamons Sohn bei der göttlichen Wehr des Achilleus,
Und rief selbst als Zeugen Idomeneus auf und den Nestor 135
Sammt dem verständigen Sohne des Atreus; diese ja, hofft' er,
Seien vor Allen vertraut mit den rühmlichen Thaten des Kampfes.
Also vertraute sich auch Odysseus ihrer Entscheidung;
Denn sie waren untablich und klug im Danaervolke.
Und zu Idomeneus sprach und dem göttlichen Sohne des Atreus 140
Nestor, Beiden erwünscht, seitwärts von den Andern, die Worte:
Freunde, fürwahr ein großes, unleibliches Uebel verhängen
Uns an dem heutigen Tage die seligen Götter des Himmels,
Da sich Ajas, der Held, und der listige Sohn des Laertes
Wider einander ergrimmt in feindlichem Hader erhoben. 145
Denn wohl wird er im Herzen sich freu'n, wem etwa die Gottheit
Schenkte den Sieg, doch der Andre, von schmerzlicher Trauer er-
griffen,
Wird anklagen das Volk, und uns vor allen, die Richter,
Und nicht mehr, wie zuvor, mit uns im Kriege vereint steh'n.

Doch wen auch von den Beiden der Groll im Busen erfasse, 150
Schmerzlich empfinden es immer die Danaer, da sie vor allen
Helden so weit vorragen, im Kampf der, jener im Rathe.
Darum gehorcht jetzt mir; ich bin viel älter an Jahren,
Als ihr Beiden, ein Greis und gereifteren Sinnes und weiser,
Weil ich im Leben des Guten und Schmerzlichen Vieles erfahren. 155
Denn der erfahrene Greis, der unendlich Vieles gelernt hat,
Hat doch immer im Rath vor dem jüngeren Manne den Vorzug.
Lassen wir also den Streit wohlkundige Troer entscheiden
Zwischen Laertes' Sohn und des Telamon göttlichem Sohne,
Wer von diesen die Leiche des tapferen Sohnes der Thetis 160
Aus dem Gewühle des Kampfes herausriß; haben wir hier doch
Viele vom Dardanervolk als ebengewonnene Beute.
Und die sprechen nach Recht und Gerechtigkeit über die Beiden,
Keinem gefällig, den Spruch; denn gleich schwer hassen die Troer
Alle vom Danaervolke, verderblichen Leibes gedenkend. 165
Und es versetzte darauf Agamemnon, Meister im Speerkampf:
Wohl kein Andrer, o Greis, ist doch im achäischen Volke,
Sei's ein Jüngerer, sei's ein Aelterer, weise wie du bist;
Sagtest du doch, der, welchem den Sieg mißgönnte die Gottheit,
Werde die Danaer alle mit grausamem Hasse verfolgen. 170
Sind es ja doch im Volke die Trefflichsten, die sich befehden;
Ich auch hege darum in der innersten Brust den Gedanken,
Daß wir den Urtheilsspruch in die Hand der Gefangenen legen.
Die dann klage nur an der Erliegende, wende den Groll nicht
Wider uns, und sinne den streitbaren Troern Verderben. 175
Also der Held, und jen', einmüthigen Sinnes im Herzen,
Weigerten sich ganz offen, den traurigen Haber zu schlichten.
Und nun setzten sich nieder die rühmlichen Söhne der Troer,
Unfrei auch und gefangen, den Spruch in dem Streite zu fällen.
Doch unmuthigen Sinns sprach Ajas vor der Versammlung: 180
   Welch' unheimlicher Geist, arglistiger Schwätzer Odysseus,
Hat dich bethört, mit mir in unnahbarer Kraft dich zu messen?
Rühmst du dich, daß du den Feind von Achilleus' Leiche vertrieben,
Wie er im Staub balag und ihn umdrängten die Troer,
Als ich grausamen Tod in die feindliche Horde gesendet, 185

Fünfter Gesang.

Während du scheu dich verkrochst? Unkriegerisch wahrlich und kraftlos
Hat dich die Mutter geboren und so viel schwächer denn ich bin,
Als ein schmächtiger Hund vor dem brüllenden Löwen zurücktritt.
Denn nie hat im Busen ein tapferes Herz dir geschlagen;
Arglist brütest du nur und frevelnde Werke der Bosheit. 190
Oder vergaßest du denn, wie einst mit den Söhnen Achäa's
Du dich scheutest zu zieh'n vor Ilios' heilige Veste,
Wie du dich feige verkrochest und Atreus' Söhne dich zwangen,
Unfreiwillig zu folgen? O wärest du ferne geblieben!
Denn wir ließen, beredet von dir, in schmerzlichem Jammer 195
Pöas' gepriesenen Sprossen zurück in der heiligen Lemnos.
Doch nicht diesem allein erfannest du bittere Kränkung,
Nein, Palamedes auch, dem erhabenen, schufft du Verderben,
Der es an Mannskraft dir und besonnenem Rathe zuvorthat.
Und jetzt hast du gewagt auch mir dich entgegenzustellen, 200
Dachtest der Wohlthat nicht, noch tratest du schweigend in Ehrfurcht
Vor dem gewiegteren Manne zurück, der einst dir das Leben
Rettete, da du bestürmt von dem Anbrang feindlicher Männer,
Während die Anderen alle dich einsam ließen und hülflos
Dort in dem blutigen Waffengewühl, mit Zittern hinwegflohst. 205
Hätte doch Zeus damals auch meine verwegene Kühnheit
Selbst in Schrecken gesetzt durch donnernde Schläge vom Aether,
Daß zum Mahl für die Hunde mit doppelschneibigen Schwertern
Dann dich in Stücke die Troer gehau'n; so wagtest du nicht mehr
Mir dich entgegenzuwerfen, der Arglist Ränken vertrauend! 210
Thor, wie konntest du doch vor den Anderen allen der Kraft dich
Rühmen und hältst in der Mitte die eilenden Schiffe, warum denn
Wagst du sie nicht, gleich mir, an das äußerste Ende zu stellen?
Weil dich der Schrecken erfaßt! Doch hast du die feindliche Flamme
Nicht von den Schiffen gewehrt; ich war's, der, ohne zu wanken, 215
Stand vor den Flammen und wehrte dem Hektor, welcher im
            Kampf mir
Immer entwich, indeß du vor ihm stets bange gezittert.
Wenn doch damals Einer im Krieg uns solches zum Kampfpreis
Hätte gesetzt, da der Streit um Achilleus rings sich erhoben,
Daß du geseh'n, wie ich aus gräßlichem Schlachtengetümmel 220

Und aus feindlichen Speeren die herrliche Wehr zu den Zelten
Trug mit der Leiche des Helden zugleich; jetzt aber vertraust du
Kühn auf des Wortes Gewalt und verlangst nach mächtigen Thaten.
Doch wo ward dir die Kraft, in die göttliche Wehr dich zu hüllen,
Die des Achilleus Glieder umschloß, und der stämmigen Lanze 225
Wucht mit den Händen zu schwingen? Für mich paßt Alles gehörig,
Und wohl mag mir's ziemen, die glänzenden Waffen zu tragen,
Weil ich nimmer entweihe die herrlichen Gaben des Gottes.
Aber warum uns länger mit feindlichen Worten ereifernd
Steh'n und hadern wir hier um die glänzende Wehr des Achilleus? 230
Auf jetzt, daß wir einander mit ehernen Lanzen versuchen,
Welcher der Stärkere sei im männervertilgenden Kampfe!
Denn um männlichen Muth, nicht eitles Geschwätz zu belohnen,
Setzte sie aus zum Preise die silberfüßige Thetis.
Fertig zu sein mit dem Wort ist noth in der Männer Versamm-
                                                        lung; 235
Doch dir geh' ich an Kraft und Muthe voran in der Feldschlacht;
Stamme doch ich von demselben Geschlecht, wie der große Achilleus.

   Sprach's; da schalt ihn höhnend mit bitteren Worten Odysseus,
Der im sinnigen Geiste verschlagene Listen bewegte:

   Polternder Fant, was führst du so viel unnützes Gerede? 240
Sagst, ich sei nichtswürdig und feig und niedrigen Sinnes,
Ich, der doch viel höher an Geist und fertiger Rede
Steht als du; die sind es allein, die den Menschen erheben.
Geist nur lehrt Steinbrecher den Fels, der keiner Gewalt weicht,
Undurchdringlich und stark, mühlos in den Bergen zu spalten; 245
Auch mit Geist nur lenkt der Pilot durch brausende Meerflut
Sicher das Schiff, wenn stürmend die mächtige Wog' es umher-
                                                       wirft;
Nur durch Listen bezähmt unbändige Löwen der Jäger,
Auch Waldeber und Panther und andere Thiere der Wildniß.
Unter dem Joch auch bändigt der Mensch wildtrotzige Stiere, 250
Und der Verstand nur ist es, von dem dies Alles vollbracht wird.
Nützlicher ist allzeit in jeglicher That und im Rathe
Ein vielkundiger Geist, als thörichten Sinnes Beschränktheit.
Darum wählte von Allen des Tydeus muthiger Sohn einst

Fünfter Gesang.

Mich zum Gehülfen sich aus, damit ich in's feindliche Lager 255
Dränge mit ihm, wo wir Beide vereint Großthaten verübten.
Selbst den gepriesenen Sohn von Aeakos' muthigem Sohne
Hab' ich des Atreus Söhnen gesellt als Kampfesgefährten;
Und so die Danaer je noch anderer Helden bedürfen,
Werden sie nicht durch dich noch anderer Danaer Klugheit 260
Angelockt herkommen; allein von Allen beweg' ich
Sie mit freundlichem Worte, den Kampf der Achäer zu theilen.
Denn die Rede des Manns, wenn ihr sich gesellte die Weisheit,
Ist von unendlicher Kraft; doch nichts zu beschaffen vermögen
Riesengestalt und Stärke des Manns, wie gewaltig auch immer, 265
Wenn kein sinniger Geist sich bewegt in den stämmigen Gliedern.
Doch mir haben zugleich Einsicht und riesige Stärke
Götter verlieh'n; ich war zu großem Gewinn den Achäern.
Nicht als Fliehenden hast du von feindlicher Wuth mich gerettet,
Wie du geprahlt; nicht fliehend, bestand ich alle die Troer, 270
Welche zumal anstürmten, mit Muth; wohl drangen sie wüthend
Wider mich ein; ich aber, bewehrt mit der Stärke des Armes,
Sandte der Dardaner viel' in den Tod; so schwatzest du Lügen.
Denn mich schütztest du nicht in der Schlacht; dir selber zum Frommen
Standest du dort, auf daß kein troischer Speer dich ereile, 275
Wenn du flöhst. Ich stellte die schwebenden Schiff' in die Mitte,
Nicht aus Furcht vor des Feindes Gewalt, nein, wegen des Krieges
Mit den Atriden vereint das Geziemende stets zu berathen.
Und du stelltest an's Ende die Schiff'; ich aber entstellte
Mir durch schmerzliche Hiebe den Leib und lenkte die Schritte 280
Ohne Verzug in die Veste von Ilios, Kunde zu schaffen,
Was sie zur Abwehr dort des verderblichen Krieges beriethen.
Auch vor Hektor graute mir nicht; nein, unter den Ersten
Sprang ich hervor, mich ihm zu besonderem Kampfe zu stellen,
Als er in trotzigem Muthe zum Streit uns alle herausrief. 285
Jetzt auch hab' ich im Kampf um Achilleus' Leiche der Feinde
Mehr denn du erschlagen und ihn und die Waffen gerettet.
Auch kein Grauen erweckt dein Speer mir, aber die Wunde
Schmerzt mich noch und quält mich, die tückische, die ich um diese

Waffen empfing, als todt in den Staub der Pelide gesunken. 290
Endlich entstamm' auch ich Zeus' göttlichem Blut, wie Achilleus.
 Sprach es, und Telamons Sohn, der gewaltige, sagte dagegen:
Trüglicher Sohn des Laertes, gefährlichster aller Achäer,
Weder ich selbst noch Andre der Danaer sahen dich damals
Ringen im Kampf, da die Troer den Leib des erschlagnen Achilleus 295
Wegzuschleppen verlangten; es war mein rüstiger Wurfspeer,
Welcher die Einen erlegt' im Schlachtfeld, Andere trieb er,
Stürmisch entbrannt, in die Flucht; die zitterten, ähnlich den
            Gänsen,
Oder den Kranichen gleich, wenn plötzlich ein Aar sich hernieder
Stürzt auf sie, die weidend in grasiger Au sich gelagert: 300
Also bebten die Troer vor Schwert und Lanze des Ajas,
Als sie gen Ilios flohen, den bitteren Keren entrinnend.
Wenn dich der Muth auch dort anwandelte, strittest du doch nicht
Nahe bei mir mit dem Feinde, du rangst an anderem Orte,
Fern, mit anderen Schaaren im Kampf, nicht wo des Achilleus 305
Leichnam lag, um welchen die heißeste Schlacht sich erhoben.
 Ihm antwortete drauf der verschlagene Sohn des Laertes:
Ajas, weder an Kraft noch Einsicht bin ich geringer,
Hoff' ich, denn du, so stattlich du bist und herrlich von Anseh'n;
Ja, viel höher sogar an Einsicht gelt' ich im Volke, 310
Bin dir gleich an Stärke, ja wohl noch größer geachtet.
Doch das wissen vor Allen die Troer ja, welche gewaltig
Zittern vor mir, auch wenn sie mich nur in der Ferne gewahren.
Auch du selbst hast deutlich erprobt, wie alle die Andern,
Was ich vermag, da du viel dich gemüht in ermüdendem Ring-
            kampf, 315
Als er die herrlichen Preise gesetzt für die Sieger im Wettstreit,
Peleus' muthiger Sohn am Grab des erschlagnen Patroklos.
 So der gepriesene Sohn des erhabenen Helden Laertes.
Und nun sprachen die Troer den Spruch in der rüstigen Männer
Bitterem Zwist und gaben den Sieg und die göttlichen Waffen, 320
All' einmüthigen Sinnes, dem streitbaren Sohn des Laertes.
Der ward freudig im Herzen bewegt; tief seufzte das Volk auf.
Schaudernd erstarrte die Seele des Ajas; trauriger Unmuth

Fünfter Gesang.

Lagerte sich schwerbrütend um ihn; in den schwellenden Adern
Kochte das purpurne Blut; schwarz sprudelte über die Galle; 325
Krampfhaft zog sich die Leber zusammen ihm; bis in die Seele
Drang ihm der brennende Schmerz, und tief in den Grund des
    Gehirnes
Bohrte der Kummer sich ein, daß jegliche Faser erbebte,
Und sein Geist sich verwirrte; den Blick an die Erde geheftet,
Stand er bewegungslos wie erstarrt, und die trauernden
    Freunde 330
Führten den Trauernden fort an die schöngeschnäbelten Schiffe,
Vielfach Trost einsprechend; und so schritt Ajas den letzten
Gang nicht wollend dahin; ihm folgt' in der Nähe die Moira.
Als er indeß an die Schiffe zum mächtigen Meere hinabging,
Gingen die Anderen alle von Argos' Volk zu den Zelten, 335
Nach dem erquickenden Mahl und lieblichem Schlummer sich sehnend.
Thetis tauchte hinab mit den anderen Töchtern des Nereus
In das unendliche Meer, und um sie schwammen die zahllos
Wimmelnden Ungethüme, der salzigen Woge Bewohner.
Aber die Göttinnen zürnten dem weisheitvollen Prometheus, 340
Weil sie gedachten der Zeit, da sein weissagender Ausspruch
Zeus bestimmte, die Thetis dem sterblichen Mann zu vermählen,
Den sie verschmäht. Und Kymothoë sprach, schwer grollend im
    Herzen:
Ha, wie verdiente der Frevler, in unauflöslichen Banden
Dort zu leiden die Pein, da die wachsende Leber der Aar ihm, 345
Tief in die Netzhaut wühlend, mit grimmigem Schnabel zerfleischte!
Also Kymothoë dort zu des Meers blaulockigen Nymphen.
Helios tauchte hinab, tief senkte sich schattendes Dunkel
Ueber die Flur, und am Himmel verbreiteten sich die Gestirne.
Aber die Danaer pflegten der Ruh' an den stattlichen Schiffen, 350
Vom ambrosischen Schlaf und lieblichem Weine bewältigt,
Welchen von Kreta her, des Idomeneus herrlichem Lande,
Ueber die tosenden Fluten des Meers einst brachten die Schiffer.
Ajas aber, den Völkern Achäa's grollend, gedachte
Nicht des erquickenden Mahles im Zelt, noch mochte der
    Schlummer 355

Ihn umsah'n, und er legt' in finsterem Grimme die Wehr an,
Faßte das schneidende Schwert und sann Graunvolles im Herzen,
Ob er die Schiffe verbrenn' und die Danaer alle vernichte,
Oder Odysseus nur, dem verschlagenen, ohne zu säumen,
Gebe den Tod, mit der Schärfe des Schwerts ihn hauend in
          Stücke.   360
Solches erwog er im Herzen und hätt' alsbald es vollendet,
Schlug ihm nicht Athenäa den Geist mit verderblichem Wahnsinn.
Denn sie war in der Seele besorgt um den Dulder Odysseus,
Dachte sie dran, wie er stets sie verehrt mit gefälligen Opfern;
Darum lenkte die Göttin die Kraft des gewaltigen Ajas   365
Ab vom achäischen Volk; doch gleich graunvollem Orkane,
Der, mit verheerenden Stürmen bewehrt, wildsausend heranzieht,
Und herzkältendes Grausen erweckt in dem Busen der Schiffer,
Wenn die Plejad' in des stolzen Okeanos Wellen hinabtaucht,
Vor dem gefeierten Bild des Orion scheu sich verkriechend; 370
Ringsum peitscht er die Luft, und es rast im Sturme die Meerflut:
Dem gleich wüthete jener, wohin ihn trugen die Füße,
Rennend umher in der Runde, dem reißenden Wilde vergleichbar,
Das mit schäumendem Rachen der felsumstarrten Gebirgschlucht
Windungen rings durchstürmt, und Tod und Verderben er-
          sinnend,   375
Jäger und Hunde verfolgt, die ihm aus der Höhle die Jungen
Heimlich geraubt und gemordet; umher rennt brüllend der Löwe,
Ob er im Walde vielleicht die verlorenen Jungen erspähe;
Wer in den Weg ihm wandelt, indeß er wüthend umhertobt,
Dem ist wahrlich gekommen des Daseins trauriges Ende.   380
So wild stürmt' er einher; schwarz kocht' in dem Herzen das Blut
          ihm,
Wie von des lobernden Feuers Gewalt im Kessel das Wasser
Rastlos zischend mit Macht auf flammenden Herden emporwallt,
Wenn sie des Holzes die Fülle gehäuft um den Bauch des Gefäßes,
Wie es der Diener gebot, den's drängt und treibt in der Seele, 385
Daß vom gemästeten Schwein er rings abbrühe die Borsten:
So wild kochte die Wuth in dem glühenden Busen des Ajas.
Wie das unendliche Meer, so wüthet' er, oder ein Sturmwind,

Fünfter Gesang.

Oder die schnelle Gewalt des unaufhaltsamen Feuers,
Wenn rastlos in den Bergen die Wuth des gewaltigen Windes 390
Braust und, versengt von der Glut, hinstürzt unermeßliche
    Waldung:
Also raste, von Schmerz in der muthigen Seele verwundet,
Ajas in schrecklichem Grimm; rings floß von dem Munde des Helden
Triefend der Schaum; er knirschte vor Wuth mit den Zähnen, und
    graunvoll
Dröhnte die Wehr um die Schultern des Grollenden; Alle, so viel
    ihn 395
Sah'n hinstürmen, erbebten, geschreckt von dem einzigen Manne.
  Eos, die Göttin, tauchte mit goldenen Zügeln vom Meer auf,
Und in den Himmel empor, wie ein Lufthauch, schwebte der Schlafgott,
Trat dann Heren entgegen, die jetzt von der heiligen Tethys,
Wo sie geweilt am Tage zuvor, zum Olympos zurückkam. 400
Küssend umfing sie den Gott; er war ihr wackerer Eidam,
Seit er des Kronos Sohn auf Ida's ragendem Berghaupt
Sanft in Schlummer gewiegt, als dieser den Danaern grollte.
Sie nun ging zu dem Hause des Zeus, er eilte zum Lager,
Wo Pasithea schlief, und die ruhenden Menschen erwachten. 405
  Ajas, gleich dem Orion, dem unaufhaltsamen Jäger,
Stürmte dahin, im Busen den unheilbrütenden Wahnsinn,
Stürzte sich dann in die Schafe hinein, wie der trotzige Löwe,
Welchem die grausame Seele der quälende Hunger bewältigt,
Streckte sie hier und dort in den Staub hin, dicht an einander, 410
So wie des Nordwinds Hauche zur Erd' hinschütten die Blätter,
Wenn sich der Sommer zum Ende geneigt und der Winter zurückkehrt.
So sprang Telamons Sohn voll grimmiger Wuth in die Schafe
Mordend hinein, und wähnte den Danaern Tod zu bereiten.
Und nun trat Menelaos, des Atreus Sohn, zu dem Bruder 415
Nahe heran, ingeheim vor den Anderen, also beginnend:
  Wahrlich, der Tag wird heute zum Unheil Allen im Volke,
Wenn der gewaltige Ajas so rasender Wuth sich dahingibt,
Daß er die Schiffe verbrennt alsbald und uns in den Zelten
Alle zumal hinmordet, ergrimmt um die Wehr des Achilleus. 420

Hätte sie doch nicht Thetis zum Preis für den Sieger erkoren,
Noch des Laertes Sohn in thörichtem Muth sich erdreistet,
Dem viel stärkeren Helden im Kampf sich entgegenzustellen!
Tückisch berückt' uns jetzt, uns stürzt' in Verderben ein Dämon;
Denn als einzige Wehr, seit Aeakos' Enkel gefallen, 425
Blieb uns Ajas zurück; doch ihn auch werden die Götter
Uns wegnehmen im Tod, Unheil uns beiden bereitend,
Daß wir spurlos alle das Maß des Verderbens vollenden.

Ihm antwortetest du, speerschwingender Held Agamemnon:
Härme dich nicht so sehr, und grolle doch nicht, Menelaos, 430
Mit dem verständigen Herrscher des kephallenischen Volkes!
Er trägt keinerlei Schuld; uns schafft er ja Nutzen, er hilft uns
Oft und viel, und bereitet dem trotzigen Feinde Verderben.

Also verkehrten sie traurig im Wechselgespräch mit einander.
Aber die Hirten der Schafe verbargen sich fern am Skamandros 435
In Tamariskengesträuch, dem entsetzlichen Tode zu wehren.
Wie wenn Hasen, in Eile dem hurtigen Adler entronnen,
Scheu sich verkriechen in dichtes Gebüsch; er fliegt in der Nähe
Hierhin, dorthin kreischend mit ausgebreiteten Schwingen:
So floh'n die, weithin vor dem schrecklichen Mann sich zer-
       streuend. 440
Endlich trat er heran an einen gemordeten Widder,
Ajas, und rief hohnvoll mit bitterer Lache die Worte:
 Liege du jetzt im Staube zum Mahl Raubvögeln und Hunden!
Denn nichts frommte dir selbst die gepriesene Wehr des Achilleus,
Die dich Thoren berückt, mit dem stärkeren Manne zu kämpfen. 445
Liege du da, du Hund! Nicht wird mit dem Sohne die Gattin
Dich umschlingend beklagen, in heftigem Schmerz sich verzehrend,
Nicht auch die dich gezeugt; nie bist du die Stütze des Alters
Ihnen hinfort, wie sie hofften, da fern von dem Lande der Väter
Dich, den Gemordeten, jetzt Raubwild und Hunde zerfleischen. 450

Also rief er im Wahn, der verschlagene Sohn des Laertes
Liege gesellt zu den Todten, befleckt von Strömen des Blutes.
Doch nun nahm ihm Athene von Geist und Augen des Wahnsinns
Endlos brütende Wuth, die furchtbar schnaubte Verderben.
Schnell flog diese hinab zu der Styx graunvollen Gewässern, 455

Fünfter Gesang.

Wo die Erinnyen wohnen, die unabwendbare Qualen
Rastlos über das Haupt hoffärtiger Frevler verhängen.
Ajas, als er am Grunde die zuckenden Schafe gewahrte,
Staunte betroffen im Geist; ihm ahnte, der Seligen Einer
Hab' ihn berückt; da brach ihm die Kraft in den rüstigen
          Gliedern, 460
Und sein tapferes Herz durchwogt von unendlichen Qualen,
Konnte der Held vor Gram nicht vorwärts gehen noch rückwärts;
Nein, er stand wie der Thurm, der die anderen all' in den Bergen
Ueberragt, mit den Wurzeln umher fest haftend im Grunde.
Als er indeß allmählig im Geist sich wieder gesammelt, 465
Stöhnt' er traurig empor, und rief wehklagend die Worte:
 Wehe, warum bin ich so verhaßt den unsterblichen Göttern,
Welche den Geist mir verwirrt und mit rasender Wuth mich geschlagen,
Daß ich die Schafe gemordet, die doch nichts Böses verschuldet?
Hätt' ich lieber mich doch mit dem Schwerte gerächt an Odysseus' 470
Tückischem Trug, da der mich gestürzt in so gräßliches Unheil,
Der unsinnige Schalk! Ach, träf' ihn alle der Jammer,
Welchen die rächende Hand der Erinnyen über die Frevler
Strafend verhängt! O daß sie den anderen Söhnen Achäa's
Auch Unheil in der Schlacht und thränenerweckenden Kummer, 475
Und dem Atriden zugleich zusendeten! Möge doch er auch
Nicht, wie er wünscht, in seinen Palast heimkehren im Glücke!
Aber warum denn weil' ich, der Biedere, bei den Verruchten?
Tückisches Danaerheer, fahr' hin! Hin fahre des Lebens
Widrige Last! Nicht länger belohnt man die Guten, der Schlechte 480
Ist der geehrtere Mann, der geliebtere; denn den Odysseus
Ehrt man im Danaervolk, und mich und Alles vergaß man,
Was ich gethan, und was ich im Dienst der Achäer erduldet.
 So rief Ajas, der Held, und stieß sich das Schwert in die Kehle,
Das ihm Hektor verehrte, des Telamon herrlichem Sohne. 485
Strömend entquoll ihm das Blut; so sank er gestreckt in den Staub
          hin,
Typhon gleich, den sengend Kronions Blitze verbrannten.
Als er sank, da bröhnten die dunkelen Gründe der Erde.
 Doch nun kamen in Haufen die Danaer, als sie den Ajas

Sah'n daliegen im Staube; zuvor trat Keiner ihm nahe, 490
Weil sein Anblick Alle mit Graun und Entsetzen erfüllte.
Alsbald warfen sie drängend sich her um die Leiche des Helden
Häuptlings hin an die Erde, mit stäubendem Sand sich bedeckend,
Und ihr klagender Ruf stieg auf in den göttlichen Aether.
Wie wenn Hirten einmal von den wolligen Schafen die Lämmer 495
Treiben hinweg, sich selbst ein leckeres Mahl zu bereiten;
Um die verwaisten Gehege, wo nicht mehr hüpfen die Jungen,
Trippeln die Mütter umher mit unablässigem Blöcken:
Also seufzte des Tages das Heer der Achäer um Ajas,
Und von den Klagen erdröhnten die schattigen Höhen des Ida, 500
Und das Gefild' und die Schiffe gesammt und die mächtige Meerflut.
Und nun dachte sich Teukros im Tod zu gesellen dem Bruder;
Doch das gewaltige Schwert entwanden ihm schnell die Genossen,
Der in verzweifeltem Schmerze sich hinwarf über den Todten,
Und viel Thränen vergoß und mehr, denn das lallende Kind
weint, 505
Welches am Hausherd sitzend das Haupt und die Schultern mit Asche
Streut und bejammert den Tag der Verwaisung, nun ihm die Mutter
Hinschied, welche den Knaben erzog nach dem Tode des Vaters:
Also beklagt' auch er den geschiedenen Bruder und wand sich
Neben dem Todten im Staub und rief wehklagend die Worte: 510
  Ajas, muthiger Held, was mochte das Herz dir berücken,
Daß du selbst in den Tod dich gestürzt und in grauses Verderben?
Etwa damit, aufathmend von Mühsal, Dardanos' Söhne,
Wenn du starbst, in erneuertem Sturm die Achäer vertilgen?
Nicht mehr werden die Unsern mit freudigem Muthe wie früher 515
Stehen im Kampf; du fehlst, der einst sie geschirmt in der Feld-
schlacht.
Auch mich selber verlangt, seit du schiedst, nicht nach der Heimkehr;
Nein, ich sehne mich hier auf troischem Grunde zu sterben,
Daß mit dir mich umfange die nahrungspendende Erde.
Denn nicht quält mich die Sorge so sehr um Vater und Mutter, 520
Ob sie vielleicht noch athmen im Licht und in Salamis weilen,
Als dein Tod mich bekümmert, da du mein einziger Stolz warst.
  Also rief er mit Seufzen; mit ihm auch seufzte Tekmessa,

Fünfter Gesang.

Ajas' Lagergenossin, des tapferen, die er im Kriege
Einst als Beute gewann und zum Weib sich erkor und zur Herrin 525
Setzte von Allem im Haus, worüber die Frau'n in den Häusern
Stets als Herrinnen schalten, vereint mit den liebenden Gatten.
Diese gebar, ihm liebend gesellt, aus seiner Umarmung
Ihm den Eurysakes einst; der glich dem Vater in Allem;
Aber er lag jetzt noch, unmündig und zart, in der Wiege. 530
Doch sie warf laut schluchzend sich hin auf den todten Geliebten,
Drückte sich fest in den Staub, und entstellt' ihr blühendes Antlitz,
Rief dann, tief in der Seele betrübt, die jammernden Worte:
    Wehe mir, weh mir Verlornen, da du starbst, nicht von des
        Feindes
Armen besiegt in der Schlacht, von den eigenen Händen gemordet! 535
Darum bestürmt mein Herz unermeßlicher Jammer; ich dachte
Nie den Tag, der dein mich beraubt, vor Troja zu sehen;
Doch das erzürnte Geschick hat all mein Hoffen vernichtet.
Hätte mich doch vorher die ernährende Erde verschlungen,
Eh' ich geschaut dein Loos, das entsetzliche! Nimmer zuvor ja 540
Hat mich ein anderes Leid so schwer in der Seele getroffen,
Selbst nicht, als du zuerst mich fern von dem Lande der Väter
Und von den Eltern entführtest zugleich mit den anderen Frauen,
Und ich in Thränen zerfloß, da der Tag mir erschienen der Knecht-
        schaft,
Mir, die Alle daheim als würdige Königin ehrten. 545
Doch um die Heimat nicht, die wonnige, härm' ich mich also,
Noch um der Eltern Verlust, als dein Tod jetzt mich bekümmert,
Da du mir Alles gewährt, was Geist und Herz mir erfreute,
Als gleichsinnige Gattin mich aufnahmst und mir verhießest,
Mich zu erheben zur Fürstin von Salamis, kämst du von Troja 550
Wieder zurück; doch ein Gott vollendete nicht die Verheißung.
Denn mir schwandst du für immer hinweg, nicht nimmst du dich
        meiner,
Oder des Sohnes dich an; wohl labt sich die Seele des Vaters
Nimmer an ihm; nie folgt er dir einst in der Würde des Herrschers;
Andere werden zum Knecht ihn entwürdigen; fallen die Kinder 555
Doch, wenn ihnen der Vater dahinstarb, häufig der Pflege

Schlechterer Männer anheim. O trauriges Loos der Verwaisten!
Ringsher stürmen auf sie unzählige Leiden zusammen.
So wird der Knechtschaft Tag bald auch mir Armen erscheinen,
Da mich verlassen der Mann, der mir wie ein schirmender Gott
       war. 560
 Und es versetzte darauf mit freundlichem Sinn Agamemnon:
Frau, nie soll dich hinfort in die Knechtschaft führen ein Andrer,
Weil noch Teukros, der Held, der untadliche, lebt und ich selber;
Nein, stets werden wir dich mit unendlichen Gaben verehren,
Göttinnen gleich, dich selbst und den Sohn, als ob er im Lichte 565
Hier noch weilte, der Ajas, die mächtige Wehr der Achäer.
Hätt' er doch nicht ganz Hellas gestürzt in den traurigen Jammer,
Als er mit eigener Hand sich entseelt! Wohl hätte der Feinde
Zahllos Heer ihn nimmer in offenem Kampfe bewältigt.
 Sprach's, in der innersten Seele betrübt; rings seufzten die
       Völker 570
Kläglich empor; weit hallte der Hellespontos es wider,
Und um die Klagenden schwang wehmüthige Trauer die Flügel.
Selbst ihn faßte der Schmerz, den verschlagenen Helden Odysseus,
Um den gefallenen Ajas, und tief in der Seele bekümmert,
Sprach er das sinnige Wort zu den trauernden Söhnen Achäa's: 575
 Freunde, so schlimm als Zorn ist doch kein anderes Uebel,
Weil er die Sterblichen treibt in unheilbringenden Haber,
Wie er am heutigen Tag den gewaltigen Ajas entflammte,
Daß er, im Herzen erbittert, mit tödtlichem Hasse mir grollte.
Hätten mich doch in dem Streit um die göttliche Wehr des Achilleus 580
Troja's Jünglinge nie mit ehrendem Siege verherrlicht,
Welcher den Helden zur Wuth aufstachelte, daß er im Unmuth
Fiel durch eigene Hand! Doch nicht ich trage die Schuld hier,
Nein, ein ergrimmtes Geschick, das Telamons Sohne den Tod gab.
Hätte das Herz mir im Busen geahnt, er werde so lange 585
Wegen des Siegs mir grollen, gewiß, ich hätte mich niemals
Selbst im Kampfe gemessen mit ihm, noch hätt' ich geduldet,
Daß mit ihm um den Sieg ein anderer Danaer ringe.
Nein, wohl hätt' ich ihm selbst die gefeierte Wehr des Achilleus
Freudiges Herzens gereicht, auch Anderes, wenn er's verlangte. 590

Fünfter Gesang.

Dacht' ich doch nicht, er grolle hinfort und werde mich hassen,
Tief in der Seele gekränkt, da nicht um die Fülle des Reichthums,
Ober um Städtebesitz, auch nicht um ein Weib ich gerungen;
Nein, mir war es ein Kampf um die Trefflichkeit, welchen zu jeder
Zeit wohlmeinende Männner mit heiterem Muthe bestehen. 595
Daß der Wackere fehlte, verbrach ein feindlicher Dämon;
Denn es geziemt sich nicht, unmäßigem Grolle zu fröhnen,
Und ein verständiger Mann muß selbst unzähliger Leiden
Andrang muthig besteh'n, darf nie vor dem Schmerze sich beugen.
   So der gepriesene Sohn des erhabenen Helden Laertes. 600
Als sie darauf an Klagen und bitterem Harm sich gesättigt,
Sprach der Nelibe sofort zu den stets noch trauernden Männern:
   Freunde, wie sind doch die Keren so unbarmherzigen Sinnes!
Leid zu traurigem Leide verhängten sie über Achäa;
Starb doch Ajas dahin und die rüstige Kraft des Achilleus, 605
Auch mein tapferer Sohn Antilochos, und der Argeier
Andere noch; doch ziemt es sich nicht, die gefallenen Kämpfer
Fort und fort zu beweinen und unablässig zu trauern;
Nein, unmännlicher Klage gebiete man! Besser ja wahrlich,
Ihnen zu weih'n, was immer gebührt den geschwundenen
     Todten, 610
Scheitergerüst und ein Mal, und fromm ihr Gebein zu bestatten.
Denn kein Jammern erweckt den Gestorbenen, und die Besinnung
Kehrt nicht wieder, sobald ihn die grausamen Keren verschlungen.
   Also sprach er und mahnte; die göttergleichen Gebieter
Traten zusammen sofort, in der innersten Seele bekümmert, 615
Trugen den Ajas rasch, wie groß er auch war, zu den Schiffen,
Viele zumal aufbietend die Kraft, und hüllten in feine
Tücher ihn ein, nachdem sie von Staub und Blut ihn gereinigt,
Welche vereint anklebten der Wehr und den mächtigen Gliedern.
Jünglinge trugen sodann unzählige Bäume vom Ida 620
Nieder und thürmten sie auf zum Scheitergerüst um den Todten,
Legten um ihn noch außer dem Holz viel wollige Schafe,
Schöngewobne Gewänder und rühmlicher Stiere Geschlechter,
Rosse zugleich, im Lauf der behendbesten Füße sich freuend,
Strahlenden Goldes die Füll', unzählige Waffen der Männer, 625

Welche der glänzende Held im Kampf den Erschlagenen abzog,
Dann durchsichtigen Bernstein auch, von welchem sie sagen,
Daß er entstanden aus Thränen von Helios' leuchtenden Töchtern,
Die sie vergossen vordem an Eridanos' mächtigem Strome,
Um den getödteten Bruder, den Phaethon, Klagen erhebend;   630
Und aus ihnen, dem Sohne zum ewigen Ehrengedächtniß,
Schuf der Sonnenbeherrscher des Bernsteins köstliches Kleinod.
Dies nun warfen die Söhne der Danaer auf das erhabne
Scheitergerüst, um Ehre zu weih'n dem gefallenen Helden,
Telamons Sohn, und fügten dazu laut seufzend und jammernd   635
Köstliches Elfenbein und des reizenden Silbers die Fülle,
Krüge sodann, mit Oele gefüllt, und alles das Andre,
Was im Haus ruhmbringend erhöht den gepriesenen Wohlstand,
Legten darauf an das Scheitergerüst die gewaltigen Brände,
Und vom Okeanos wehte, gesandt von Thetis, ein Windhauch,   640
Daß er den Ajas verzehre; die Nacht durch und in der Frühe
Brannte die Glut an den Schiffen, erregt von dem stürmenden
                                                        Winde.
Wie den Enkelados einst der zermalmende Blitz des Kronion
Schmettert' hinab in die Tiefen des endloswogenden Meeres,
Daß, sich über ihm dehnend, Thrinakia völlig durchglüht ward;   645
Oder wie Herakles einst, verfolgt von der Tücke des Nessos,
Sich der verzehrenden Flamme mit lebendem Leibe dahingab,
Als er die mächtige That vollendete; während er brannte,
Seufzte der Oeta rings; von der sterblichen Hülle des Helden
Scheidend entschwand in den Aether der Geist; er stieg zu den
                                                        Göttern   650
Selbst auf, während die Erd' aufnahm die ermatteten Glieder:
Also lag in den Flammen, des tosenden Kampfes vergessend,
Ajas zugleich mit der Wehr; rings drängte sich Volk am Gestade;
Freude beseelte die Troer, und Leid umfing die Achäer.
    Als die vernichtende Flamme verzehrt die gewaltigen Glieder,   655
Löschten sie flugs mit Weine die Glut; die Gebeine des Helden
Legten sie dann in ein Kästchen von Gold, und häuften von Erde
Rings ein erhabenes Mal nicht fern dem rhöteischen Ufer.
Und sie zerstreuten sich schnell zu den leichthinschwebenden Schiffen,

Fünfter Gesang.

Schmerzlich erregt; denn Ajas verehrten sie gleich dem Achilleus. 660
Doch nun brach, Schlaf bringend den Sterblichen, düster die
        Nacht ein,
Und sie genossen das Mahl, und harrten der heiligen Frühe,
Nur mit wenigem Schlaf die ermüdeten Augen erquickend.
Waren sie doch voll Furcht, daß wider sie selbst in der Nachtzeit
Nun nach dem Tode des Ajas heran sich stürzten die Troer. 665

Sechster Gesang.

Inhalt. Menelaos beruft eine Versammlung der Achäer und räth, um die Stimmung des Heeres zu erforschen, zur Heimkehr. Diomedes tadelt ihn deßhalb und ermahnt zur Ausdauer. Auf den Rath des Kalchas wird beschlossen, den Sohn des Achilleus (Neoptolemos oder Pyrrhos) von der Insel Skyros holen zu lassen. Odysseus und Diomedes werden an ihn abgeschickt, während die Achäer sich rüsten. Indessen kommt Eurypylos, Telephos' Sohn und Enkel des Herakles, mit einem Heere Myser den Troern zu Hülfe. Tags darauf ziehen die Troer zur Schlacht aus, angeführt von Eurypylos, dessen Schild beschrieben wird. Eurypylos tödtet unter Anderen den Nireus und den Machaon. Heftiger Kampf um deren Leichnam. Die Achäer ziehen sich an die Schiffe zurück. Doch stellen die Atriden, denen Teukros, Idomeneus und Andere zu Hülfe kommen, das Treffen wieder her, müssen aber zuletzt vor dem Ungestüm des Eurypylos abermals zurückweichen, worauf die Troer ein großes Blutbad unter den Fliehenden anrichten und nicht weit von den Schiffen sich lagern.

Eos, Okeanos' Flut und Tithonos' Lager verlassend,
Stieg zum unendlichen Himmel empor und erleuchtete ringsum
Alles mit funkelndem Glanz, es lachte die Erb' und der Aether.
Und an die Arbeit gingen die leichthinschwindenden Menschen,
Dieser an die und jener an andere; nun zur Versammlung   5
Strömten Achäa's Söhne, von Held Menelaos gerufen.
Aber sobald sich im Heere die Danaer alle versammelt,
Sprach der Atride sofort im Kreis der Versammelten also:
  Hört mein Wort, ihr Fürsten von ewiger Götter Geschlechte,
Wie ich es euch verkünde; das Herz verzehrt mir der Kummer,   10
Daß hinsterben die Völker im Kampf, in den sie für mich nur
Zogen daher; sie begrüßen ihr Haus und die Eltern hinfort nicht

Sechster Gesang.

Wieder, nachdem so Viele des Schicksals Tücken erlagen.
Hätte mich selbst doch lieber des unbezwingbaren Todes
Schwere Gewalt entrafft, eh' hier ich die Schaaren versammelt! 15
Jetzt hat mir das Geschick nie ruhende Schmerzen bereitet,
Daß ich des Unheils sehe so viel; wer möchte sich wohl auch
Freuen, so lange zu sehen die unabwendbare Kriegsnoth?
Aber wohlan, wir alle, so viel noch athmen im Lichte,
Flieh'n in die Heimat eilig in raschhinsegelnden Schiffen, 20
Jetzt, da Telamon's Sohn todt ist und der starke Achilleus;
Denn nun diese dahin, entrinnen wir nicht dem Verderben,
Fürcht' ich, nein, wir erliegen den unbarmherzigen Troern
Mein und der Helena wegen, der Frevlerin; wahrlich um diese
Leib' ich nicht, wie um euch, wenn ihr vor unseren Augen 25
Fällt in der Schlacht. Sie fahre dahin mit dem weibischen Buhlen;
Denn ein feindlicher Dämon berückte sie, als sie das Haus mir
Und mein Lager verließ, und nahm ihr alle Besinnung.
Aber die Sorg' um sie liegt Priamos ob und den Troern;
Doch wir ziehen nach Haus; viel besser ja, wenn wir in Eile 30
Aus dem Getose des Krieges entflieh'n, als wenn wir erliegen.

Also sprach er und prüfte die Danaer; aber ein Andres
Sann sein Herz im Busen, erfüllt von eisernbem Grolle,
Wie er die Troer vertilgen und Jlios' thürmende Mauern
Tief in den Grund hinschmettern und sättigen möge die Mordlust, 35
Wenn Alexandros, fallend im Kampf, sich geselle den Todten.
Heißer ja glüht kein Haß, als eisernder Groll, in der Seele.
Solches erwog er im Herzen und ließ auf dem Sitze sich nieder;
Und nun trat in die Mitte der streitbare Held Diomedes;
Dieser bedeutete scheltend des Ares Freund Menelaos: 40

Feiger Atride, wie kommt's, daß dich so gewaltiger Schrecken
Plötzlich ergreift, was redest du so zu dem Volke von Argos,
Ganz wie ein Kind schwatzt oder ein Weib, unmächtig und kraftlos?
Doch dir folgen sie nimmer, Achäa's rüstige Söhne,
Eh sie die thürmenden Zinnen von Jlios niedergeworfen; 45
Denn der Muth bringt Ehre den Sterblichen, Schande die Feigheit.
Aber gehorchte dir auch ein Danaer, wie du gebietest,
Würd' ich mit dunkelem Stahle sogleich vom Rumpfe das Haupt ihm

Hauen und ihn vorwerfen zum Mahl hochfliegenden Geiern.
Auf, ihr, denen es ziemte, den Muth der Genossen zu wecken, 50
Laßt an den Schiffen umher zum Kampf sich bereiten die Völker,
Daß sie den Schlachtspeer schärfen, den Schild zurichten und alles
Andere, dann auch rüsten das Mahl zur Labe für alle
Männer zugleich und Rosse, so viel hinstürmen zum Kampfe.
Ueber den Muth entscheidet sofort im Gefilde der Kriegsgott. 55
  Also sprach Diomedes und ließ auf dem Sitze sich nieder,
Wo er gesessen zuvor; dann nahm in der Mitte den Platz ein
Thestors Sohn; er erhob sich und sprach zu den Männern die Worte:
  Hört mein Wort, ihr Söhne des streitbaren Danaervolkes;
Wisset ihr doch, wie wohl ich der Gottheit Sprüche zu deuten 60
Weiß; vorlängst schon sagt' ich voraus, ihr würdet im zehnten
Jahre die Veste von Troja bewältigen; dieses vollendet
Jetzt der Unsterblichen Rath; schon winkt den Achdern der Siegs-
                                                                ruhm.
Aber des Tydeus Sohn und den streitbaren Helden Odysseus
Laßt uns, ohne zu säumen, in dunkelem Schiffe nach Skyros 65
Senden, damit sie bereden den tapferen Sohn des Achilleus,
Daß er, zu uns herkommend, ein Licht uns allen erscheine.
  Also des Thestor Sohn, des verständigen; rings von den Völkern
Scholl beifälliger Ruf; wohl hofften sie, freudig ergriffen,
Daß in Erfüllung gehe das Wort, wie's Kalchas geweissagt. 70
Und zu den Danaern sprach der erfahrene Sohn des Laertes:
  Nicht mehr ziemt es sich heute vor euch viel Worte zu machen;
Denn ihr seid zu müde, das Ohr mir zu leihen, o Freunde,
Und den Ermüdeten ist niemals willkommen ein Redner,
Oder ein Sänger sogar, der Freund der unsterblichen Musen. 75
Nun vollend' ich das Werk, für das die Achäer im Heere
Alle gestimmt, wenn anders des Tydeus Sohn mich begleitet.
Denn wir Beide bewegen mit freundlichem Worte den Helden,
Uns zum Heere zu folgen, den tapferen Sohn des Achilleus,
Suche die Mutter ihn auch durch rührende Klagen zu stimmen, 80
Daß er zu Hause verzieht; sie mag wohl denken im Herzen,
Daß ein Sohn, gleich wacker, dem rüstigen Vater entstamme,
Fürchtet vielleicht, ihn stürze der eigene Muth in's Verderben.

Sechster Gesang.

Und es versetzte darauf der besonnene Held Menelaos:
Mächtige Wehr der Achäer, der muthigen Männer, Odysseus, 85
Käme der tapfere Sohn des erhabenen Helden Achilleus
Einst von Skyros hieher und gäbe der Himmlischen Einer
Uns nach Wunsche den Sieg und heimzugelangen nach Hellas,
Werb' ich zur Gattin ihm Hermione geben, die Tochter,
Die mir Helena schenkte, mit ihr viel köstliche Gaben, 90
Mit wohlwollendem Sinn; er wird solch eble Gemahlin,
Glaub' ich, nicht hoffärtig verschmäh'n und so wackeren Schwäher.
Also sprach der Atride; die Danaer riefen ihm Beifall.
Und nun löste sich auf die Versammlung; jene zerstreuten
Sich zu den Schiffen sofort, nach dem stärkenden Mahle ver-
    langend. 95
Als sie sodann vollauf an dem reichlichen Mahl sich gesättigt,
Zogen Odysseus selbst und Tydeus' Sohn Diomedes
Ein schnellsegelndes Schiff in die unabsehbare Meerflut,
Schafften hinein den Reisebedarf und alles Geräthe,
Stellten den Mastbaum auf und entfalteten schimmernde Segel, 100
Stiegen darauf selbst ein und zwanzig Männer mit ihnen,
Kundige Ruderer alle, sowohl wann wehten die Stürme,
Als wenn windstill ruhte des Meers unendlicher Spiegel.
Als sie sodann sich gesetzt an die wohlgezimmerten Ruder,
Schlugen sie mächtig die mächtige Flut; rings sprudelte Schaum
    auf. 105
So durchfurchten sie rudernd, indeß hineilte das Fahrzeug,
Flüssige Bahnen des Meeres, und Schweiß entströmte den Schiffern.
Wie wenn schwer arbeitend ein Stierpaar unter dem Joche,
Vorwärts strebend in's Weite, den hölzernen Wagen dahinzieht,
Der lautknarrend erdröhnt von der Last der gerundeten Axe; 110
Schweiß rinnt triefend zur Erde herab von Nacken und Schultern,
Während die zwei nicht rasten und ruh'n und am Wagen sich ab-
    müh'n:
So arbeiteten jene sich ab mit den stämmigen Rudern,
Und durchschnitten in Eile die endloswogende Meerflut.
Aber den Scheidenden sahen die Danaer nach in die Ferne, 115
Schärften zum Streite sodann todbringende Lanzen und Pfeile.

Auch in Ilios drinnen die Dardaner rafften entschlossen
Wieder zum Kampfe sich auf, und flehten empor zu den Göttern,
Endlich vom Morde zu ruh'n und die Mühsal' alle zu enden.
Aber erwünscht als Hort in der Drangsal sandten die Götter 120
Ihnen Eurypylos zu vom starken Geschlecht des Herakles;
Und ihm folgten die Völker zum Streit, wohlkundig des Krieges,
Die weithin an den Ufern des mächtigen Stromes Kaïkos
Zahlreich wohnten umher, den gewaltigen Lanzen vertrauend.
Um ihn freuten sich hoch in der innersten Seele die Troer. 125
Wie wenn friedliche Gänse, sobald sie drinnen im Hofe
Sehen den Knecht, lieblosend um ihn voll Freude sich drängen,
Der sie mit Futter versorgt; er sieht's und freut sich im Herzen:
Also freuten sich heute die Dardaner, als sie den starken
Helden Eurypylos sah'n; ihm hob sich das Herz vor Entzücken, 130
Als sie heran sich drängten um ihn; vor den Thüren versammelt,
Staunten die Frauen ihn an; er ragte hervor in der Menge,
So wie der Leu in den Bergen hervorragt unter Schakalen.
Freundlich empfing ihn Paris und ehrt' ihn gleich wie den Hektor;
War er doch sein Vetter, gezeugt aus demselben Geschlechte. 135
Denn ihn hatte geboren Astyoche, Priamos' Schwester,
Die sich in Liebe gesellte zu Telephos, den von Herakles
Auge, die lockige Schöne, geheim vor dem Vater, geboren.
Als er ein Kind noch war und nach Milch verlangte, da nährt' ihn
Ein schnellfüßiges Reh; wie dem eigenen Kinde, gewährt' es 140
Ihm voll Liebe die Brust nach Zeus' Rath; nicht ja geziemt' es,
Daß ein Sohn des Herakles in kläglichem Tode verschmachte.
Dessen gefeierten Sprößling geleitete freundliches Herzens
Paris in seinen Palast durch Ilios' räumige Gassen
An des Assarakos Male vorbei und dem Hause des Hektor 145
Und dem geheiligten Tempel Athene's, wo in der Nähe
Zeus Herkeios' Altar sich erhob und die eigene Wohnung.
Und wohlwollenden Sinnes befragt' er ihn über die Brüder,
Um die Verwandten und Eltern, und er gab vollen Bescheid ihm.
Also sprachen die Beiden im Geh'n vertraulich zusammen. 150
Und sie gelangten zuletzt zu dem räumigen, reichen Palaste,
Wo sie Helena fanden, geschmückt mit den Reizen der Charis,

Sechster Gesang.

Und vier Zofen um sie, in amsigen Werken geschäftig,
Während die anderen Frauen, entfernt von dem stolzen Gemache,
Anderem Werk oblagen, wie bienenden Frauen es ansteht. 155
Auf Eurypylos sah mit staunenden Blicken die Fürstin,
Er auf Helena wieder; darauf mit freundlichen Worten
Grüßten die Beiden einander im duftenden hohen Gemache.
Zwei Lehnstühle sodann vor Helena stellten die Mägde,
Einen für Telephos' Sohn Eurypylos, einen für Paris. 160
Aber indeß, nicht ferne den rüstigen Wachen der Troer,
Lagerten sich vor der Stadt Eurypylos' Völker die Nacht durch,
Legten die Rüstungen ab, in der Näh' aufstellend die Rosse,
Die kaum athmeten noch von den lästigen Mühen des Weges,
Schütteten dann in die Krippen den hurtigen Rennern das
                Futter. 165
Und nun graute die Nacht, und es dunkelten Aether und Erde;
Und sie genossen des Mahls vor Ilios' thürmenden Mauern,
Troer zugleich und Keteier, sich viel in Gesprächen ergehend
Während des Mahls; rings brannten in hochauflobernden Flammen
Feuer umher an den Zelten, und hellauf jauchzte die Syrinx, 170
Hellauf schollen die Flöten, gefügt aus gellenden Rohren,
Und anmuthig ertönte der jubelnde Klang der Gitarren.
Aber von fernher staunten die Danaer, als sie die Töne
Hier von Gitarren und Flöten und dort von Männern und Rossen
Und von der Syrinx hörten, des Gastmahls Lust und der Hirten. 175
Darum forderte Jeder die Seinigen auf, an den Zelten
Wechselnd Wache zu halten die Nacht durch bis an das Frühroth,
Daß nicht kämen die Troer und Zelt' und Schiffe verbrennten,
Die vor den Mauern der Stadt am festlichen Mahl sich vergnügten.
Also feierte jetzt auch dort im Palaste des Paris 180
Telephos' streitbarer Sohn sein Mahl mit den stolzen Gebietern.
Vielfach flehten ihn an Held Priamos selbst und die andern
Troer mit Argos' Volk in den schrecklichen Kampf sich zu wagen,
Und er verschwur sich Alles zu glücklichem Ende zu führen.
Als sie genommen das Mahl, da wandte sich Jeglicher heim-
                wärts; 185
Nur Eurypylos ging seitwärts in der Nähe zu ruhen

Im kunstreichen Gemach, wo früher er selbst, Alexandros,
Pflegte zu ruh'n an der Seite der ruhmvoll waltenden Gattin;
Denn viel prächtiger war das Gemach, als alle die andern.
Hierher ging er zu ruh'n; doch anderswo schliefen die Andern, 190
Bis auf goldenem Thron sich Eos erhob. Mit dem Frühroth
Sprang Eurypylos auf, und ging mit den anderen Fürsten,
Die in Ilios waren, hinaus zu dem mächtigen Heere.
Alsbald waffneten sich voll freudigen Muthes die Völker,
Alle von Eifer entbrannt, in den vordersten Reihen zu kämpfen. 195
Also hüllte sich auch die gewaltigen Glieder in Waffen
Telephos' Sohn, die strahlten in Glanz wie leuchtende Blitze.
Kunstreich sahst du die Thaten am göttlichen Schilde gebildet,
Die vor Zeiten bestand die verwegene Kraft des Herakles.

Denn da konntest du schau'n zwei graunvoll züngelnde Schlan-
gen, 200
Die, lebendigen ähnlich an Wuth, auf die Beute sich stürzten,
Fürchterlich wild; er bändigt', ein Kind noch, die mit der linken,
Die mit der anderen Hand; denn nichts von feigem Entsetzen
Wußte sein Herz, wohl war er an Kraft Zeus ähnlich, dem Vater,
Gleich im Beginn; denn traun, unsterblicher Götter Geschlecht ist 205
Nicht unmächtiger Art und hülflos; ob es im Schooß auch
Ruhe der Mutter annoch, ihm wohnt unermeßliche Kraft bei.

Da war weiter gebildet die Kraft des nemeïschen Löwen,
Den die gewaltigen Arme des rüstigen Helden Herakles
Unbarmherzig bedrängten; den furchtbaren Rachen umfloß ihm 210
Blutiger Schaum, und es war, als athmet' er eben den Geist aus.
Nächst ihm sahst du gebildet die graunvoll züngelnden Häupter
Hydra's; einige lagen zerstreut umher an der Erde,
Schmerzlich hinweg vom Rumpfe gemäht, und andere wuchsen
Nach, aus wenigen viele; mit Mühsal kämpfte Herakles, 215
Kämpfte der Held Jolaos, da muthigen Sinnes die Beiden,
Jener die drohenden Häupter behend mit gebogener Sichel
Abhieb, dieser die Rümpfe mit glühendem Eisen verbrannte.
So ward endlich gebändigt das grimmige Toben des Unthiers.

Nächstdem sahest du weiter mit schäumendem Rachen den Eber 220
Von Erymanthos' Höhen; es trug zu dem stolzen Eurystheus

Sechster Gesang.

Ihn, als lebt' er wirklich, die mächtige Kraft des Herakles.
Dort war weiter zu schauen die windschnell eilende Hindin,
Die rings alle Gefilde der Nachbarn kläglich verheerte;
Doch fest hielt sie Herakles, der Held, an dem goldenen Horne, 225
Während sie wild aushauchte die Glut des vertilgenden Feuers.
Nahe dabei erschienen Stymphalos' gräßliche Vögel,
Die, von den Pfeilen getroffen, im Staub ihr Leben verhauchten,
Oder noch denkend an Flucht, durch heitere Lüfte sich schwangen;
Hinter den fliehenden sandte der zürnende Sohn des Kronion 230
Pfeil auf Pfeil, und es schien, als müht' er sich eifrig am Werke.
Dann auch sah man im Kreise des undurchdringlichen Schildes
Kunstvoll abgebildet den räumigen Stall des Augeias,
Welchem das tiefe Gewässer des göttlichen Stromes Alpheios
Herakles' tapferer Arm zuleitete; ganz in der Nähe 235
Sah'n das gewaltige Werk mit bewundernbem Staunen die Nymphen.
Seitwärts stand, glutschnaubend, der Stier; er faßte den Starken
Mächtig am Horn, und beugte den sonst Unbeugsamen nieder;
Und straff traten die Muskeln hervor an dem ringenden Helden;
Laut auf brüllte der Stier. Hippolyte sahst du zunächst dann 240
Diesem Gebild, mit Reizen geschmückt, wie Frauen der Götter;
Und sie suchte der Held vom flüchtigen Roß an den Haaren
Niederzuzieh'n mit der Kraft der gewaltigen Arme, verlangend,
Ihr den Gürtel zu rauben, den köstlichen; aber die andern
Amazonen entflohen. Die menschenfressenden Rosse 245
Sahst du sodann, Diomedes' Besitz im Lande der Thraker,
Wie sie Herakles zugleich mit dem unheilsinnenden König,
Ihrem Gebieter, erschlug an den unglückseligen Krippen.
Dann auch sahst du des starken Geryones riesige Leiche,
Dessen blutige Häupter entseelt bei den Rindern im Staube 250
Lagen umher, vom Schlag der gewaltigen Keule zerschmettert;
Vorher hatte Herakles den unheilvollsten der Hunde,
Orthros, niedergeworfen, des furchtbaren Kerberos Bruder,
Dem er an mächtiger Kraft gleichkam; auch lag in der Nähe
Dort der Hirte der Rinder, Eurytion, schwimmend im Blute. 255
Weiter erblicktest du noch im dunkelen Laube der Bäume
Glühen die goldenen Aepfel der Hesperiden; dabei lag

Tobt der entsetzliche Drache; bestürzt zerstoben die Jungfrau'n
Vor dem verwegenen Sohne des allmachtvollen Kronion.
  Weiter erschien, ein Grauen sogar den unsterblichen Göttern, 260
Kerberos, welchen Echidna dem riesigen Sohne der Erde,
Typhon, in schauriger Höhle, dem Nachtreich nahe, geboren.
Vor dem verderblichen Thor des thränenerweckenden Hades
Hielt er die Schaaren der Todten gebannt in dem Dunkel des Ab-
grunds.
Aber nachdem ihn mit Schlägen der Sohn des Kroniden gebän-
digt, 265
Führt' er den Wankenden weg von der Styx hochflutenden Wassern,
Ihn zu den Höhen des Lichtes, den ungewohnten, entraffend
Trotziges Muths. — Dann sahst du des Kaukasos räumige Schluchten
Ferne von dort. Hier löste der Held den Titanen Prometheus,
Dem er die eisernen Bande zugleich mit dem Felsen zerschellte, 270
Der nach dem Willen des Zeus ihn festhielt, und in der Nähe
Lag Zeus' grausamer Aar, durchbohrt von dem schmerzenden Pfeile.
  Weiter ersahst du daselbst die gewaltige Kraft der Kentauren,
Nahe dem Hause des Pholos. Der Wein im Bunde mit Eris
Reizte die Ungethüme zum Kampf an wider Herakles. 275
Einige lagen am Grunde, die Hand an die Fichte geschlossen,
Die sie zum Kampf als Waffe gebraucht; mit stämmigen Tannen
Kämpften die Anderen noch und rasteten nicht von der Arbeit,
Alle das Haupt von Blute benetzt, als hätte Kronions
Sohn sie wirklich verwundet im unbarmherzigen Kampfe. 280
Und mit dem Wein vermischte sich Blut, und zusammengeworfen
Lagen die Speisen zugleich und geglättete Tafeln und Becher.
  Nahe dabei erlegte der Held an Evenos' Gewässern
Nessos mit spitzem Geschoß, der dort dem Gemetzel entfloh'n war,
Zürnend, dieweil ihn verlangte nach Herakles' reizendem Weibe. 285
  Dann erblicktest du weiter den mächtigen Riesen Antäos,
Welchen er auch, nachdem er mit ihm sich gemessen im Ringkampf,
Aufwärts hob in die Luft und mit rüstigen Armen zermalmte.
  Endlich am Hellespontos, dem schönhinflutenden Strome,
Sahst du das Meerscheusal, von den unbarmherzigen Pfeilen 290
Niedergestreckt; er löste Hesione's grausame Bande.

Sechster Gesang.

Andere Thaten annoch des verwegenen Helden von Thebä
Zeigte der mächtige Schild von Telephos' göttlichem Sohne.
Doch Eurypylos glich dem Kriegsgott, welcher die Reih'n durch
Stürmt, und fröhlich umringten die Troer ihn, als sie den Wehr-
  schmuck, 295
Als sie den Helden erblickten, an Schönheit ähnlich den Göttern.
Doch Alexandros sprach, zum Kampf ihn befeuernd, die Worte:
Freudig begrüß' ich dein Kommen; ich heg' im Herzen die Hoff-
  nung,
Daß sie schmachvoll alle zumal mit den Schiffen verderben,
Argos' Söhne; denn traun, solch stattlichen Helden gewahrt' ich 300
Nie im barbarischen Volk und im streitbaren Heer der Achäer.
Doch ich beschwöre dich nun bei dem tapferen, großen Herakles,
Welchem du gleichst an Größe, Gewalt und glänzendem Ausseh'n:
Seiner gedenk, wetteif're mit ihm in würdigen Thaten,
Und von den Dardanern wehre mit rüstigem Muth das Ver-
  derben, 305
Ob wir vielleicht aufathmen; allein du kannst ja, bedünkt mich,
Troja's sinkender Stadt die vertilgenden Keren entfernen.
Also stachelte Paris ihn auf; da sprach er entgegnend:
Priamos' muthiger Sohn, an Gestalt den Unsterblichen ähnlich,
Dies ja ruht im Schooße der endlos waltenden Götter, 310
Wer stirbt oder sich rettet im unheilbringenden Kampfe.
Doch wir, wie sich's geziemt, und wie wir zu kämpfen vermögen,
Werden für unsere Stadt einsteh'n, und ich schwöre dir heilig,
Daß ich nie heimkehre, wo nicht als Sieger im Streite.
Also sprach er getrost, und die Dardaner freute die Rede. 315
Und nun las er den Paris sich aus, den beherzten Aeneias,
Auch den Polydamas, kundig des Speers, und den göttlichen Pam-
  mon,
Dann den Deïphobos auch und den Aethikos, der es vor allen
Paphlagonen verstand, im Kampf zu bestehen die Feinde.
Die denn las er alle sich aus als erfahrene Streiter, 320
Daß sie, vereint mit ihm, im Vordergewühl mit den Feinden
Schritten zum Kampf; schnell eilten sie denn in die vordersten Reihen,
Stürmten beherzt vor Troja hinaus, und es folgten die Völker

4*

Zahllos nach, gleichwie die gepriesenen Stämme der Bienen,
Aus einhegendem Stock mit lautem Geräusch sich ergießend, 325
Folgen den Führern des Zugs bei nahenden Tagen des Lenzes:
Also folgten die Troer den führenden Helden zum Kampfe.
Während sie so hinschritten, erscholl von Männern und Rossen
Grauses Getos' in die Luft; rings klirrten unzählige Waffen.
Wie wenn mächtigen Sturms graunvolle Gewalt sich erhebend 330
Tief aus dem untersten Grund aufwühlt die verödete Salzflut,
Und schwarzwallende Wogen behend zum Gestade sich wälzend,
Brüllend das Meergras speien aus hochaufschäumender Brandung,
Daß dumpfdröhnendes Tosen sich hebt am verödeten Strande:
So wild hallte der Grund, indeß hinstürmten die Völker. 335
Doch die Achäer, geführt von dem göttlichen Sohne des Atreus,
Schritten dahin vor den Mauern der Stadt, und wechselnd erhob sich
Zuruf, Einer ermahnte den Anderen, nicht vor des Feindes
Drohendem Rufe zu zittern und feig an den Schiffen zu weilen,
Nein, in den Kampf sich zu werfen; und muthvoll stürzten und
               freudig 340
Alle dem Könige nach, der muthvoll drängte zum Streite.
Also trafen sie denn mit den stürmenden Troern zusammen.
Wie wenn Färsen begegnen den Küh'n, die langsamen Schrittes
Heimwärts ziehen vom Walde, der Frühlingstrift im Gebirge;
Weithin sproßt es und grünt es im Feld, und in üppiger Fülle 345
Schwillt von Blumen die Erde; von Milch steh'n voll die Gefäße,
Milch von Schafen und Küh'n, und brüllend vermischt sich die Heerde,
Hier und dort sich lagernd; der Kuhhirt freut sich im Herzen:
So, da Troja's Söhne vereint auf die Danaer trafen,
Dröhnte Geschrei; denn furchtbar erscholl von Beiden der Schlacht-
            ruf. 350
Und nun schlugen sie mächtig die Schlacht im weiten Gefilde,
Wo graunvolles Getümmel mit gräßlichem Mord sich vermählte.
Schild' und Lanzen und Helme der Streitenden trafen zusammen;
Weithin strahlte das Erz von den Rüstungen, ähnlich dem Feuer;
Ringsum starrte von Speeren das Feld, und die dunkle Erde 355
Netzte das Blut, den Wunden erschlagener Männer entströmend
Und schnellfüßiger Rosse, die todt an den Wagen umher dort

Sechster Gesang.

Lagen, indeß noch zuckten die anderen, andre zur Erde
Sanken; zum Himmel empor stieg graunvoll dröhnender Schlachtruf.
Hatte doch eherner Haber die streitenden Heere befallen; 360
Jene befehdeten sich voll bitteren Grolles mit Steinen,
Die dann wieder mit Pfeilen und neugeschliffenen Lanzen,
Diese sodann mit Aexten und zwiefachschneidenden Beilen,
Auch mit Schwertern und Speeren, womit man kämpft in der Nähe;
Andere schwangen im Kampf noch andere Wehr in den Händen. 365
Argos' Jünglinge drängten zuerst die Phalangen der Troer
Wenige Schritte zurück; doch die, anstürmend von neuem,
Netzten mit Blut, eindringend auf Argos' Söhne, die Erde.
Und Eurypylos, ähnlich dem schwarzhertobenden Sturmwind,
Stürzte heran und schmettert' Achäa's Söhne zu Boden 370
Trotziges Muths; denn Kraft unermeßlicher Stärke verlieh ihm
Zeus, sich gefällig erweisend Alkmene's glänzendem Sohne.
Da gab Telephos' Sohn auch Nireus, der mit den Troern
Kämpfte, dem göttergleichen, den Tod, mit stämmigem Wurfspeer
Ueber dem Nabel ihn treffend, und er sank nieder zur Erde, 375
Und hin strömte sein Blut, die gepriesenen Waffen befeuchtend
Und sein schönes Gesicht und die blühende Fülle der Locken;
Denn im Staub und Blute, gesellt zu den anderen Todten,
Lag er daselbst, wie der üppige Schoß des gesegneten Oelbaums,
Welchen des Stromes Gewalt durch brausende Wogen dahinrafft, 380
Ihn mit dem Ufer zugleich, und Alles umher mit der Wurzel
Spülend hinweg; da liegt er mit glänzenden Blüten belastet:
Also lag sie gebettet im unabsehbaren Felde,
Nireus' hohe Gestalt mit dem anmuthstrahlenden Liebreiz.
Doch Eurypylos höhnte mit prahlendem Worte den Todten: 385
Liege du denn im Staub; denn deine gepriesene Schönheit
Frommte dir nichts, wie sehr dich's verlangt; dir raubte das Leben
Unsere Wehr, so sehr du dem Tod zu entrinnen dich sehntest.
Thor, wie mochtest du doch mit dem stärkeren Manne dich messen!
Schönheit darf ja der Stärke sich nie gleichstellen im Kampfe. 390
Also rief er und wollte die stattliche Wehr dem Gefall'nen
Auszieh'n, stürmend heran; da trat ihm entgegen Machaon,
Zürnend um Nireus' Fall, der, ihm ganz nahe, sein Schicksal

Sterbend erfüllt; er stieß ihn mit schmerzendem Speer in die breite
Schulter rechts, und es strömte das Blut des gewaltigen Mannes. 395
Dennoch entzog er sich nicht dem verheerenden Schlachtengetümmel;
Nein, wie dort im Gebirge das Waldschwein oder ein Löwe
Wild in der Mitte der Jäger umhertobt, bis er den Einen
Tödtete, der im Gewühle der Anderen erst ihn verwundet:
Also stürmte der Held Eurypylos wider Machaon, 400
Und alsbald mit der starken und weithinschattenden Lanze
Traf er ihn rechts in die Hüfte; doch er wich nicht von der Stätte,
Floß ihm auch in Strömen das Blut, noch mied er den Gegner;
Nein, rasch hob er am Boden empor ein mächtiges Felsstück,
Flugs an das Haupt es zu werfen des Telephos muthigem Sohne, 405
Welchem der Helm abwehrte den Tod und das grause Verhängniß.
Da noch heftiger grollte der Held dem gewaltigen Helden,
Telephos' Sohn, und im Herzen entflammt von mächtigem Ingrimm,
Stieß er in Hast anrennend den Speer in die Brust des Machaon,
Daß tief bis in den Rücken die blutige Spitze hineindrang. 410
Und wie ein Stier, den der Löwe zerfleischt, so sank er zur Erde.
Graunvoll dröhnten im Sturze die Rüstungen, die ihn umhüllten.
Doch Eurypylos zog alsbald den verderblichen Wurfspeer
Aus des Verwundeten Körper, und rief frohlockend die Worte:
  Keinen Verstand, Elender, bewahrtest du wahrlich im Busen, 415
Der du; wiewohl unmächtig, dem ungleich stärkeren Manne
Tratst in den Weg; drum faßte dich auch dein böses Verhängniß.
Und jetzt hast du den Lohn, daß, nun du gesunken im Kampfe,
Dich Raubvögel zerfleischen im Feld; doch — hoffst du vielleicht noch
Heimkehr, wähnst du vielleicht noch meiner Gewalt zu entrinnen? 420
Freilich, du bist ein Arzt und kennst schmerzlindernde Mittel,
Hoffst wohl diesen vertrauend des Unheils Tag zu entfliehen.
Aber es wird dein Vater sogar, der auf des Olympos
Luftigen Höhen verweilt, nicht mehr von dem Tode dich retten,
Nein, und göß' er auf dich Ambrosia nieder und Nektar. 425
  Also der Held; da begann, noch schwach aufathmend, Machaon:
Dir auch ist vom Geschicke verhängt, nicht lange zu leben,
Telephos' Sohn; dir nahte bereits die vertilgende Moira
Hier im Troergefild, wo du jetzt noch frevelnd dich umtreibst.

Sechster Gesang.

Sprach's, und verhauchte den Geist und wallte hinab in den
              Hades.   430
Und dem Verblichenen rief der gefeierte Sieger das Wort nach:
Liege du jetzt mit dem Staube vermählt; mich kümmert fürwahr
              nicht,
Was da kommt, und hefte sich auch an unsere Fersen
Noch an dem heutigen Tage der Tod; wir Menschen ja leben
Nicht allzeit; Ein Todesgeschick ist Allen bereitet.   435
Also verhöhnt' er den Todten; da scholl die Stimme des Teukros,
Als er im Staub den Machaon erblickt'; er kämpfte von diesem
Fern in heißem Gefecht; denn grimmvoll zwischen den Heeren
Tobte der Kampf, und Einer erhob sich wider den Andern.
Aber er nahm auch so des Gefallenen wahr und des Nireus,   440
Welcher im Staub dort neben ihm lag; den sah er mit Augen
Nach dem Machaon erst, den Telephos' Sohn in den Staub warf;
Und den Achäern gebot er sofort mit mächtiger Stimme:
Auf, Argeier, heran, weicht nicht vor den stürmenden Feinden
Feige zurück; uns allen ja wär's unsägliche Schande,   445
Wenn sie den edlen Machaon zugleich mit dem göttlichen Nireus
Uns entrissen, die Troer, und so heimkehrten gen Troja.
Nein, kämpft wider die Feinde mit kühnausharrendem Muthe,
Daß wir ihnen entzieh'n die Erschlagenen, oder für diese
Selbst uns weihen dem Tode; geziemt's doch also dem Manne,   450
Daß er die Seinen beschirmt und nicht an die Feinde dahingibt;
Und nicht ohne den Schweiß wird Ruhm bei Menschen gewonnen.
    Sprach's, und schmerzlich ergriff es die Danaer; rings um die
              Leichen
Wogte die Schlacht hin schwankend und her auf jeglicher Seite
Sonder Entscheid, und das Blut der Erschlagenen färbte die Erde.   455
Spät erst hörte die Kunde vom schmerzlichen Tode des Bruders,
Welcher im Staub dalag, Podaleirios; denn er verweilte
Fern an den hurtigen Schiffen, ein heilender Arzt für die Wunden,
Welche die Lanze geschlagen; ergrimmt ob dem Falle des Bruders,
Hüllte der Held sich flugs in die Wehr; von stürmischem Muthe   460
Schlug sein Herz stets höher, und heftiger immer verlangt' ihn
Nach dem Getose des Kampfes; in dunkelen Wallungen kreisend,

Kochte das Blut um's Herz; nun schnell in die Feinde sich stürzend,
Schwang er in rüstigen Armen des Speers langspitzige Waffe.
Stürmend erschlug er den Kleitos, den göttlichen Sohn Aga-
        mestors,   465
Den an Parthenios' Strome die lockige Nymphe geboren,
Welcher das Land durchwallend, dem Oelstrom ähnlich, dahinrinnt,
In's eurinische Meer schöngleitende Wellen ergießend.
Neben dem Bruder erschlug er den anderen feindlichen Mann auch,
Lassos, welchen die Hehre gebar am Strome Nymphäos,   470
Pronoë, nahe der großen, bewunderungswürdigen Grotte,
Die, so meldet die Sage, den himmlischen Nymphen geweiht ist,
Welche die stolzen Gebirge der Paphlagonen umwohnen
Samt Herakleia's Rebengefild; wohl ziemt für die Götter
Solch ein Sitz; denn weit in's Unendliche dehnt sich der Grotte   475
Wölbung hin, und ein Quell frischkühlenden Wassers durchströmt sie,
Hell, wie lichter Krystall; ringsher in den innersten Räumen
Steh'n Mischkrüge von Stein an schroffaufragenden Felsen,
Wie durch menschliche Kunst von menschlichen Händen gebildet;
Nahe dabei Bildsäulen von lieblichen Nymphen und Panen,   480
Webstühl' auch und Spindeln und was sonst menschliche Hände
Von Kunstwerken erschaffen; erschien doch Alles ein Wunder
Sterblichen, welche das Innre der heiligen Räume betraten.
Zwiefach aber eröffnet ein Zugang sich in die Grotte,
Nordwärts einer gewandt zu des Boreas tosenden Hauchen,   485
Einer nach Süd, entgegen dem feuchtherwehenden Notos.
Sterbliche treten durch ihn in die räumige Grotte der Nymphen,
Während der andre den Göttern gehört; wohl wagen die Menschen
Den nicht leicht zu begeh'n; denn endlos behnt sich ein Abgrund
Bis an die Kluft, worin der Gewaltige thront, Aidoneus,   490
Welche mit Augen zu schau'n nur seligen Göttern vergönnt ist.
Um den Machaon indeß und den reizenden Sohn der Aglaja
Kämpften Achäer und Troer; da fiel manch wackerer Streiter,
Bis sich die Danaer endlich die Leichname jener erstritten
Nach mühseligem Kampf; sie trugen sie schnell zu den Schiffen,   495
Wenige nur, da den Andern des Kriegs unselige Drangsal
Oblag; Keiner ja durfte sich dort fernhalten vom Kampfe.

Sechster Gesang.

Aber nachdem gar Manche die finsteren Keren gesättigt
Im todbringenden Streite des blutigen Schlachtengewühles,
Da floh'n hinter die Schiffe von Argos' Jünglingen Viele, 500
Die Eurypylos drängte, mit Tod und Verderben bedrohend;
Wenige nur um den Ajas und Atreus' muthige Söhne
Harrten im Kampfe noch aus. Und traun, von den Händen der Feinde
Fielen sie alle sofort, wer noch im Gewühle sich umtrieb,
Wenn nicht links an der Schulter Oïleus' Sohn mit dem Wurf-
          speer 505
Traf den erfahrenen Kämpfer Polydamas, nahe der Warze;
Und ihm entströmte das Blut; er wich nur wenige Schritte.
Auch den Deïphobos traf der gefeierte Held Menelaos
Rechts an der Warze der Brust, und hurtigen Laufes entfloh er.
Weiter erschlug Agamemnon, der Held, nicht wenige Streiter 510
Aus der verderblichen Schaar; auch wider den Aethikos stürmt' er
Wüthend heran mit dem Speer; der barg sich hinter die Freunde.
Als Eurypylos aber, das Volk aufregend, gewahrte,
Wie vor dem grausen Getümmel die Seinigen alle zurückfloh'n,
Wandt' er sogleich von den Männern sich ab, die wild an die
          Schiffe 515
Flohen vor ihm, und stürmte nach Atreus' rüstigen Söhnen,
Stürmt' auf den tapferen Sohn des Oïleus, welcher im Laufe
War so behend und der Beste zugleich im Gewühle der Feldschlacht:
Diese bestürmt' er in Eile, bewehrt mit der stämmigen Lanze,
Und ihm hatte sich Paris gesellt und der kühne Aeneias, 520
Der am gediegenen Helme den Ajas traf mit des Steines
Mächtiger Last; da lag er, gestreckt in den Staub, an der Erde;
Aber er hauchte den Geist nicht aus, weil erst auf der Heimkehr
Ihm sein Todesgeschick an Kaphareus' Felsen verhängt war;
Und ihn rafften empor die streitbaren Waffengenossen, 525
Der schwach athmete noch, und trugen ihn rasch zu den Schiffen.
Und nun blieben verlassen zurück die gefeierten Herrscher,
Atreus' Söhne, bedroht von verderblichen Schaaren, die ringsher
Warfen auf sie, was alles die Hand zu erfassen vermochte;
Denn die schleuderten Steine daher, Wurfspeere die Andern, 530
Die schmerzbringende Pfeile; doch Atreus' Söhn' in der Mitte

Wandten sich rechts und wandten sich links, gleich Ebern und Löwen,
Wenn die Beherrscher des Reiches im Cirkus Sklaven versammeln,
Ihnen Verderben und Tod im gräßlichen Kampf zu bereiten
Wider gewaltige Leu'n; die dann im umschlossenen Kampfplan 535
Würgen den Mann, der ihnen sich naht, mit zerfleischendem Zahne:
Also morbeten jene die ringsher stürmenden Troer.
Dennoch wären sie nicht den vertilgenden Keren entronnen,
Wenn nicht Teukros erschien und Idomeneus, trotziges Muthes,
Thoas, Meriones auch und der göttliche Held Thrasymedes, 540
Denen zuvor schon graute vor Telephos' tapferem Sohne,
Und die schon sich bereitet, zu flieh'n an die rettenden Schiffe,
Als sie, besorgt um die Söhne des Atreus, eilten zum Streite
Wider des Telephos Sohn; nun hob ein vernichtender Kampf an.
  Da benn führte die Lanze der wurfspeerschwingende Teukros 545
Wider Aeneias' Schild; doch bohrte sie nicht in die schöne
Haut, da der Schild, vierhäutig und groß, ihn schützte vor Unheil.
Dennoch zog er bestürzt um wenige Schritte sich rückwärts.
Aber Meriones fiel den Laophoon an, des Päeon
Trefflichen Sohn, den dort an des Axios breiten Gewässern 550
Einst Kleomede geboren, die lockige; Troja zu helfen,
Kam er mit Asteropäos in Ilios' heilige Veste.
Doch Meriones stach ihn durch mit der spitzigen Lanze
Ueber der Scham, und zog alsbald ihm heraus die Gedärme;
Stürmisch entschwebt' im Fluge der Geist in das Dunkel des
                                                  Hades. 555
Auch Alkimedes, Ajas', des tapferen, tapfrer Genosse,
Warf in den dichtesten Haufen des muthigen Dardanervolkes,
Sandte verderblichen Steines Gewalt mit dem Schwunge der
                                                  Schleuder
Jubelnd hinein in der Feinde Gewühl, und die Männer zerstoben,
Vom herfliegenden Steine geschreckt und dem Sausen der Schleu-
                                                  ber. 560
Wider des Hippasos Sohn, der muthvoll lenkte den Wagen
Pammons, trug ihn des Todes Geschick; der hatte die Zügel
Wohl in den Händen gefaßt und ward an den Schläfen getroffen,
Daß er sofort vor das Rad hinfiel von dem Sitze des Wagens;

Sechster Gesang.

Gräßlich zerquetschten die Räder den Leib des gefallenen Lenkers; 565
Denn rasch führten den Wagen die rückwärts eilenden Rosse
Ueber ihn her; so fiel er dem schrecklichsten Tode zum Raube,
Er, der Geißel und Zügel zugleich in der Ferne zurückließ.
Pammon ward in der Seele betrübt; ihn drängte die Noth jetzt,
Führer des Wagens zu sein und des Königes Pflichten zu üben. 570
Und nun hätte die Ker ihn ereilt und der letzte der Tage,
Wenn nicht Einer der Troer im blutigen Waffengewühle
Wohl in den Händen die Zügel gefaßt und den Herrscher gerettet,
Welchen der Feind schon drängte mit unheilschaffenden Händen.
Nestors muthiger Sohn traf über dem Knie mit der Lanze 575
Alamas, der, wie ein Gott, voll Kampflust wider ihn anbrang;
Ihm schuf bittere Schmerzen die unglückselige Wunde,
Daß er dem Kampf sich entzog; er ließ den Genossen der Schlachten
Trauriges Feld; nicht trug er hinfort nach dem Kriege Verlangen.
Aber der Waffengefährte von Telephos' glänzendem Sohne 580
Traf im Schlachtengewühle des Thoas Freund den Echemmon,
Unter der Schulter ein wenig; der Speer drang bis an das
Herz ihm
Schmerzend hinein; ihm rann mit dem Blute zugleich von den
Gliedern
Kältender Schweiß, und als er in ängstlichem Laufe den Rücken
Wandte zur Flucht, ereilt' ihn Eurypylos, mächtig und kraftvoll. 585
Und die geschmeidigen Flechsen zerhieb er ihm; ohne Bewegung
Hafteten unfreiwillig gebannt an der Stätte die Füße,
Wo er die Wund' empfing, und das göttliche Leben verließ ihn.
Nun alsbald stieß Thoas mit spitziger Lanze den Paris
Rechts in die Hüfte mit Macht; der wich um wenige Schritte. 590
Aber Idomeneus hob von der Erd' ein gewaltiges Felsstück
Leicht mit den Händen empor, Eurypylos' Arm zu verwunden,
Daß der vertilgende Speer ihm entsank; schnell zog er sich rückwärts.
Während indeß die Atriden vom Kampf sich ein wenig erholten,
Eilten die Waffengenossen heran und brachten dem Helden 595
Einen gewaltigen Speer, der schon viel Männer getödtet;
Und voll trotziges Muths in die Reih'n einstürmend erschlug er,
Wen er erreicht', und warf unzähliges Volk an die Erde.

Doch jetzt hielten die Söhne des Atreus, hielten die andern
Danaer nicht mehr Stand; denn Furcht nahm Alle gefangen;   600
Denn sie alle bestürmt' Eurypylos, jähes Verderben
Weckend und ringsum Grauen und Mord in die Fliehenden schleu-
    bernd;
Rufend ermahnt' er die Troer und reisigen Waffengenossen:
  Freunde, wohlan, laßt uns, einmüthigen Sinnes im Herzen,
Mord und verzehrenden Jammer Achäas Söhnen bereiten,   605
Die jetzt, furchtsamen Schafen vergleichbar, hinter die Schiffe
Sich zu verbergen entflieh'n. Ja, denkt des vertilgenden Kampfes
Alle, worin wir all' uns rastlos übten von Kind auf.
  Sprach's, und sie stürzten in Haufen gedrängt auf Argos' Ge-
    schwader,
Welche mit Zittern entfloh'n aus dem gräßlichen Schlachten-
    gewühle.   610
Und nach stürmten die Troer, so wie weißzahnige Hunde
Durch Waldschluchten und Thale die ländlichen Rehe verfolgen.
Also warfen sie Viel' in den Staub hin, welche sich eifrig
Mühten, dem grimmigen Mord in der tosenden Schlacht zu entrinnen.
Da schlug Telephos' Sohn den starken Bukolion nieder,   615
Chromios, Nessos darauf, und den Antiphos; jene bewohnten
Einst die reiche Mykene, die Anderen hausten in Sparta;
Allen entzog er die Wehr, so gefeierte Namen sie trugen.
Auch unzählige Schaaren gemeinerer Krieger erschlug er,
Daß ich all' im Gesange sie nicht zu verkünden vermöchte,   620
Wollt' ich es auch, und trüg' ich ein eisernes Herz in dem Busen.
Aber Aeneias erschlug den Antimachos dann und den Pheres,
Welche von Kreta her mit Idomeneus beide gekommen.
Weiter erschlug Agenor, der Held, den untablichen Molos,
Welcher von Argos erschien in Sthenelos' Dienste, des Königs.   625
Ihn, der weit im Gefilde dahinfloh, traf er mit leichtem,
Eben geschliffenem Speer an dem äußersten Ende des rechten
Schienbeins; tief einbohrend in's Fleisch, zerschnitt er die breite
Flechse sofort, und die Knochen zersplitterten, Schmerzen bereitend,
Welchen der Tod sich gesellte; da schwand in die Lüfte das Leben.   630
Hier war's auch, wo Paris den Mosynos und den beherzten

Sechster Gesang.

Phorkys erschlug, zwei Brüder, die einst mit den Schiffen des Ajas
Beide von Salamis kamen und nicht mehr schauten die Heimat.
Weiter erlag Kleolaos, des Meges Waffengenosse,
Links an der Warze getroffen von Paris; schauriges Dunkel   635
Hüllte den Helden in Nacht, und der Geist entflog zu den Schatten.
Aber das Herz schlug fort in der Brust, mit dem Schmerze noch
ringend,
Daß der geflügelte Pfeil von den klopfenden Pulsen erbebte.
Nach dem verwegenen Helden Eetion sandte der Held dann
Wieder ein andres Geschoß, und das Erz durchbohrte die Wange   640
Stürmendes Schwungs; er seufzt' und es mischte sich Blut mit der
Thräne.
Andere tödteten Andre; die Danaer stürzten in Schaaren
Zahllos über einander, des Schlachtfelds Weiten erfüllend.
Und nun hätten die Troer den Brand in die Schiffe geschleudert,
Hätte die Nacht nicht schnell tiefschattendes Dunkel verbreitet.   645
Doch Eurypylos zog mit den anderen Söhnen der Troer
Sich nicht weit von den Schiffen zurück an des Simoïs Ufer,
Wo sie freudig verweilten die Nacht durch; aber Achäa's
Jünglinge, weit an den Schiffen umher im Sande gelagert,
Dachten in bitterem Schmerz der Erschlagenen, welche das schwarze   650
Todesgeschick zahllos in den Staub dort niedergeworfen.

Druck von C. Hoffmann in Stuttgart.

Quintus von Smyrna.
Die Fortsetzung der Ilias.

Deutsch

in der Versart der Urschrift

von

J. J. C. Donner.

Drittes Bändchen.

7ter bis 9ter Gesang.

Stuttgart.
Hoffmann'sche Verlags-Buchhandlung.
1867.

Siebenter Gesang.

Inhalt. Am folgenden Tag erneuert sich der Kampf bei den Schiffen, indeß Machaon und Nireus bestattet werden. Den Podaleirios tröstet Nestor über den Tod seines Bruders Machaon. Eurypylos richtet unter den Achäern ein großes Blutbad an, und tödtet den Peneleos; jene ziehen sich fliehend hinter die Verschanzungen zurück, welche sie, von Pallas ermuthigt, tapfer vertheidigen. Sie erbitten von Eurypylos einen Waffenstillstand von zwei Tagen, um die Todten zu bestatten. Indeß dies Alles vor Troja sich begibt, gelangen Odysseus und Diomedes nach Skyros, richten dort ihre Botschaft aus, und kommen mit Neoptolemos im Augenblicke der höchsten Gefahr zurück. Sofort nehmen sie am Kampfe Theil; Odysseus schenkt dem Neoptolemos die Wehr seines Vaters Achilleus. Die Achäer fassen neuen Muth, und die Troer werden hauptsächlich durch die Tapferkeit des Neoptolemos zurückgeschlagen. Nachdem der Tag unter Kämpfen zu Ende gegangen, zieht sich Eurypylos von den Verschanzungen zurück. Ehrenbezeugungen an Neoptolemos von Seiten des Phönix, der Achäer und des Agamemnon selbst; den Eurypylos feiern die Troer. Nachtruhe.

Als die Gestirn' am Himmel entfloh'n und in strahlendem Schimmer
Eos wieder erwacht' und das nächtliche Dunkel hinabschwand,
Zogen die streitbaren Söhne der muthentflammten Achäer
Diese hinaus vor die Schiffe zur graunvoll dröhnenden Feldschlacht
Wider des Telephos Sohn Eurypylos, jene begruben   5
Ferne von dort an den Schiffen Machaons Leib und den Nireus,
Welcher an reizender Schöne den endlos waltenden Göttern
Aehnelte; doch ihm fehlte die Kraft und die Stärke der Glieder;
Denn nicht Alles gewähren zumal den Menschen die Götter;
Stets ist Böses dem Guten gesellt nach dem Rathe des Schicksals,   10
Wie bei Nireus auch zu der lieblichen Schöne des Leibes
Sich unmächtige Schwäche gesellt; doch mochten sie deßhalb

Ihn nicht höhnend versäumen, die Danaer; nein, sie beklagten,
Ehrten am Grab ihn so, wie den göttlichen Helden Machaon,
Den sie verehrt allzeit, gleich seligen Göttern des Himmels, 15
Weil er so viel Heilkräuter erforscht, als nährte das Erdreich;
Ja, sie häuften zugleich Ein Mal auf über den Beiden.
Doch nun wüthete noch der verheerende Kampf im Gefilde;
Schlachtruf hallte von hier und von dort und lautes Getose,
Wenn, durch Lanzen und Steine zerschellt, dumpf dröhnten die
Schilde. 20
So arbeiteten jene sich ab in den Mühen des Kampfes;
Doch er lag lautstöhnend und jegliche Speise verschmähend
Unablässig im Staub, Podaleirios, mochte sich nicht mehr
Trennen vom Grabe des Bruders, und richtete Sinn und Gedanken
Darauf nur, sich den Tod mit den eigenen Händen zu geben. 25
Und bald suchte der Held todbringendes Gift zu verschlingen,
Bald auch legt' er die Hand an das Schwert; doch hielten die Freunde,
Trost zusprechend, ihn ab; nicht ließ er indeß von dem Schmerze;
Nein, er hätte den Tod mit eigener Hand sich gegeben,
Dort bei'm Mal, das eben dem trefflichen Bruder erhöht ward, 30
Wenn nicht Nestor, der Greis, des bekümmerten Freundes sich annahm;
Denn der hörte davon; er traf ihn, wie er mit Jammern
Am unseligen Grabe sich hinwarf, wieder mit Staub dann
Um und um sich bestreute das Haupt, und mit rüstiger Hände
Dröhnendem Schlage die Brust sich zerschlug und den Namen des
Bruders 35
Ausrief; aber die Knechte zugleich mit den Freunden des Herrschers
Seufzten umher, sie alle von schmerzlichem Jammer ergriffen.
Und an den Trauernden wandte der Greis die tröstenden Worte:
   Setze dem kläglichen Jammer ein Ziel und der bitteren Trauer;
Denn nie will sich's geziemen, o Kind, dem verständigen Manne, 40
So wie ein Weib, hinsinkend am Grab des Gefall'nen zu klagen.
Kannst du ja doch nicht mehr an das Licht ihn rufen; der Geist flog
Unsichtbar in die Lüfte, den Leib, von der Seele gesondert,
Zehrte die Flamme hinweg, und die Erd' empfing die Gebeine.
Wie er erblüht, so welkt' er dahin. Du trage gelassen 45
Deinen unendlichen Gram, wie ich, als feindliche Männer

Siebenter Gesang.

Mir erschlugen den Sohn, der's, traun, dem Machaon in Allem
Gleichthat, kundig des Speeres und klug und bedachtsamen Sinnes.
Ja, wie der mich geliebt, so hat kein anderer Jüngling
Je den Vater geliebt; er ging, um den Vater zu retten, 50
Selbst in den Tod um mich; doch hab' ich, als er dahin war,
Nicht mich enthalten der Speise, noch schien mir's fürder unleiblich,
Lebend das Licht der Sonne zu schau'n; ich wußte ja lange,
Daß ein gemeinsamer Pfad uns alle hinab in den Hades
Führt, daß Allen das Ende des bitteren Todes gesetzt ist; 55
Doch still trage der Mensch, was Heiteres oder Betrübtes
Götter verhängt! — So Nestor, und er voll Grames versetzte,
Und noch quoll ihm die Zähre, die blühenden Wangen befeuchtend:
Vater, das Herz beugt mir der unendliche Schmerz um den Bruder,
Der, voll finnigen Geistes, mich großzog, als sich der Vater 60
In den Olympos erhob; wie den eigenen Sohn in den Armen
Pflegte mich der, und lehrte die krankheitstillenden Mittel
Mich mit gewogenem Sinn; wir ruhten im selbigen Lager,
Aßen am selbigen Tisch, der gemeinsamen Habe genießend.
Darum verzehrt mich ohn' Ende der Gram, und nimmer begehr' ich 65
Fürder die goldene Sonne zu schau'n, nun jener dahin ist.
Also der Held; und der Alte begann zu dem trauernden Freunde:
Ueber die Sterblichen alle verhängt' Ein Loos der Verwaisung
Göttergewalt; uns alle bereinst wird decken die Erde,
Wenn wir zuvor vollendet verschiedene Bahnen des Lebens, 70
Und nicht, wie sich ein Jeder gewünscht; denn Gutes und Böses
Liegt dort oben im Schooße der endlos waltenden Götter,
Alles gemischt; doch auch der Unsterblichen keiner erblickt es
Deutlich und klar; still ruht es in heiligem Dunkel verborgen,
Und blind breitet die Hände nach ihm nur Moira, des Schicksals 75
Herrscherin, ohne zu wählen, und sendet es aus des Olympos
Höh'n zur Erde herab, daß, wie mit den Hauchen des Windes,
Anderes hierhin fliegt und Anderes anderswohin fällt,
Daß ein ergrimmtes Geschick oft redliche Männer umhertreibt,
Und oft Segen in Fülle herabströmt über die Frevler. 80
Dunkel umnachtet die Bahnen im wechselnden Leben der Menschen;
Darum wandelt der Mensch nie sicheren Schrittes, und oftmals

Strauchelt der Fuß; heut führt er ihn weg in schmerzliches Unheil,
Morgen in Heil; ganz glücklich von Anfang bis an das Ende
War kein Sterblicher noch; den drückt dies, Anderes Andre. 85
Doch Kurzlebenden ziemt sich nicht zu verzehren im Schmerze;
Nein, stets hoffe der Mensch auf Besseres, gebe der Trauer
Nie sich dahin! Wohl geht ja die Sag' um unter den Menschen,
Daß aufsteigen die Guten in ewige Räume des Himmels,
Frevler hinab in Grauen der Nacht. Dein Bruder Machaon 90
Hat zwei Dinge vereint: er war mild gegen die Menschen,
Und aus göttlichem Blute gezeugt. Drum glaub' ich, zum Himmel
Stieg er empor, zu der Götter Geschlecht, nach dem Willen des Vaters.
Also tröstete Nestor und hob ihn auf von der Erde,
Der nur ungern folgte; sofort von dem traurigen Grabe 95
Führt' er ihn weg; oft sah er sich um mit kläglichen Seufzern.
Und zu den eilenden Schiffen gelangten sie, während, zu neuen
Fehden entbrannt, die Achäer im Feld mit den Troern sich maßen.
Telephos' Sohn, unbändiges Muths, wie der Lenker der Schlachten,
Ares, warf nie rastend mit mordender Lanze die Schaaren 100
Feindlichen Volks in den Staub; todt lagen umher an der Erde
Rings Argeier und Troer, und er stand über den Leichen,
Muthig im Kampf, mit Blute befleckt an Händen und Füßen;
Aber er ließ nicht ab von dem unheilbringenden Streite;
Nein, er bezwang den beherzten Peneleos kühn mit dem Wurf-
       speer, 105
Als er in grausamem Kampf ihm begegnete; Manchen umher noch
Tödtet' er; aber er wandte die Hand nicht ab von der Fehde;
Nein, voll Ingrimm drängt' er die Danaer, so wie vor Zeiten
Herakles' heilige Kraft auf Pholoë's hohem Gebirge
Eindrang auf die Kentauren, mit stürmischem Muthe gewaffnet; 110
Und er erschlug sie alle, so schnell sie waren im Laufe,
Rüstig an Kraft und erfahren im Sturm der vertilgenden Feldschlacht:
Also tobte der Held im Gewühl speerkundiger Feinde,
Ohne zu ruh'n, und sie sanken dahin mit lautem Getose,
Die hier, Andere dort, in dichtem Gedräng' an die Erde. 115
Wie wenn flutend ein Strom mit unendlichen Wogen dahinstürzt,
Und zahlloses Gelände, gestreckt am sandigen Ufer,

Siebenter Gesang.

Losreißt hüben und drüben, indeß er brausend die Wellen
Wälzt in das Meer; wild hallen die weit vorspringenden Felsen,
Rings umtost von den Fluten; Geräusch einstürzender Ufer 120
Dröhnt rastlos, und Alles entweicht vor dem wüthenden Anbrang:
Also sanken sie dort in den Staub von Eurypylos' Lanze,
Viel ruhmwürdige Söhne der streitbaren Männer Achäa's,
Alle, so viel er ereilt' in dem blutigen Waffengewühle.
Nur mit der Füße Gewalt entrannen sie; aber auch so noch 125
Retteten sie zu den Schiffen Peneleos' Leiche von dannen,
Aus dem Getose der Schlacht, obwohl sie mit Mühe des Fußes
Rüstige Kraft dem Geschicke der grausamen Keren entführte.
Alle entfloh'n in der Schiffe Bereich, sie wagten es nicht mehr
Wider des Telephos Sohn in offener Fehde zu kämpfen, 130
Weil unselige Flucht Herakles ihnen verhängte,
Welcher mit Muth durchflammte den rastlos ringenden Enkel.
Aber die Danaer harrten entsetzt im Schutze der Mauer,
So wie Ziegen am Fels vor dem schrecklichen Sturme sich fürchten,
Der kaltwehend mit Schnee und schaurigem Hagel heranbraust; 135
Doch sie wagen es nicht, obwohl nach der Weide sich sehnend,
Wider den Sturm zu schreiten die Bahn hin über den Hügel;
Nein, sie bleiben zusammen im Obdach felsiger Schluchten,
Bis er vertobt, und ziehen, gedeckt von den schattigen Zweigen,
Weidend in Haufen umher, bis nicht mehr zürnen die Wetter: 140
Also harrten im Schutz der Verschanzungen dort die Achäer,
Bang vor Telephos' Sohn, der trotziges Muthes heranzog.
Und wohl hätt' er das Volk und die eilenden Schiffe vernichtet,
Wenn nicht Pallas Athene mit Muth die Achäer beseelte,
Spät zwar; unablässig herab von dem mächtigen Bollwerk 145
Warfen sie, trafen die Feinde mit schmerzenden Todesgeschossen,
Daß sie entseelt hinstürzten in Reih'n; rings troffen die Mauern
Gräßlich von Blut, und das Röcheln der Sterbenden füllte die Lüfte.
Also dauerte Tage hindurch und Nächte die Fehde
Zwischen Keteiern und Troern und muthigem Volk der Argeier, 150
Nun vor den eilenden Schiffen und nun vor der mächtigen Mauer;
Unaufhaltsam tobte die Schlacht; doch endlich geboten
Sie zwei Tage zu feiern von Mord und blutigem Kampfe;

Denn ein Bote vom Volke der Danaer kam zu dem König,
Telephos' Sohn, er solle, vom Streit ablassend, gestatten, 155
Daß sie in flammender Glut die erschlagenen Leichen verbrennten.
Jener gewährt' es sogleich, und von Kampf sich enthaltend, begruben
Troja's Jünglinge hier und die Danaer dort die Gefall'nen,
Die dalagen im Staub. Vor den Anderen allen beklagten
Argos' Söhne den kühnen Peneleos, über dem Todten 160
Häufend ein Mal, hochragend und breit, noch sichtbar den Enkeln.
Seitwärts legten sie dann mit trauerndem Herzen die andre
Schaar der gefallenen Kämpfer in's Grab und erhoben für alle
Helden zugleich Ein Scheitergerüst, Ein ehrendes Grabmal.
Also bestatteten auch Dardania's Söhne die Todten 165
Ferne von dort; doch ruhte die Unheilstifterin Eris
Niemals; nein, sie reizte zum Kampf mit den Völkern Achäa's
Telephos' muthigen Sohn; der wich noch nicht von den Schiffen;
Nein, er dachte von neuem der Danaer Volk zu befehden.
  Doch gen Skyros gelangten in dunkelem Schiffe die Boten; 170
Und sie trafen den Sohn des Achilleus, wie er im Pfeilschuß
Und in dem Wurfe der Speere sich übt' an seinem Palaste,
Dann im behendesten Lauf schnellfüßige Renner umhertrieb.
Wonne durchdrang ihr Herz, ihn so des vertilgenden Krieges
Werke betreiben zu seh'n, obgleich's ihn schmerzlich berührte, 175
Daß sein Vater gefallen im Kampf; schon ward ihm die Kunde.
Alsbald traten sie nahe vor ihn, und schauten bewundernd,
Daß er an schöner Gestalt gleich war dem beherzten Achilleus.
Aber der Held kam ihnen zuvor, und also begann er:
  Seid mir vielwillkommen, o Fremdlinge, die ihr betratet 180
Meinen Palast! Wer seid ihr, woher, und wessen bedürft ihr,
Daß ihr zu mir herkamt durch wogende Wüsten des Meeres?
  Sprach's, und wieder versetzte der göttliche Sohn des Laertes:
Wir sind herzliche Freunde des streitbaren Helden Achilleus,
Dem dich, sagt man, gebar die verständige Deïdameia. 185
Und ganz ähnelst du, traun, dem unsterblichen Manne von Anseh'n,
Der an Gestalt einst glich den Gewaltigen dort im Olympos.
Ich bin Ithake's Sohn; der stammt von der reisigen Argos,
Wenn du von Tydeus' Sohne, dem tapferen, etwa gehört hast,

Siebenter Gesang.

Ober dem listigen Mann, dem Odysseus, welcher ich selbst bin 190
Und hier stehe vor dir, durch göttliche Stimme berufen.
Darum erbarme dich unser und hilf, nach Troja dich wendend,
Argos' Volk, daß also der Krieg ein Ende gewinne.
Reiche Geschenke verehren dir dann die achäischen Edeln;
Und ich schenke die Wehr, die einst dein göttlicher Vater 195
Trug, du wirst sie tragen mit Lust; denn menschlichen Waffen
Aehnelt sie nicht; wohl rühmt sich ein Gott nur ähnlicher Rüstung,
Ares; rings umleuchtet die künstlichen Wundergebilde
Strahlendes Gold, worüber im Kreis der unsterblichen Götter
Selbst Hephästos sich freute, der göttliche Meister des Werkes, 200
Als er es schuf; mit Staunen erfüllt dich wahrlich der Anblick,
Wenn er dir wird; denn Himmel und Erd' und wogende Meerflut
Siehst du gebildet darauf im unendlichen Runde des Schildes,
Selbst ein Wunder den Göttern; der Sterblichen keiner erblickte
Jemals unter den Menschen und trug solch herrliche Waffen, 205
Als dein Vater vordem, den so, wie den Zeus, die Achäer
Alle verehrt; doch ich — ich liebt' ihn herzlich vor Allen;
Ich war's, welcher die Leiche des Tapferen trug zu den Schiffen,
Unbarmherzigen Tod viel feindlichen Männern bereitend.
Darum verehrte mir auch die gefeierten Waffen des Helden 210
Thetis; ich werde sie dir, das wünsch' ich sehnlich, verehren
Mit willfährigem Sinn, sobald du nach Ilios kamest.
Auch Menelaos wird für solches Verdienst mit der Tochter,
Wenn du es willst, dich vermählen, sobald wir Priamos Veste
Niedergestürzt in den Staub und uns heimführten die Schiffe 215
Nach dem achäischen Land; und zugleich mit der lockigen Tochter
Wird er des Goldes die Füll' und unendliche Schätze dir bieten,
Wie's als Morgengabe gebührt dem begüterten König.
  Sprach's, und wieder begann der gewaltige Sohn des Achilleus:
Wenn die Achäer mich rufen, gemahnt durch göttlichen Ausspruch, 220
Laßt uns morgen sofort durch mächtige Tiefen des Meeres
Fortzieh'n, ob ich errette die Danaer, die mich ersehnen.
Doch jetzt wollen wir geh'n zum Palast und der gastlichen Tafel,
Wie sie dem Freunde zu rüsten geziemt für die Freunde des Hauses;
Wegen der Hochzeit werden die Himmlischen walten in Zukunft. 225

Sprach's und eilte voran; sie folgten ihm freudiges Herzens.
Als sie darauf zum Palast und dem stattlichen Hofe gekommen,
Fanden sie Deïdameia; betrübt in der innersten Seele,
Schmolz sie in Thränen dahin, wie der Schnee in den Bergen dahin-
schmilzt
Unter den Hauchen des Euros, im ewigen Glanze der Sonne. 230
Also verging sie in Leid nach dem schmerzlichen Fall des Gemahles.
Und noch zehrt' ihr am Herzen der Gram, da die rühmlichen Herrscher
Sie mit freundlichem Wort anredeten; näher heran dann
Trat ihr Sohn, ihr Namen und Abkunft treu zu berichten.
Aber warum sie gekommen, vermied er ihr heute zu sagen, 235
Daß die Gebeugte der Schmerz nicht allzu heftig ergriffe,
Und ihn nicht durch Bitten daheim festhalte die Mutter.
Und sie genoßen das Mahl und erfreuten sich Alle des Schlummers,
Die das Gefilde bewohnten der meerumfluteten Skyros,
Welches die brausende Well' umspült des ägäischen Meeres, 240
Das am Gestade sich bricht in wildaufwogender Brandung.
Doch Lykomedes' Kind sank nicht in die Arme des Schlafes,
Weil sie des Namens gedachte des vielgewandten Odysseus,
Und des Tydiden gedachte, des göttlichen; hatten die Zwei doch
Sie zur Wittwe gemacht des erhabenen Helden Achilleus, 245
Dessen verwegenen Sinn sie beredeten, daß er mit ihnen
Zog in den Kampf; da traf ihn das unaufhaltsame Schicksal,
Das ihm die Heimkehr raubt' und dem tapferen Vater, dem Peleus,
Schmerzliche Trauer erweckt' und der liebenden Deïdameia.
Darum quälte sie jetzt ein unnennbares Bangen im Herzen, 250
Daß zu dem zehrenden Schmerz noch ein anderer Schmerz sich geselle,
Wenn ihr Sohn ausziehe zum Kampf in's Getümmel der Feldschlacht.
  Nun stieg Eos am Himmel empor, und die Helden erhoben
Sich von dem Lager sofort; doch Deïdameia gewahrt' es;
Alsbald warf sie dem Sohn Neoptolemos sich an die breite 255
Brust und jammerte kläglich empor, laut rufend zum Aether.
Wie wenn rastlos brüllend die Kuh in den felsigen Schluchten
Sucht die verlorene Färse; des stolzaufragenden Berges
Anhöh'n hallen das Jammern zurück der bekümmerten Mutter:
Also tönte die Klage der Trauernden aus des Palastes 260

Siebenter Gesang. 11

Aeußersten Winkeln zurück; sie sprach, tiefseufzend im Herzen:
Trauter, wohin ist jetzt der bedächtige Sinn dir entflogen,
Daß du den Fremden zu folgen gedenkst in die traurige Troja,
Wo dem verheerenden Kampfe so Viel' als Opfer gefallen,
Waren sie auch wohlkundig des Kriegs und der gräßlichen Feld-
　　schlacht? 265
Du, so jugendlich noch, weißt nichts von den Thaten des Krieges,
Die von den Sterblichen wehren den finsteren Tag des Verderbens.
Darum höre mich an und bleibe daheim im Palaste,
Daß nicht einst aus Troja die schreckliche Kunde mir werde,
Daß dein Todesgeschick dich ereilt im Gewühle des Kampfes; 270
Ahnt mir doch, nie werdest du mir heimkehren vom Kriege.
Auch dein eigener Vater entrann ja nicht dem Verderben;
Nein, er fiel in der Schlacht, er, der vor den anderen Helden
Glänzte hervor und vor dir, von der göttlichen Mutter geboren,
Weil ihn die List und die Ränke derselbigen Männer berückten, 275
Die auch dich jetzt treiben, in blutigen Kampf dich zu stürzen.
Darum fürcht' ich, o Trauter, und angstvoll zittert das Herz mir,
Wenn auch dich mir entraffte der Tod, dann muß ich (o Jammer!)
Ich, die verlassene Wittwe, des Schmählichen Vieles erdulden.
Denn kein herberes Leid mag über die Sterbliche kommen, 280
Als wenn sterben die Kinder, nachdem ihr Gatte dahinsank,
Und die vertilgenden Keren das Haus umwandeln zur Oede.
Denn bald rauben des Feldes Ertrag böswillige Nachbarn,
Welche, Gesetz nicht achtend und Recht, uns Alles verwüsten.
Darum kenn' ich fürwahr nichts Aermeres, als die verlass'ne 285
Wittwe daheim, die trauernd im einsamen Hause zurückblieb.

　So wehklagte sie laut, und der Sohn sprach, dieses entgegnend:
Fasse Vertrau'n und gebeut unglücklichen Worten, o Mutter;
Fällt kein Mann doch wider den Schluß des Geschickes im Kampfe.
Ist es indeß mir verhängt, für Achäa's Söhne zu sterben, 290
Sterb' ich, nachdem ich vollbracht, was werth ist meines Geschlechtes.

　Sprach's; doch ihm trat nahe der stattliche Greis Lykomedes,
Der zu dem Enkel begann, den heiß nach dem Kampfe verlangte:
Mein hochsinniges Kind, an gewaltiger Stärke des Vaters
Würdiger Sohn, wohl bist du beherzt und tapfer, ich weiß es; 295

Gleichwohl fürcht' ich das Grauen des Kriegs und die Tücke des
        Meeres;
Steh'n doch, die sich der Woge vertrau'n, stets nahe dem Tode.
Darum fürchte bereinst viel Widriges, wenn du von Troja
Heimschifffst oder von anders woher, (viel Widriges muß ja
Dulden, o Sohn, wer immer in dunkeler See sich umhertreibt,) 300
Wann entgegen die Sonne dem düsteren Steinbock schreitet,
Hinter sich lassend im Rücken den pfeilaussendenden Schützen,
Da sturmtragende Wolken dahin durch die Lüfte sich tummeln,
Ober hinab in des breiten Okeanos Flut die Gestirne
Tauchen, sobald Orion zum Niedergange sich wendet; 305
Fürchte die traurige Zeit, wo die Nacht mit dem Tage sich ausgleicht,
Und wo über den Tiefen des unabsehbaren Meeres
Tost die Gewalt des Orkanes und hoch die Gewässer emporthürmt;
Fürchte die Zeit, wo ganz in das Meer die Plejaden versinken
Nach uraltem Gesetz; doch auch vor anderen Sternen 310
Graue dir noch, die wahrlich den unglückseligen Menschen
Drohen Gefahr, auftauchend vom Meer und im Meere verschwindend.

Sprach es und küßte den Enkel; doch den trieb heißes Verlangen
Fort in die tosende Schlacht; nichts mocht' ihn länger verweilen;
Nein, schnell eilt' er an's Schiff, anmuthiges Lächeln im Antlitz. 315
Doch noch hielt mit Thränen und kosenden Worten die Mutter
Ihn im Palaste zurück, den's rasch in die Ferne hinaustrieb.
So wie das hurtige Roß, das schnaubend zum Lauf sich herandrängt,
Hemmend beschwichtigt ein Reiter; das Roß mit lautem Gewieher
Beißt in den hemmenden Zaum, und mit triefendem Schaume benetzt
        es 320
Ringsum die Brust; nie ruhen, zum Lauf fortstrebend, die Füße;
Unablässig zerstampfen, gebannt an die selbige Stätte,
Sie mit wildem Getose den Grund; die geschüttelte Mähne
Flattert empor um die Schultern; es wirft mit gewaltigem Schnauben
Stolz in die Lüfte das Haupt, und herzlich freut sich der Eigner: 325
Also wollte den Sohn des gepriesenen Helden Achilleus
Noch aufhalten die Mutter, und ihn trieb's rasch in die Ferne;
Doch sie freute des Sohnes sich auch in der schmerzlichen Trauer.
Er, nachdem er sie brünstig umarmt, ließ einsam die Mutter,

Siebenter Gesang.

Die sich in heftigem Leid abhärmt' im Palaste des Vaters. 330
Wie um das Dach herfliegend in bitterem Kummer die Schwalbe
Klagt um die fröhlichen Jungen; die angstvoll zwitschernden fraß ihr
Eben ein furchtbarer Drache, der treu vorsorgenden Mutter,
Die mit bekümmertem Herzen umherschwärmt, jetzt um das öde
Nest und jetzt um die Pforten der stolzaufragenden Wohnung, 335
Wimmernd in schmerzlichem Gram um die Kinderchen: also beklagte
Deïdameia den Jüngling, und bald umfing sie mit Schluchzen
Trauernd das Lager des Sohns, bald schmiegte sie sich an der Thüre
Pfosten und jammerte laut; wenn irgend im Haus sich ein Spielzeug
Fand, das früher die Seele des kindlichen Knaben erfreute, 340
Drückte sie's liebend an's Herz; dann küßte sie wieder und wieder,
Was ihr im Hause zurück von dem streitbaren Sohne geblieben,
Ob es ein Wurfspeer war, ob Anderes, was sich der Mutter
Trauerndem Blick darbot; doch nicht mehr hörte der Jüngling
Ihr endloses Gejammer; entfernt schon lenkt' er die Schritte 345
Nach dem beflügelten Schiff; ihn, gleich hellstrahlenden Sternen,
Trugen die eilenden Füße dahin; ihm folgte des Tydeus
Göttlicher Sohn im Verein mit dem tapferen Helden Odysseus,
Und noch andere Zwanzig, die sinnigsten Männer im Volke,
Thätig und treu vor Allen im Haus der Deïdameia, 350
Die sie dem Sohne bestimmt als rüstige Waffengenossen.
Diese geleiteten jetzt den verwegenen Sohn des Achilleus,
Als er zum Schiff hineilte die Stadt durch; freudiges Herzens
Schritt er selbst in der Mitten, und Nereus' Töchter um Thetis
Freuten sich; Wonne durchdrang auch ihn, den Beherrscher des
Meeres, 355
Als er den muthigen Sprossen ersah des beherzten Achilleus,
Der sich bereits nach Krieg und thränenerweckenden Schlachten
Sehnte, wiewohl noch kindlich und bartlos; aber zum Kampfe
Trieb ihn der Muth und die Kraft; er zog aus den Fluren der Heimat,
Ares gleich, der stürmisch hinaus in die blutige Schlacht zieht, 360
Grollend dem feindlichen Volk; Wuth kocht in der Seele des Gottes;
Runzeln umzieh'n ihm büster die Stirn; wie flammendes Feuer,
Blitzen die funkelnden Augen umher, und die blühenden Wangen
Leuchten mit Schöne zugleich und grausigem Schrecken gewaffnet,

Wenn er zur Schlacht fortstürmt, daß selbst die Unsterblichen
          zittern: 365
Also der tapfere Sohn des Achilleus; aber die Bürger
Flehten empor zu den Göttern, den herrlichen König zu schirmen,
Daß er vom Kampf heimkehre bereinst; die hörten ihr Flehen;
Doch er strahlte vor Allen hervor im geleitenden Volke.
 Als sie gelangt zum Strande des bumpfauftosenden Meeres, 370
Trafen sie Ruderer emsig am Werk; die zogen im Schiffe
Schimmernde Segel empor, und richteten Alles zur Fahrt her.
Selbst nun stieg er hinein; da lösten sie braußen die Taue
Und Haltsteine zugleich, die gewaltigen Stützen der Schiffe.
Und voll freundlichen Sinnes verlieh ihm glückliche Seefahrt 375
Amphitrite's Gemahl; schwer kümmerte den der Achäer
Herbes Geschick, die Telephos' Sohn mit den Troern bedrängte.
Jene, dem Sohn des Peliden sofort an die Seite sich setzend,
Labten des Jünglinges Herz, von den rühmlichen Thaten berichtend,
Die sein Vater zur See vollbracht und im Lande des kühnen 380
Telephos, was er sodann, um Priamos' Veste den Hektor
Schleifend, Verderbliches übt' an den Dardanern, was er in andrer
Zeit dann Großes vollendet und Argos' Söhne verherrlicht.
Und sein Herz ward freudig erregt, auch er ja verlangte
Ruhm zu gewinnen und Ehre, wie einst sein tapferer Vater. 385
 Doch sie weilt' im Gemache, die herrliche Deïdameia,
Herzlich betrübt um den Sohn und schmerzliche Thränen vergießend.
Und es zerschmolz ihr im Busen das Herz von dem bitteren Leide,
So wie Blei leichtschmelzend zergeht auf glühenden Kohlen;
Und nie ruhte die Klage der Jammernden, wenn sie die Blicke 390
Ueber die Weiten des Meers aussendete; härmt sich die Mutter
Doch in zärtlicher Angst um den Sohn, selbst wenn er zum Mahle
Geht in ein anderes Haus, vom befreundeten Manne geladen.
Und schon bargen die Segel des fernhinschwebenden Schiffes
Sich vor der Herrscherin Blick, in düsterem Nebel verschwindend; 395
Doch sie seufzt' und jammerte fort ohn' Ende den Tag durch.
 Aber das Schiff durchwallte, gefolgt von treibendem Fahrwind,
Sanft hingleitend die Bahnen des wildauftosenden Meeres;
Hier und dort umbrauste den Kiel die purpurne Woge.

Siebenter Gesang.

So durchmaß es in Eile des Meers unermeßliche Weiten; 400
Dann umhüllt' es das Dunkel der Nacht; doch weiter und weiter
Zog es, vom Winde geführt und dem Steuerer, über des Meeres
Tiefen dahin. Als Eos darauf am Himmel emporstieg,
Thaten sich auf vor dem Blicke die Höh'n der idäischen Berge,
Chrysa, des Sminthiers Tempel, das Vorgebirge Eigeion, 405
Und des Achilleus Grab, des verwegenen. Aber Odysseus,
Klug und besonnen, verhehlte dem Jünglinge, wessen das Grab sei,
Daß nicht Gram und Trauer das Herz in der Brust ihm bestürmte.
Und nun eilte das Schiff an den Meereilanden Kalydnä
Brausend vorbei; bald blieb auch Tenedos ihnen im Rücken; 410
Dann ward Eleus sichtbar, die Stadt, wo Protesilaos'
Grabmal steht, umschattet von stolzaufstrebenden Ulmen,
Welche, sobald sie erwuchsen so hoch, daß sie Ilios' Ebne
Schau'n, hinwelkend sogleich an den äußersten Wipfeln verdorren.
Doch nun trieben die Winde das Schiff in die Nähe von Troja; 415
Und es erreichte den Strand, wo die anderen Schiffe von Argos
Lagen in Reih'n. Hier rangen in unglückseligem Kampfe
Argos' Söhn' um die Mauer, das Bollwerk, welches sie früher
Selber erbaut für die Schiffe zumal und die rüstigen Männer
Dort in der Schlacht. Die wäre bereits aus dem Grunde gerüttelt 420
Durch Eurypylos' Arm und niedergestürzt an die Erde,
Wenn nicht schnell es gewahrte der Sohn des gewaltigen Tydeus,
Wie schon wankte die Mauer, und rasch von dem Borde des Schiffes
Sprang an das Land, kühn rufend mit weithin schallender Stimme:
Freunde, fürwahr, heut wälzt sich dem Danaervolke das Unheil 425
Mächtig heran; auf, legen wir an die bewegliche Rüstung,
Daß wir sofort in's Getümmel des schrecklichen Kampfes uns werfen!
Denn schon schlagen die Feinde die Schlacht an unseren Thürmen,
Troja's muthiges Volk, und wenn sie das mächtige Bollwerk
Niedergestürzt, so verbrennen sie grausam unsere Schiffe; 430
Doch wir haben vergeblich geträumt von der Wonne der Heimkehr,
Ja, und werden entseelt auch wider den Schluß des Geschickes
Ruh'n im Gefilde der Troer, entfernt von Frauen und Kindern.

Also der Held; da sprangen sie schnell aus dem hurtigen Schiffe.
Alle zumal; denn Schrecken ergriff sie, wie es vernommen, 435
Nur Neoptolemos nicht, den verwegenen, weil er dem Vater
Glich an Muth; ihm glühte das Herz von Begierde des Kampfes.
Und sie gelangten in Eile zum stattlichen Zelt des Odysseus,
Das aufragte zunächst am dunkelgeschnäbelten Schiffe.
Da denn eilten sie all' in die prangende Wehr sich zu hüllen; 440
Denn viel Rüstungen waren daselbst zu beliebiger Auswahl,
Theils von Laertes' Sohn, dem verständigen, theils von den andern
Göttlichen Waffengenossen, die jüngst in den Kämpfen erlagen.
Schönere Waffen erkor sich der Muthige, schlechtere wählte,
Wem kein männliches Herz in dem tapferen Busen sich regte. 445
Aber Odysseus nahm sich die Wehr, die früher von Haus ihm
Folgte; des Tydeus Sohn Diomedes gab er die schönen
Rüstungen, die er im Kampfe gewann von dem tapferen Solos.
Pyrrhos hüllte sich dann in die stattlichen Waffen des Vaters,
Und ihm ähnlich erschien er in Jeglichem; leicht an die Glieder 450
Schloß sich die Wehr, kunstreich von der Hand des Hephästos gebildet,
Wenn für die Anderen auch zu groß; ihm schienen die Waffen
Alle so leicht; auch drückte der Helm nicht schwer auf dem Haupte,
Noch beschwerte die Hände die weithinschattende Lanze
Pelias; nein, er wiegte sie leicht in den rüstigen Armen, 455
Die, von unendlicher Wucht, noch jetzt nach Blute verlangte.
   Aber so viel' Argeier ihn sah'n, sie vermochten ihm alle
Doch nicht nahe zu treten, so sehr ihr Herz es begehrte,
Weil sie zurückhielt alle der wüthende Kampf um die Mauer.
Wie wenn, ferne von Menschen getrennt, am veröbeten Eiland, 460
Das im unendlichen Meere sich hinstreckt, schiffende Männer,
Die feindselige Winde gebannt an derselbigen Stätte
Tage hindurch festhielten, in Unmuth draußen am Schiffe
Rennen umher; schon fehlt, sich zu sättigen, jeglicher Vorrath;
Endlich erfreut die Bedrängten ein frischherwehender Fahrwind; 465
Also jubelten dort, kaum noch so bestürzt, die Achäer,
Freudig bewegt, als Pyrrhos erschien; nun hofften sie wieder
Aufzuathmen, erlöst von der unheilvollen Bedrängniß.
Doch ihm glänzten die Augen so wild, wie dem trotzigen Löwen,

Siebenter Gesang.

Der in dem langgestreckten Gebirg sich den Jägern entgegen 470
Stürzt voll grimmiger Wuth; sie treten bereits in die Höhle,
Wollen entführen die Brut, die fern von den Alten, verlassen,
Liegt in der schattigen Schlucht; er, dies von der Höhe gewahrend,
Wirft sich in mächtigem Sprunge den tückischen Feinden entgegen,
Grauses Gebrüll ausstoßend aus furchtbar gähnendem Rachen: 475
Also warf sich grollend der Sohn des beherzten Achilleus,
Strahlend in eherner Wehr, auf Dardanos' streitbare Söhne;
Denn er eilte zuerst in die Ebene, wo mit ergrimmter
Wuth sich entsponnen die Schlacht; hier war für die stürmenden Feinde
Leichter im Kampf zu gewinnen der Danaer schirmende Mauer, 480
Weil sie, weniger fest, auf schwächere Wehren sich stützte.
Mit ihm gingen vereint noch Andere, glühend in Kampfmuth;
Und sie trafen daselbst den Eurypylos, welcher die Mauer
Mit den Genossen zu stürmen sich rüstete trotziges Muthes;
Denn nun hofft' er im Geiste, das Bollwerk niederzureißen, 485
Und zu vernichten die Söhne der Danaer alle mit Einmal.
Doch ihm weigerte solches der Rath der unsterblichen Götter.
Denn des Laertes Sohn und der göttliche Sproß des Achilleus,
Und Diomedes' Kraft und der göttergleiche Leonteus,
Viele Geschoss' aussendend, vertrieben ihn rasch von der Mauer. 490
Wie mühselige Hirten, gefolgt von rüstigen Hunden,
Rings andringend die Löwen, an Muth und Stimme gewaltig,
Von dem Gehöfde verscheuchen; doch die mit funkelnden Blicken
Kreisen umher, hier rennend und dort, voll heißen Verlangens,
Rinder und Kühe zumal in den gierigen Rachen zu schlingen; 495
Dennoch müssen sie weichen, verscheucht von den muthigen Hunden,
Welche dem Rufe gehorchen der rastlos treibenden Hirten:
Also wich mit den Männern zugleich um wenige Schritte
Telephos' Sohn, so weit ein gewaltiger Stein von der Hand fliegt;
Denn er duldete nicht, daß fern von den Schiffen die Troer 500
Nähmen die Flucht, er hieß sie verzieh'n ganz nahe den Feinden,
Bis er die Schiffe genommen und Argos' Söhne vernichtet
Alle zumal; denn ihm gab Zeus unermeßliche Stärke.
Alsbald rafft' er empor ein gewaltiges zackiges Felsstück,
Das er mit Macht hinwarf an die schroffaufsteigende Mauer; 505

Graunvoll dröhnend erbebten umher des erhabenen Walles
Gründe zumal, und Schrecken ergriff die Danaer alle,
Gleich als läge die Mauer bereits im Staube versunken.
Dennoch ließen sie nicht von dem allvertilgenden Kampfe;
Nein, fest blieben sie steh'n, wie Schakal' oder wie Wölfe, 510
Die frech raubten die Schafe; die jagenden Männer im Bergwald
Treiben, vereint mit den Hunden, sie fort aus ihren Verstecken,
Trachtend, der zagenden Brut schmerzbringenden Tod zu bereiten
Ohne Verzug; doch jene behaupten sich fest an der Stätte,
Wenn auch rings von Geschossen bedrängt, und schirmen die
        Jungen: 515
Also ringend im Kampf um die Ihrigen und um die Schiffe,
Hielten die Danaer Stand; da rief der verwegene Streiter,
Telephos' Sohn, vor den Schiffen sie an mit den drohenden Worten:
  Ha, euch Feiglingen lebt kein männlicher Muth in der Seele!
Traun, mich triebe die Furcht vor eurem Geschoß von den Schiffen 520
Nimmer zurück; die Mauer allein hielt meine Gewalt ab.
Wie mit dem Löwen die Hunde, die scheu sich im Walde verkriechen,
Kämpft ihr hinter der Mauer mit mir und entrinnt dem Verderben;
Aber erscheint ihr wieder einmal in der Ebene Troja's,
So wie zuvor, euch sehnend nach Kampf; dann wahrlich errettet 525
Niemand euch von dem Tode, dem kläglichen; nein, in dem Staube
Liegt ihr alle zumal, von Eurypylos' Lanze gebändigt.
  Sprach es, — ein nichtiges Wort! Ihm war's in der Seele verborgen,
Daß schon nahe heran auf ihn das Verderben sich wälze
Durch Neoptolemos' Hand, des verwegenen, welche nach kurzer 530
Frist ihn bändigen sollte, bewehrt mit der stürmenden Lanze.
Doch auch jetzt rang dieser mit Macht in den Mühen des Kampfes,
Sendete Tod von der Mauer herab in die Reihen der Troer,
Und bald flohen sie alle dahin und drängten sich angstvoll
Um den Eurypylos her; unseliges Grauen befiel sie. 535
Wie unmündige Kinder gedrängt um die Kniee des Vaters
Zittern in Angst, wenn Zeus', des allmächtigen, Donner die Wolken
Trennt und ein furchtbares Brausen erdröhnt in den Höhen des Aethers:
Also zerstoben in Eile die Dardaner, sich in Verwirrung
Um den Eurypylos drängend, den streitbaren Fürsten der Myser, 540

Siebenter Gesang.

Fürchtend Achilleus' Sohn; denn was er warf mit den Händen,
Brachte verzehrenden Schmerz, trug Tod auf die Häupter des Feindes.
Doch in der schaurigen Noth im innersten Herzen verzweifelnd,
Wähnten die Troer ihn selbst, den gefeierten Kämpfer Achilleus,
Vor sich zu seh'n in der riesigen Wehr und verbargen ihr Staunen 545
Bang in schweigender Brust, daß nicht unheimlicher Schrecken
Selbst Eurypylos' Herz und das Herz der Keteier beschleiche.
Und so blieben sie stehen daselbst in unendlichem Bangen,
Zwischen die Loose des Kampfes gestellt und die Schauer des Todes;
Denn Scham hielt sie vom Fliehen zurück und scheue Besorgniß, 550
Daß dann auch die Keteier sich feig entzögen dem Kampfe.
Wie wenn Wanderer kühn durch felsige Pfade sich windend,
Plötzlich den Waldstrom schau'n, der wild vom Gebirge herabstürzt;
Ringsum tosen die Fluten, die dumpf an den Felsen sich brechen;
Doch sie wagen es nicht, wie sehr sie beeilen die Schritte, 555
Fürder den strebenden Fuß in das brausende Wasser zu setzen;
Bebend erseh'n sie vor Augen den Tod, und es lüstet sie nicht mehr,
Weiter zu geh'n: so blieben die Dardaner fest an der Mauer
Stehen, so sehr sie's verlangte, zu flieh'n vor dem feindlichen Anbrang;
Denn sie drängte der Held Eurypylos, göttlich von Anseh'n, 560
Unablässig zum Streit; ihn trieb noch immer die Hoffnung,
Daß dem gewaltigen Mann, der so viel Männer erschlagen,
Endlich ermatte die Kraft; doch der ließ nicht von dem Kampfe.
Wie nun Pallas Athene die Danaer also bedrängt sah,
Stieg sie von hohen Palästen des duftumwallten Olympos 565
Ueber die Höh'n der Gebirge herab; in stürmischer Eile
Rührte sie nicht mit dem Fuße den Grund, und die heiligen Lüfte
Trugen sie hin wie Wogen so schnell und leichter als Winde.
Eilig erreichte sie Troja; die luftigen Höhen Sigeions
Rührte der Herrscherin Fuß; dort sah sie der rüstigen Streiter 570
Wettkampf, Argos' Söhne verherrlichend; Pyrrhos vor Allen
Ragte hervor an Muth und an Kraft, die beide vereinigt
Sterbliche kränzen mit Ruhm, und den Pyrrhos schmückten sie beide;
Denn er stammte von Zeus und glich dem gewaltigen Vater.
Darum zittert' er nicht und erschlug viel Männer im Kampfe. 575
So wie ein Fischer im Meer nach der leckeren Beute verlangend,

2*

Um graunvolles Verderben der wimmelnden Brut zu bereiten,
Feuer in's Schiff hinträgt; erregt von den Hauchen des Windes,
Leuchtet ein funkelnder Glanz um das Schiff; aus finsterer Tiefe
Tauchen die Fische herauf, nur Einmal noch die geliebte 580
Sonne zu schau'n; denn jener erlegt mit dem spitzigen Dreizack,
Froh des gelungenen Fanges, die aufwärts strebenden Fische:
So der gepriesene Sohn des gewaltigen Kämpfers Achilleus;
Denn er tödtete viele der dichtanstürmenden Feinde
Rings an dem steinernen Wall; kühn stritten die Danaer alle 585
Dort und hier von den Zinnen herab, und die weiten Gestade
Dröhnten umher und die Schiffe zumal; an den mächtigen Mauern
Hallt' es rings von den Würfen der Stürmenden; ohne zu rasten,
Mühten die Völker im Kampfe sich ab, und den Jünglingen allen
Brach die Kraft und die Glieder ermatteten; nur des Achilleus 590
Göttlichem Sohn erschlaffte der Muth nicht; ganz unermüdlich
War sein tapferes Herz, und kein unheimlicher Schrecken
Faßte den Kämpfenden je; an kühn ausharrendem Muthe
Glich er dem rastlos wogenden Strom, der nie von des Feuers
Endlos lodernder Flamme geschreckt wird, wenn sie heranbringt, 595
Ob auch tobe der Sturm und die heilige Kraft des Hephästos
Wild vor sich hertreibe; denn kommt sie heran zu den Fluten,
Sinkt sie verlöschend zusammen in Nichts, und die zornig entbrannte
Kraft mag nimmer erfassen des Stroms unermüdliche Wogen.
Also mochte die Mühe den streitbaren Sohn des Peliden 600
Nimmer ermatten im Kampf, noch rührte die Furcht ihm die Kniee;
Nein, nie ruhte der Held und trieb die Genossen zum Streite.
Doch auch keins der Geschosse, so viel' ihn drohend umflogen,
Drang in die glänzende Haut; wie stöbernder Schnee von dem Felsen,
Prallten sie ab in die Lüfte; denn ringsum schirmte der breite 605
Schild und der wuchtige Helm, die gefeierten Gaben des Gottes.
So stolz schwingend die Wehr schritt Pyrrhos dahin auf der Mauer
Mit lauthallendem Rufe, der rüstige Sohn des Achilleus,
Mahnend zu tapferem Kampfe die Danaer. Ragte der Held doch
Weit vor Allen hervor, und stets unersättlich im Kampfe, 610
Lechzt' er nach blutiger Schlacht, den gefallenen Vater zu rächen,
Welcher in schmerzlichem Tod hinschied, und des Königes freuten

Siebenter Gesang.

Alle: sich dort, und es tobte der Streit um die mächtige Mauer.
Da zwei Kinder erschlug er des hochbegüterten Meges,
Welcher, von Dymas stammend, erzeugt die gepriesenen Söhne, 615
Die wohl wußten zu werfen den Speer, wohl Rosse zu tummeln
Wußten im Kampf und erfahren die stämmige Lanze zu schwingen,
Zwillingssöhne, den Keltos und Eubios, die Periboia
Einst ihm geboren am Strom Sangarios; aber sie freuten
Sich nicht lange der Fülle des unermeßlichen Reichthums, 620
Da nicht lange zu leben das Schicksal ihnen vergönnte.
So, wie Beide zusammen das Licht sah'n, starben sie Beide
Durch Neoptolemos' Hand, des verwegenen, der mit dem Wurfspeer
Einen in's Herz, und am Haupte den Anderen traf mit dem Feldstein,
Welcher am Haupte den Helm und das Haupt in Stücke zerschellte, 625
Daß das Gehirn aussprißte. Zunächst an der Seite der Brüder
Fielen Unzählige noch von den anderen Feinden, und graunvoll
Tobte die Schlacht, bis nahe die Zeit kam, da von der Arbeit
Rastet der Stier, und die Sonne versank in Okeanos' Fluten.
Und nun zogen die Schaaren von Telephos' muthigem Sohne 630
Sich von den Schiffen zurück ein Weniges; die von der Mauer
Stritten, die Danaer, athmeten auf; selbst Ilios' Söhne
Feierten jetzt von den Mühen der Schlacht; denn rings um die Mauer
Hatten die Schrecken des Kampfes getobt, und die Danaer alle
Hätten entsetzlichen Tod an den eigenen Schiffen gefunden, 635
Wenn nicht selbigen Tags der gewaltige Sohn des Achilleus
Telephos' rüstigen Sohn von ihnen gewehrt und der Feinde
Zahllos Heer. Doch nahe heran trat Phönix an Pyrrhos,
Und hoch staunte der Greis, wie ähnlich er sah dem Peliden.
Schmerz und Freude zugleich durchdrang sein innerstes Leben, 640
Schmerz, dieweil er gedachte des muthigen Renners Achilleus,
Freude, dieweil er in ihm den gewaltigen Vater erkannte.
Glühend entquoll ihm die Zähre; denn niemals leben die Menschen
Ohne den Schmerz, wenn ihnen einmal auch Freude zu Theil wird.
Und er umfing und herzte den Jüngling, so wie der Vater 645
Herzt den Sohn, der, wenn er nach göttlichem Rath in der Ferne
Viel Mühsale bestand, heimkehrt zur Freude des Vaters:
Also umarmte der Greis Neoptolemos, küßte das Haupt ihm,

Küßte die Bruſt, und ſagte, mit ſtaunendem Blick ihn betrachtend:
Sei mir gegrüßt, mein Sohn, hochherziger Sproß des Achilleus, 650
Welchen ich einſt als Kind voll Liebe gewiegt in den Armen,
Der dann ſchnell aufblühte, dem üppigen Schoſſe vergleichbar,
Nach dem geprieſenen Rath der Unſterblichen; wenn ich ihn anſah,
War mir's Luſt, wie der Jüngling an Kraft und an Größe heranwuchs,
Mir ein gewaltiger Hort; ich liebt' ihn, ſo wie den eignen 655
Einzigen Sohn, und mich, wie den eigenen Vater, verehrt' er;
War doch ich ihm Vater und er war liebender Sohn mir,
Und wer uns einträchtig in herzlicher Liebe vereint ſah,
Hielt uns wohl für Söhne deſſelbigen Blutes; an Mannsmuth
Stand er indeß viel höher als ich; denn ſeligen Göttern 660
Glich er an Kraft und Geſtalt. Ihm gleichſt du wahrlich in Allem,
Ja, ich glaub' ihn wieder im Danaervolke lebendig
Wandeln zu ſeh'n, um den ich in ewigem Schmerz mich verzehre;
Und ſchwer laſtet auf mir ein trauriges Alter. O daß mich
Doch im Schooße geborgen der aufgeſchüttete Hügel, 665
Während der Held noch athmet' im Licht! Ruhm bringt es dem Manne,
Wenn ihn die Hand, die treu ihn gepflegt, zur Erde beſtattet.
Doch nie werd' ich im Herzen, ich Trauernder, ſeiner vergeſſen,
Theuerſtes Kind; du laß dir das Herz nicht beugen vom Grame;
Nein, Theſſalia's Volk und den Bändigern muthiger Roſſe, 670
Argos' Jünglingen, hilf in der Noth, ſchwer grollend den Feinden
Wegen des tapferen Vaters! Es bringt dir herrlichen Ruhm einſt,
Telephos' Sohn zu bezwingen, des Kampfs unerſättlichen Meiſter.
Denn Eurypylos ſteht dir ſo weit ſicher an Muth nach,
Als dem Achilleus einſt ſein unglückſeliger Vater. 675
Und es verſetzte dagegen der Sohn des beherzten Achilleus:
Welcher der Tapferſte ſei, entſcheidet bereinſt in der Feldſchlacht
Ares, der ſtürmende Gott, und die waltende Macht des Geſchickes.
Alſo der Held; ihn drängt' es, bewehrt mit den Waffen des Vaters,
Noch an dem ſelbigen Tage hinaus vor die Mauer zu ſtürmen; 680
Doch ihn hemmte die Nacht, die, Sterblichen bringend Erlöſung
Jeglicher Müh'n, in Dunkel gehüllt vom Okeanos aufſtieg.
Aber Achäa's Söhne verherrlichten ihn an den Schiffen
Freudig bewegt, wie den ſtarken Achilleus, weil er mit Kühnheit

Siebenter Gesang.

Alle beseelt, so fröhlich und frisch in's Getümmel sich stürzend. 685
Deßhalb ehrten sie ihn mit den herrlichen Ehrengeschenken,
Brachten ihm dar viel Gaben, unendliche Mehrer des Reichthums;
Denn die schenkten ihm Silber und Gold, auch dienende Frauen,
Andre des Erzes die Fülle, die Anderen bräunliches Eisen,
Andre den röthlichen Wein in gehenkelten Krügen, und Andre 690
Windschnell eilende Rosse, die Wehr und die Waffen der Männer,
Schöngewobne Gewande, der Frau'n anmuthige Werke,
Und Neoptolemos labte das Herz an den köstlichen Gaben.
Doch nun dachten die Helden der Nachtkost auch in den Zelten,
Wo sie vereint lobpriesen den göttlichen Sohn des Achilleus, 695
Gleich den Unsterblichen dort im Olympos; doch Agamemnon
Sprach, zu Pyrrhos gewandt, voll freudigen Stolzes die Worte:
   Ja, wahrhaftig ein Sohn des verwegenen Aeakosenkels
Bist du, o Kind, da du diesem im Antlitz und in den Zügen
Gleichst und an hoher Gestalt und an Kraft und edler Gesinnung. 700
Darum freut sich an dir mein Herz; denn wahrlich, ich hoffe,
Daß dein rüstiger Arm mit der mächtigen Lanze die Feinde
Jetzt in den Staub hinwirft und des Priamos prangende Veste,
Weil du dem Vater Achilleus gleichst. Ihn glaub' ich zu sehen,
Wie er die drohenden Worte dem troischen Volk an den Schiffen 705
Zurief, als er ergrimmt' um Patroklos' Leiche; doch er weilt
Unter den Göttern bereits; dich sendet er heut vom Olympos,
Daß du ein Helfer erscheinst den verlorenen Söhnen Achäa's.
   Und es versetzte dagegen der rüstige Sohn des Achilleus:
Hätt' ich doch, Agamemnon, ihn hier noch lebend gefunden, 710
Daß er selbst es gesehn, wie Ruf und Namen des Vaters
Nicht entehre der Sohn; so denk' ich hinfort mich zu zeigen,
Wenn mein Leben behüten die harmlos waltenden Götter.
   Also sprach er, im Herzen verständiges Rathes erfahren;
Aber das Volk umstand mit bewunderndem Staunen den Helden. 715
Als sie sodann vollauf an dem köstlichen Mahl sich gesättigt,
Stand der gewaltige Sohn des verwegenen Aeakosenkels
Auf von dem Mahl und ging zu dem stattlichen Zelte des Vaters,
Wo von erschlagenen Helden umher viel Rüstungen lagen.
Dort auch trieben sich um, im verlassenen Zelte beschäftigt, 720

Viel der erbeuteten Frau'n, wie als noch lebte der König.
Doch als Pyrrhos erblickte die Frau'n und die Waffen der Troer,
Seufzt' er empor; ihn ergriff sehnsüchtiger Schmerz um den Vater.
Wie in dem dichten Gehölz in den waldigen Gründen der Thalschlucht,
Wo der gewaltige Leu von den jagenden Männern erlegt ward, 725
Spähend das Junge des Leu'n in die schattige Höhle hereintritt,
Und in den einsamen Räumen umherschaut, aber zerstreut nur
Ringsum Knochen gewahrt von erschlagenen Rossen und Rindern;
Da faßt schmerzliches Wehe das Herz ihm um den Verlornen:
So durchschauderte dort dem verwegenen Sohn des Achilleus 730
Schmerzliches Wehe die Brust, und die Mägd' umstanden ihn trauernd.
Selbst auch Brises' Tochter, den Sohn des Peliden erblickend,
Freute sich bald im Gemüth, bald trauerte sie, des Achilleus
Denkend im Geist; wie starrend in sprachlos dumpfer Betäubung
Stand sie, gleich als stehe vor ihr noch lebend Achilleus. 735
  Ferne von Argos' Volke verherrlichten freudiges Herzens
Troja's Söhne den starken Eurypylos dort in den Zelten,
Wie sie den göttlichen Hektor geehrt, als dieser Achäa's
Helden erschlug, sein Volk und die heimischen Schätze beschirmend.
Als nun aber die Menschen umfing der erquickende Schlummer, 740
Ruhten die Dardaner auch und die streitbaren Männer Achäa's
Alle vom Schlafe besiegt, und wach nur blieben die Wächter.

Achter Gesang.

Inhalt. Mit Tagesanbruch erneuert sich die Schlacht, hier unter der Anführung des Eurypylos, dort unter Neoptolemos (Pyrrhos), der mit den Rossen seines Vaters Achilleus auf dem Kampfplatz erscheint. Beschreibung der Schlacht, in welcher Viele auf beiden Seiten den Tod finden. Zweikampf der beiden Heerführer, in welchem zuletzt Eurypylos fällt. Den fliehenden Troern erscheint Ares, und feuert sie, vereint mit Helenos, dem Sohne des Priamos, zum Kampf an. So beginnt die Schlacht von Neuem, in der eine Zeit lang mit gleichen Kräften gestritten wird. Durch das Geschrei des Ares werden die Achäer eingeschüchtert, ausgenommen den Neoptolemos, den der erzürnte Kriegsgott angreifen will, als Pallas Athene, vom Olympos herniedersteigend, sich ihm entgegenstellt. Die Donner des Zeus schrecken die Götter vom Kampfe zurück. Endlich fliehen die Troer in die Stadt, die von den Achäern bestürmt, von den Troern vertheidigt wird. Schon machen die Achäer Miene, die Thore zu erbrechen, als auf die Bitte des Ganymedes Zeus die Stadt in Wolken hüllt, worauf die Achäer nach dem Rathe des Nestor zurückweichen, um die Todten zu beerdigen und der Nachtruhe zu pflegen.

Doch als Helios' Glanz sich ausgoß über die Erde,
Der an den Marken in Ost aufstieg, wo die Grotte der Eos,
Hüllten die Dardaner sich und die rüstigen Männer von Argos
Hier und dort in die Waffen, zum Kampf anstürmend in Eile.
Und die Achäer ermahnte, mit furchtlos freudigem Muthe   5
Sich in die Troer zu stürzen, der tapfere Sohn des Achilleus;
Telephos' Sohn ermahnte die Dardaner, hoffend, die Mauer
Jetzt in den Grund zu schmettern, mit sengender Flamme die Schiffe
Rings in Asche zu legen, und Argos' Volk zu vertilgen.
Doch sein Hoffen (o Grau'n!) glich nichtigem Hauche des Windes;   10

Denn ihm stand an der Seite die furchtbare Ker und verhöhnt' ihn,
Daß solch eitle Gedanken das Herz ihm bewegten im Busen.
Und nun sprach zu dem Volke der Myrmidonen Achilleus'
Muthiger Sohn die Worte, zu rüstigem Kampf es befeuernd:
    Hört mein Wort und waffnet mit tapferem Muthe die Herzen, 15
Edle Genossen im Kampf, auf daß wir den Danaern Rettung
Bringen im Streit und Verderben dem Feind! Unmännliches Zagen
Fessele Keinen von uns; denn Muth gibt Stärke den Männern;
Aber die Furcht, sie zerrüttet die Kraft und zerrüttet die Geister.
Auf denn, bewehrt euch alle mit Muth zu den Werken des Krieges, 20
Daß nicht mehr sich erhole der Feind, nein, daß er im Wahn sei,
Lebend ergehe sich noch im achäischen Volk der Pelide.
    Sprach es und legte des Vaters Achilleus Wehr um die Schultern,
Die weit strahlt' in die Ferne; doch Thetis freute sich herzlich,
Als sie vom Meer ausblickend den rüstigen Enkel gewahrte. 25
Und er stürmte hinaus vor die stolzaufragende Mauer,
Schnell auf des Vaters Gespann, die unsterblichen Rosse, sich
                      schwingend.
Wie von Okeanos' Tiefen empor an den Marken der Erde
Helios steigt, ausstrahlend die staunenswürdigen Gluten,
Wann sein Rossegespann und des Seirios Stern sich begegnen, 30
Welcher die Sterblichen schlägt mit unheilbringenden Seuchen:
So zog wider die Troer heran des beherzten Achilleus
Sohn, der gewaltige Held; ihn trugen unsterbliche Rosse,
Die Automedon schirrt'; (Automedon lenkte die Renner;)
Denn ihn drängt' es, die Feinde zurück von den Schiffen zu
                      treiben. 35
Freudvoll stürmten sie hin mit dem Könige, der, des Achilleus
Abbild, flog in die Schlacht; kein Schlechterer werde der Held sein,
Hofft' ihr unsterbliches Herz, als einst der Pelide gewesen.
Also sammelten sich in jubelndem Muth die Achäer
Um Neoptolemos' Kraft, ihr Herz voll glühender Kampflust, 40
Aehnlich den zornigen Wespen am Heerweg; tapferes Muthes
Fliegen sie all' aus dem Neste hervor, in menschlichem Blute
Satt sich zu schwelgen verlangend, und wild um das Haus her
                      schwärmend

Achter Gesang.

Schmerzliches Weh zu bereiten den Sterblichen, welche vorbeigeh'n:
Also strömten die Helden hervor aus Schiffen und Mauer, 45
Gierig nach Kampf; sie drängten sich dicht in den weiten Gefilden;
Fernhin strahlte vom Glanze der stattlichen Waffen die Ebne,
Während die Sonne von oben unendlichen Schimmer herabgoß.
Wie das Gewölk hinwandelt in unermeßlichen Lüften,
Das vor sich hertreiben des Boreas mächtige Hauche, 50
Wann Schneeflocken sich jagen in trauriger Kälte des Winters,
Und rings Grauen der Nacht umkränzt den unendlichen Himmel:
Also füllte sich hier und füllte sich dort von den Kämpfern
Rings, nicht fern von den Schiffen, das Feld; in die Weiten des Himmels
Wölkte der Staub sich empor, und furchtbar dröhnten die Waffen, 55
Rasselnder Wagen Getos' und der muthigen Rosse Gewieher,
Welche zur Schlacht fortstürmten, und Jeglichen mahnte der eigne
Muth und trieb ihn hinein in die blutigen Bahnen des Kampfes.
Wie zwei Stürme bewegen die langhinziehenden Wellen,
Und voll Grau'n durchbrausen des Meers unermeßliche Wüste, 60
Jener von dort und dieser von hier aufregend die Wirbel,
Wenn ein verheerendes Wetter dahintobt über die breiten
Tiefen der See und ringsum erseufzt der entfesselten Wogen
Unruhvolle Gewalt, die daher stürmen und dorther,
Sich aufthürmend zu Bergen, um dann in entsetzlichem Ingrimm 65
Wild an einander zu stoßen, daß fürchterlich hallt das Getose:
Also stürzten zur Schlacht sich heran Argeier und Troer,
Beide von Eris entflammt und erregt von dem eigenen Kampfmuth.
Aber sie trafen daher, wie rollende Donner und Blitze,
Die fernhin durchschallen die Luft, wann wider einander 70
Stürmen im Kampf wildhauchend die Wind', und die Wolken zusammen
Treiben mit Macht, da Zeus sich erhob schwer grollend den Männern,
Welche die heilige Themis verhöhnt durch Thaten des Frevels.
Also fielen die Männer sich an, und Speere mit Speeren
Maßen sich, Schilde mit Schilden, der Mann drang wider den Mann ein. 75
Doch der gewaltige Sohn des erhabenen Kämpfers Achilleus

Schlug den Alkibamas erst und den Melanes, tapfere Männer,
Alexinomos' Söhne, des streitbaren, welcher in Kaunos'
Thälern gewohnt in der Nähe des hellburchsichtigen Seees,
Unter dem schneeigen Imbros am Fuß Tarbelos', des Berges; 80
Weiter erschlug er den Menes, den hurtigen Sohn des Kassandros,
Welchen Kreusa geboren am schönhinströmenden Lindos,
Wo sich die Marken erheben vom Land streitlustiger Karer
Und die Gebirg' umher des gefeierten Lykiervolkes.
Dann auch Morys erlegt' er, den wurfspeerkundigen Phryger; 85
Dann den Hippomedon auch und den Polybos warf er zur Erde,
Traf am Herzen den Einen, am Schlüsselbeine den Andern;
Auch viel andere Streiter erschlug er noch; dicht an einander
Lagen die Leichen der Troer; dahin gleich dürrem Gesträuche
Schwanden sie, welches der Hauch der vertilgenden Flamme ver-
         zehrte 90
Mühlos, wann anstürmte der herbstlich wehende Nordwind:
Also sanken vor Pyrrhos die feindlichen Schaaren zu Boden.
Doch dem Aeneias erlag Aristolochos, den er am Haupte
Traf mit gewaltigem Steine; die riesigen Knochen zermalmt' er
Ihm mit dem Helme zugleich; schnell schwand in die Lüfte das
         Leben. 95
Tydeus' Sohn Diomedes erschlug den behenden Eumäos,
Der auf Darbanos' Höhen gewohnt, auf welchen Kythere
Liebend sich einst dem Anchises verband in geheimer Umarmung.
Stratos fiel von der Hand Agamemnons; nicht in die Heimat
Kehrt' er vom Kampfe zurück; er endete ferne von Thrake. 100
Chlemos, den Sohn Peisenors, des götterähnlichen Glaukos
Freund und treuen Genossen, bezwang des Meriones Lanze.
Chlemos wohnt' am Gestade des Limyros; liebend verehrten
Ihn als Obergebieter die ringsumwohnenden Völker,
Als Held Glaukos gefallen und nicht mehr übte die Herrschaft, 105
Alle, so viel' umwohnten Massikytos' steile Gebirgshöh'n,
All' um des Phönix Sitz und die gähnende Schlucht der Chimära.

 Andere tödteten Andre daselbst im Gewühle der Feldschlacht.
Vielen im feindlichen Volke bereitete grauses Verderben
Telephos' Sohn; erst schlug er den tapferen Eurytos nieder, 110

Achter Gesang. 29

Schlug den Menötios dann, den gelenkigen Kämpfer im Leibgurt,
Beide die tapferen Freund' Elephenors; diesen gesellt' er
Harpalos zu, den Genossen des listigen Helden Odysseus;
Denn der kämpfte gesondert von ihm, ihm war es unmöglich,
Seinen gefallenen Freund zu vertheidigen; aber es zürnte 115
Antiphos ihm, der, mächtig von That, den Genossen getödtet,
Und warf trotzig den Speer nach Eurypylos; doch er verfehlt' ihn;
Denn die gewaltige Lanze, vom Ziel abirrend, erlegte
Stürmischen Schwungs den beherzten Melanion, welchen die Mutter
Einst an den Ufern geboren des anmuthvollen Kaïkos, 120
Von Erylaos umfangen, die rosenwangige Kleite.
Doch Eurypylos stürzte sich schnell auf Antiphos, zürnend
Um den getödteten Freund; der wich in den Schwarm der Genossen
Eilig zurück, und die Lanze des muthigen Telephossohnes
Zwang ihn nicht; er sollte bereinst in entsetzlichem Tode 125
Durch den Kyklopen erliegen, das männermordende Scheusal;
Denn so war es verhängt von der graunvoll waltenden Moira.
Doch Eurypylos stürmte heran von anderer Seite,
Und viel Männer bezwang sein rastlos treffender Wurfspeer.
Wie hochstämmige Bäume, gefällt von der Schärfe des Eisens, 130
Zwischen bewaldeten Bergen die felsigen Schluchten erfüllen,
Ueber einander am Grunde zerstreut: so lagen Achäa's
Jünglinge dort, von des starken Eurypylos Lanze gebändigt,
Bis des Achilleus Sohn voll trotzigen Muthes im Herzen
Gegen ihn trat; in den Händen die mächtigen Lanzen erschüt-
          ternd, 135
Schritten sie wider einander heran, zum Kampfe bereitet.
Doch erst wandte das Wort Eurypylos fragend an Pyrrhos:
 Sprich, wer bist du? Von wannen, mit uns dich zu messen,
          erscheinst du?
Wahrlich, zum Hades entrafft dich ein unbarmherziges Schicksal;
Denn noch Keiner entrann mir im gräßlichen Waffengewühle; 140
Nein, wer immer im Kampfe mit mir sich zu messen verlangend,
Hierher kam, dem gab ich den bitteren Tod, und an Xanthos'
Wellen verzehrten das Fleisch und Gebein des Erschlag'nen die Hunde.
Doch sprich, wen du dich rühmst, mit wessen Gespann du dich brüstest.

Und es versetzte dagegen der rüstige Sohn des Achilleus: 145
Weßhalb, während ich eile zum blutigen Schlachtengetümmel,
Fragest du mich, mein Feind, als wärst du mir nahe befreundet,
Um des Geschlechts Ursprung, der doch so Vielen bekannt ist?
Ich bin Achilleus' Sohn, des gewaltigen, der dir den Vater
Vormals trieb in die Flucht, mit mächtigem Speer ihn ver-
wundend. 150
Und ihn hätten ergriffen die furchtbaren Keren des Todes,
Wenn nicht jener sofort ihm geheilt die verderbliche Wunde.
Doch mein Rossegespann, dem erhabenen Vater gehört' es,
Und die Harpyia gebar's, der Zephyros einst sich gesellte.
Selbst unfruchtbare Weiten der See durchwandeln die Rosse, 155
Nur im Fluge berührend die Well' und den Winden vergleichbar.
Jetzt, nachdem du der Rosse Geschlecht und meines erkannt hast,
Tritt im Kampf mir entgegen, und lern' auch unseren Wurfspeer
Kennen, den nimmerbezwung'nen; auf Pelions Höhen entsprang er,
Wo sein mächtiger Schaft vom Stamm in dem Walde sich los-
wand. 160
Sprach's, der gepriesene Held, und sprang von dem Wagen zur
Erde,
Schwingend die stämmige Lanze; der Andere hob von dem Grunde
Einen gewaltigen Stein empor mit den markigen Händen,
Schwang ihn mit Macht und warf ihn nach Pyrrhos' goldenem Schilde.
Doch so gewaltig er warf, er brängt' ihn nicht von der Stelle; 165
Nein, er stand wie der Fels auf weithinragendem Berge,
Den die vereinte Gewalt der himmelentsprossenen Ströme
Nicht zu erschüttern vermag; fest wurzelt er tief in der Erde:
So stand, ohne zu wanken, der rüstige Sohn des Peliden.
Dennoch zagte sie nicht, Euryplos' muthige Stärke, 170
Vor dem erhabenen Sohn des Achilleus, weil ihn der eigne
Muth antrieb und die Keren; im innersten Herzen der Beiden
Kochte die stürmische Kraft, und die blinkenden Waffen erdröhnten
Rings um die Kämpfenden her; nun rannten sie wild an einander,
Aehnlich den Leu'n, die furchtbar den Kampf in den Bergen er-
heben, 175
Wenn sie, von Hunger gequält, um eine getödtete Hindin

Achter Gesang.

Oder ein Rind, Wuth athmend im Blick, sich bekämpfen, und weithin
Dröhnen die Thale vom Kampf: so stürzten sich gegen einander
Jene zu gräßlicher Fehde; zugleich arbeiteten rüstig
Hüben und drüben im Kampfe die langgedehnten Geschwader, 180
Und voll Grauen entbrannte die Schlacht der Achäer und Troer.
Aber sie selbst, so schnell, wie die stürmenden Hauche des Windes,
Trafen sich, Einer verlangend des Anderen Blut zu vergießen,
Kühn mit den eschenen Lanzen, und nah stand ihnen Enyo,
Spornte sie unablässig zum Kampf, und sie rasteten niemals 185
Müde vom Streit, nun wider den Schild, nun wider die Schienen
Führend den Stoß, nun wider den Helm mit dem flatternden Busche.
Einer berührte den Leib wohl auch; denn schaurige Mühsal
Drängte die trotzigen Helden, und Eris freute sich herzlich,
Als sie sah, wie sie rangen im Kampf; Schweiß rann von den
Beiden 190
Strömend herab, und sie wuchsen an Kraft, ausdauernd im Streite.
Denn sie waren vom Blut der Unsterblichen; staunend vom Himmel
Schauten die Götter herab, zwiefältigen Sinnes im Herzen;
Denn die dachten dem Sohn des Achilleus Ruhm zu verleihen,
Jene dem göttlichen Sohne des Telephos; aber die Beiden 195
Standen im Kampf ungebrochen an Kraft, wie mächtige Felsen
Auf steilragenden Bergen; vom Stoß der gewichtigen Lanzen
Hallten die Schilde der Kämpfer zurück, bis endlich Achilleus'
Speer nach tapferem Kampf Eurypylos' Kehle durchbohrte.
Alsbald floß von der Wunde das purpurne Blut, und die Seele 200
Flog durch die Wunde hinaus, die ersterbenden Glieder verlassend;
Aber die Augen umhüllte das schaurige Dunkel des Todes.
Und in den Rüstungen stürzt' er herab zur Erde, der schlanken
Pinie gleich und der Tanne, die hinstürzt, wenn sie des Nordwinds
Eisig wehender Odem entwurzelte: also zur Erde 205
Sank Eurypylos' hohe Gestalt; laut dröhnte der Boden
Und die Gefilde der Troer umher; schnell über die Wangen
Breitete Blässe des Todes sich aus und die Farben erblichen.
Doch frohlockend begann mit erhobener Stimme der Sieger:
 Telephos' Sohn, wohl hast du gedacht zu vernichten die
Schiffe, 210

Und uns allen zumal unseligen Tod zu bereiten;
Doch vollbrachten dir nicht die Unsterblichen, was du gehofft hast.
Nein, durch mich, so gewiegt und gewandt du gewesen im Kampfe,
Hat dich Achilleus' Lanze gefällt, der Keiner von Allen,
Wer ihr begegnet, entrinnt, und wär' er von lauterem Erze.   215
  Sprach es und zog aus der Leiche den langhinschattenden Wurfspeer
Ohne Verzug; doch die Troer, den tapferen Helden erblickend,
Zitterten. Der, nachdem er die Wehr entzogen dem Feinde,
Gab sie den schnellen Genossen, sie hin zu den Schiffen zu tragen,
Und sprang selbst in den Wagen, die muthigen Rosse beflügelnd.   220
So wie der Blitzstrahl zuckt durch endlos wogenden Aether
Weithin flammend, von Zeus' unermüdlichen Händen geschwungen;
Vor ihm beben sogar Unsterbliche, wenn er herabfährt,
Außer des Zeus Allmacht; er stürmt auf die Erde hernieder,
Stämmige Bäume zersplitternd und mächtige Berge zertrümmernd: 225
So, mit Verderben bewehrt, drang Pyrrhos hinein in die Troer.
Dort fiel Der, hier Jener, ereilt von den göttlichen Rossen;
Todte bedeckten den Grund; Blut röthete rings die Gefilde.
Wie in den waldigen Schluchten des Berg's unzählige Blätter
Dicht abfallen von Bäumen und weithin decken das Erdreich: 230
So lag dort an der Erde das Volk in unendlicher Menge,
Troer, von Pyrrhos' Armen gefällt und von kühnen Argeiern,
Denen herab an den Händen das Blut von Männern und Rossen
Rann in dunkelen Strömen; von Blut auch troffen der Räder
Wölbungen, wenn sie im Kreis in geflügeltem Schwunge sich
                drehten.   235
  Und nun flohen die Söhne der Dardaner hinter die Mauern,
So wie Färsen dem Löwen entflieh'n und Schweine dem Regen,
Wenn nicht Ares, der grause, von Höh'n des Olympos herabstieg,
Hülfe zu bringen im Kampfe den streitbaren Männern von Troja,
Nicht von den anderen Göttern bemerkt; ihn trugen die Rosse,   240
Aithon, Konabos, Phobos und Phlogios, hin in die Feldschlacht,
Welche das Grauen Erinnys dem brausenden Norde geboren,
Furchtbare Glut ausathmend; die Luft in den Höhen erseufzte,
Als sie zur Schlacht fortstürmten; doch schnell kam Ares gen Troja;
Hellauf dröhnte der Grund von den göttlichen Hufen der Rosse.   245

Achter Gesang.

Nun ganz nahe gekommen dem tosenden Waffengewühle,
Schwang er die mächtige Lanze; mit weithinschallendem Rufe
Mahnt' er die Troer dem Feind entgegenzugeh'n im Getümmel.
Staunend vernahmen sie alle die göttliche Stimme; sie sahen
Nirgends des ewigen Gottes Gestalt, sah'n nirgends die Rosse; 250
Denn rings hüllten die Wolken ihn ein; doch daß es ein Gott sei,
Dessen erhabene Stimme von fern an die Ohren der Troer
Schlug, erkannte vor Allen des Helenos göttliche Weisheit;
Und froh ward er im Herzen und rief dem entfliehenden Volke:
   Feiglinge, ha, was bebt ihr zurück vor des stolzen Achilleus 255
Muthigem Sohn? Er ist ja, wie ihr, ein sterblicher Mensch nur,
Nicht zu vergleichen an Kraft dem entsetzlichen Gotte der Schlachten,
Welcher erwünscht uns Hülfe gewährt; sein mächtiger Ruf ist's,
Welcher zum Kampf uns treibt mit den Danaern. Auf, o Genossen,
Harrt denn aus, und waffnet mit männlichem Muthe die Herzen; 260
Denn kein stärkerer Helfer erscheint im Kriege den Troern,
Glaub' ich, hinfort; wer könnte den sterblichen Menschen ersehnter
Kommen im Kampf, als Ares, gewährt er Hülfe den Streitern?
Uns auch eilt' er heran zum Beistand; aber gedenkt nun
Selber des Kampfs und werfet von euch muthloses Verzagen! 265
   Sprach's, und den Danaern traten die Dardaner wieder entgegen.
Wie wenn wider den Wolf im Wald anstürzen die Hunde,
Welchen sie kaum noch flohen, und frisch zu dem Kampfe sich wenden;
Denn mit mahnendem Ruf treibt unablässig der Schafhirt:
Also warfen sich jetzo die Dardaner, ohne zu zittern, 270
Dort in des Kriegs graunvolles Gewühl; Mann stellte dem Mann sich
Muthig entgegen im Kampf, und Wehr und Waffen der Männer
Klirrten umher, vom Schwerte, von Pfeil und Lanze getroffen;
Auch in das Fleisch drang manches Geschoß; in dem gräßlichen Kampfe
Floß in Strömen das Blut; hier Dardaner, dort Argeier, 275
Sanken in Haufen dahin; gleich schwebte die Wag' in der Feldschlacht.
Wie wenn rüstige Männer im fruchtbaren Traubengelände
Reben, in Reihen gepflanzt, mit ämsigem Stahle beschneiden,
Ohne zu ruh'n, wetteifernd entbrannt in geschäftigem Fleiße,
Und gleich fördern das Werk, an Stärke sich gleich und an
                   Alter: 280

Also stand für Beide die traurige Wage des Kampfes
Gleich; hier schlugen die Troer die Schlacht, kühn, ohne zu wanken,
Weil sie, getrost ausharrend, des Ares Hülfe vertrauten,
Dort die Achäer, ergeben dem streitbaren Sohn des Achilleus.
Rastlos tobte das Morden; Enyo schritt in der Mitten 285
Furchtbar einher, gar schaurig von Blut an Schultern und Händen
Triefend; der Schweiß floß glühend herab von den riesigen Gliedern.
Keinem der Kämpfenden hold und der wechselnden Morde sich freuend,
Hegte sie Scheu vor Thetis zugleich und dem göttlichen Ares.
   Durch Neoptolemos fiel der gepriesene Held Perimedes, 290
Welcher ein stattliches Haus bei Sminthe's Haine bewohnte;
Kestros erschlug er sodann und den streitbaren Helden Phaleros,
Auch Perilaos' Kraft und des Wurfspeers Schwinger Menallas,
Welchen dem Meister des Baues, dem kunstreich schaffenden Medon,
Iphianassa geboren am heiligen Fuße von Killa. 295
Der denn weilte daheim in dem theueren Lande der Väter,
Ohne des Sohns sich zu freu'n; denn was er sich mühsam errungen,
Theilten, nachdem er geschieden, die erbenden Seitenverwandten.
Weiter erlegte der Held Deïphobos, über der Scham ihn
Treffend, den wackeren Kämpfer, den Lykon; alle Gedärme 300
Strömten dem Helden heraus, um den stämmigen Speer sich er-
                    gießend.
Held Aeneias erlegte den Damas, welcher in Aulis
Wohnte vordem und gen Troja gefolgt dem Arkesilaos;
Aber er sah nicht wieder die Heimat seiner Geliebten.
Doch Euryalos zwang mit bitterem Speer den Asträos; 305
Rasch durchstürmte den Busen die unheilbringende Spitze,
Und ihm bereitend den Tod, durchschnitt sie die Pfade des Magens,
Daß im Magen das Blut alsbald mit den Speisen sich mischte.
Nicht gar ferne von jenem erschlug der beherzte Agenor
Teukros' tapferen Freund Hippomenes, den er am Schlußbein 310
Traf mit rüstigem Stoß; ihm floß mit dem Blute das Leben
Schnell aus den Gliedern hinweg, und Nacht des Todes umfing ihn.
Teukros, ergriffen von Schmerz um den Tod des geliebten Genossen,
Sandte, die Sehn' anziehend, den flüchtigen Pfeil nach Agenor;
Aber er traf ihn nicht, der leicht ausbeugend zurückwich, 315

Achter Gesang.

Nein, traf Deïophontes, den streitbaren, der ihm zunächst war,
Links in das Aug', und der Pfeil fuhr wieder heraus an dem rechten
Ohre, den Stern durchbohrend des Aug's; so lenkte des Schicksals
Wille das herbe Geschoß; der Getroffene sprang von der Erde
Hoch, noch stehend, empor; da sendete Teukros den andern 320
Pfeil, der zischend die Kehle durchbohrt' und die Sehnen des Nackens
Hinten zerschnitt; ihn aber ergriff die vertilgende Moira.
  So gab Einer dem Andern den Tod, und die Keren und Moros
Freuten sich; weithin dröhnte der unheilschwangeren Eris
Stürmischer Ruf; antwortend erscholl von dem Gotte der Schlach-
    ten 325
Grauses Geschrei; er hauchte den Dardanern rüstigen Muth ein,
Schrecken dem Danaervolk; bang bebten die Reih'n der Achäer;
Doch nicht schreckt' er den Sohn des Achilleus; ohne zu zagen,
Hielt er Stand, nun diesem den Tod, nun jenem bereitend.
Wie sich ein Kind mit den Händen versucht an dem Schwarme der
    Fliegen, 330
Die um die Milch her summen; vom Schlag des Knaben getroffen,
Hauchen sie alle zumal, die dort, hier andre, den Geist aus;
Hoch dann freut sich der Kleine der That: so freute sich jetzt auch
Ueber die Haufen der Todten des mitleidlosen Achilleus
Strahlender Sohn, nicht achtend des Ares, welcher die Troer 335
Trieb in die Schlacht; hier warf er und dort zur Erde die Feinde,
Die ringsher eindrangen. Und wie des erhabenen Berges
Felshaupt, ohne zu wanken, besteht anstürmende Winde,
So stand Pyrrhos im Sturm furchtlos; doch hätte der Kriegsgott,
Zürnend dem muthigen Helden, die heilige Wolke zerrissen, 340
Hätte sich selbst zum Kampf ihm gestellt, wenn Pallas Athene
Nicht von Olympos' Höh'n zu dem schattigen Ida herabstieg.
Ringsum bebte die Erde; des Xanthos rauschende Wellen
Bebten umher; so schritt sie dahin; Furcht lähmte der Nymphen
Muthiges Herz, und sie zagten um Priamos' Veste, des Königs. 345
Aber die Wehr, die der Göttin unsterblichen Busen umhüllte,
Funkelte gleich Blitzstrahlen, die furchtbar leuchten vom Himmel.
Graunvoll schnoben die Drachen am unbezwinglichen Schilde
Rastlos Feuer umher; hoch reichte der Helm in die Wolken.

Und wohl hätte sie jetzt in den Kampf mit dem rüstigen Ares 350
Ohne Verzug sich gestürzt, wenn nicht Zeus' heilige Weisheit
Beide geschreckt; denn graus von ätherischen Höh'n des Olympos
Scholl sein Donner herab; da ließ von dem Kampfe der Kriegsgott;
Denn er erkannte den Willen des allmachtvollen Kronion;
Und in der trotzigen Brust nicht mehr um die Troer sich küm-
mernd, 355
Eilt' er zum stürmischen Lande der Thrakier; aber sie selbst auch,
Pallas, die herrliche, blieb nicht mehr im Gefilde der Troer;
Nein, sie stürmte hinweg in das heilige Land der Athener.
Doch noch dachten des Kampfes die Anderen: Dardanos' Söhne
Wichen zurück; die Achäer, entbrannt von mächtiger Kampflust, 360
Hefteten sich an die Sohlen der Weichenden, so wie die Winde
Folgen dem Schiff, das rasch mit entfalteten Segeln die Meerflut
Theilt, wie Feuer die Waldung ergreift, wie, gierig nach Beute,
Rührige Hund' in den Bergen die flüchtigen Rehe verfolgen:
Also stürzten sich eilend Achäa's Söhne dem Feind nach, 365
Weil des Achilleus Sohn sie befeuerte, der mit dem Wurfspeer,
Wen er ereilt', im Getümmel erschlug; die Troer entflohen
Zitternd und tauchten hinein in die offenen Thore der Veste.
Doch nun ruhten ein wenig Achäa's Söhne vom Kampf aus,
Als sie die Schaaren der Troer in Priamos' Veste getrieben, 370
So wie Hirten die Lämmer in einsame Pferche verschließen.
Und wie der Stier aufathmet, von Arbeit völlig ermüdet,
Wenn er die Last aufwärts zu der schroff ansteigenden Höhe,
Unter dem Joch schwer stöhnend, hinaufzog: so in den Waffen
Athmeten auf die Achäer; doch brannten sie selbst so ermattet 375
Noch zu bestürmen die Stadt, und zogen sich rings um die Mauern.
Dardanos' Volk, nachdem es der Stadt Eingänge verriegelt,
Harrte des drohenden Sturmes der Danaer hinter den Thürmen.
Wie Schafhirten einmal im Gehöft' abwarten den Sturmwind,
Wenn voll Grauen ein Wetter heranzieht, furchtbar die Blitze 380
Flammen, die Wolken sich jagen und endlos Regen herabströmt;
Jene, so sehr sie's drängte, hinaus auf die Weide zu ziehen,
Bleiben im Hofe zurück, bis nicht mehr zürnen die Wetter,
Und nachlassen die Ströme, die wild herbrausen vom Berge:

Achter Gesang.

So blieb hinter den Mauern, besorgt vor dem Sturme des
                              Feindes,   385
Dardanos' Volk; die Achäer ergoßen sich schnell um die Stadt her.
Wie wenn Schwärme von Krähen und raschhinfliegenden Staaren
Kühn in unendlicher Zahl auf die Frucht der Olive sich stürzen,
Sich an der labenden Speise zu sättigen; schreiend versucht es,
Sie zu verscheuchen, ein Trupp von Jünglingen, aber vergebens, 390
Eh sie gekostet die Frucht; denn dreist macht quälender Hunger:
Also ergoßen sich jetzt die gewaltigen Männer Achäa's
Rings um Priamos' Stadt und stürzten sich kühn auf die Thore,
Trachtend, des stolzen Poseidon erhabenes Werk zu vernichten.
    Doch wohl dachten des Kampfs, wie bestürzt auch immer, die
                                Troer;   395
Rastlos schlugen sie fort und ermatteten nicht in der Abwehr,
Hoch auf die Thürme gestellt; von den schwerarbeitenden Händen
Flogen zugleich mit Steinen und rüstigen Lanzen die Pfeile
Dicht in der Feinde Gewühl; denn Phöbos stärkte die Helden
Mit ausdauernder Kraft, und auch, seit Hektor geschieden,   400
Wollte der Gott allzeit hülfreich sich erweisen den Troern.
    Aber Meriones schnellte den unheilbringenden Pfeil ab,
Und den Phylobamas traf er, den Freund des beherzten Polites,
Unter dem Kinn; fest bohrte sich ihm das Geschoß in die Kehle.
Und schnell sank von der Mauer Phylobamas, ähnlich dem Geier, 405
Welchen ein Jüngling vom Felsen mit spitzigem Pfeile herabschießt:
Also fiel er herab von der steilaufragenden Mauer,
Und sein Leben entwich und die Wehr klang über dem Todten.
Doch frohlockend entsandte der Sohn des gewaltigen Molos
Noch ein andres Geschoß; es verlangt' ihn, auch den Polites,   410
Priamos' Sohn, zu erlegen, des vielerduldenden Greises.
Doch er entzog sich dem Schusse, gewandt auf die Seite sich beugend,
Daß das Geschoß an der schönen Gestalt unschädlich vorbeiflog.
Wie wenn über die Tiefen der See mit günstigem Windhauch
Gleitet ein Schiff, und der Schiffer, den Fels wahrnehmend im
                                Meere,   415
Seitwärts wendet das Schiff, der Gefahr zu entrinnen verlangend,
Und mit der Hand, wohin's ihm gefällt, hinrichtet das Steuer,

Daß nur kleine Gewalt ihm abwehrt großes Verderben:
Also entrann er dem Tode, die tödtliche Waffe gewahrend.

Endlos wogte der Kampf; Brustwehr und Mauern und Thürme 420
Röthete Blut ringsher, wo Dardanos' tapfere Söhne
Vor den Geschossen erlagen der rüstigen Männer Achäa's.
Doch auch diesen beschied das Geschick viel Mühen und Schmerzen;
Viele ja färbten die Erde mit Blut, graunvolles Verderben
Wüthet' umher in den Reihen; und Polemos' Schwester Enyo 425
Labte das Herz, hier mächtig und dort aufregend die Kampfwuth.
Und nun brachen sie wahrlich die Thor' und die Mauern von Troja,
Argos' Söhne, da ganz unbezwingliche Kraft sie beseelte,
Wenn Ganymedes nicht, der gepriesene, dem für die Heimat
Bangte, vom Himmel herniedergeschaut und die Worte gerufen: 430
   Wenn ich, o Zeus Allvater, gewiß aus deinem Geschlecht bin,
Und nach deinem Gebote verließ die gefeierte Heimat,
Unter den Göttern zu sein, und mir ewiges Leben geworden;
Dann erhöre mich jetzt, der tief in der Seele betrübt ist.
Kann ich es doch nicht tragen, zu seh'n, wie Troja, die Heimat, 435
Schrecklich in Feuer vergeht und im schaurigen Waffengetümmel
Unser Geschlecht hinstirbt: Schmerz, dem kein anderer gleichkommt!
Doch wenn dir es im Herzen gefällt, daß solches geschehe,
Laß nur mich nicht schauen das Schreckliche; leichter zu tragen
Ist's ja, wenn ich es nicht mit den eigenen Augen erblicke. 440
Was kann kläglicher sein, was schrecklicher, als die geliebte
Heimat niedergeworfen zu seh'n von den Händen der Feinde?
   Also sprach, schwer seufzend, der treffliche Held Ganymedes.
Und nun hüllte Kronion in undurchdringliche Wolken
Fort und fort die Gefilde von Ilios; düsteres Nachtgrauen 445
Lagerte über der Stätte des Kampfs, und Keiner von Allen
Konnte den Ort mit den Augen erseh'n, wo die Mauer emporstieg.
Rings war Alles bedeckt von dichteinhüllenden Wolken;
Graunvoll rollten die Donner umher und Blitze vom Himmel
Zuckten; die Danaer aber, Kronions Stimme vernehmend, 450
Standen erstaunt; doch Nestor begann mit erhobener Stimme:
   Freunde, wir sind nicht sicher hinfort, ihr Fürsten Achäa's,
Wenn der olympische Zeus Dardania's muthigen Söhnen

Achter Gesang.

Machtvoll Hülfe gewährt; denn unabsehbares Unheil
Wälzt sich heran auf uns; doch jetzt zu den Schiffen gewendet,   455
Laßt uns ruh'n von der Mühe des schaurigen Waffengewühles,
Daß er in grimmigem Zorn nicht all' in der Flamme vernichte.
Folgen wir jetzt den Zeichen von ihm; denn Allen geziemt es,
Allzeit ihm zu gehorchen, dem Mächtigsten, welcher den starken
Göttern gebeut und mächtig beherrscht unmächtige Menschen.   460
Goß er im Grolle doch einst auf Uranos' frevelnde Söhne
Feuers Gewalt vom Olympos herab, daß unten die Erde
Rings in Flammen verging und Okeanos' breite Gewässer
Sprudelten, ganz vom Feuer durchglüht in den innersten Tiefen,
Und die Gewässer versiegten der vollhinströmenden Flüsse;   465
Hin starb, was an Geschöpfen die nährende Erde geboren,
Was das unendliche Meer und was der unsterblichen Ströme
Fluten genährt; von Rauch und qualmender Asche verhüllt ward
Ringsum die Luft, und gebrochen von Drangsal stöhnte die Erde.
Darum fürcht' ich des Zeus Ingrimm an dem heutigen Tage.   470
Gehen wir denn zu den Schiffen; denn Zeus hilft heute den Troern;
Uns auch wird er den Sieg in den kommenden Tagen verleihen,
Weil uns Ein Tag lächelt, ein anderer feindlich gesinnt ist.
Noch ist Ilios' Fall uns nicht vom Geschicke beschieden,
Wenn uns Wahrheit meldet das Wort des gefeierten Sehers,   475
Welches er einst kundthat dem versammelten Volk der Achäer,
Daß wir im zehenten Jahre bewältigten Priamos' Veste.
  Sprach's, und jene hinweg von der stattlichen Veste sich wendend,
Zogen vom Kampf sich zurück, erschreckt von dem Donner Kronions;
Denn sie gehorchten dem Worte des alterfahrenen Greises.   480
Aber sie mochten auch so der erschlagenen Kämpfer gedenken,
Trugen sie weg aus der Schlacht und bestatteten alle zur Erde.
Denn die hüllte ja nicht das Gewölk ein, welches die stolze
Veste verbarg und die Zinnen der unzugänglichen Mauer,
Wo viel Söhne der Troer und Danaer sanken im Kampfe.   485
Drauf an die eilenden Schiffe gelangten sie, legten die Wehr ab,
Spülten sodann sich den Schweiß und den Staub und das Blut von
                                    den Gliedern,
Tauchend hinein in die Wogen des lieblichen Meeres der Helle.

Helios lenkte hinab in die Nacht mit den rüstigen Rossen;
Endend die Mühen der Menschen, umlagerte Dunkel das Erdreich. 490
Argos' Jünglinge ehrten den streitbaren Sohn des Achilleus,
Wie sie den Vater geehrt; er saß in den Zelten der Herrscher
Freudig am Mahl; ihn machte die Arbeit nimmer ermatten,
Weil ihm Thetis verlieh'n unermüdliche Frische der Jugend.
Aber nachdem er den Muth am Mahle gestärkt und gesättigt, 495
Ging er zum stattlichen Zelt des Achilleus, wo sich der Schlummer
Um ihn ergoß. Die Achäer erlabten sich Nachts an den Schiffen,
Stets in der Wach' abwechselnd; sie fürchteten, Dardanos' Völker
Oder die tapfere Schaar der Verbündeten möchten die Schiffe
Ihnen versengen in Glut und der Heimkehr Alle berauben. 500
So auch pflegten des Schlafes in Priamos' Veste die Troer,
Stets in der Wach' abwechselnd umher auf Thoren und Mauern;
Zitterten doch auch sie vor der Danaer stürmischem Andrang.

Neunter Gesang.

Inhalt. Der folgende Tag, da die Troer sich nicht aus der Stadt wagen, beginnt und endet ohne Kampf; die Waffenruhe wird nach einer Uebereinkunft zwischen Agamemnon und Priamos auf beiden Seiten dazu benützt, die Todten zu bestatten. Vor Allen wird von den Troern Eurypylos geehrt, dem ein besonderes Grabmal vor dem barbanischen Thor errichtet wird. Indessen besucht Neoptolemos (Pyrrhos) den Grabhügel seines Vaters Achilleus. Am andern Tage rücken die Achäer von Neuem vor die Stadt; die Troer ermuthigt Deïphobos, Priamos' Sohn, zu einem Ausfall. Durch Neoptolemos bedroht, wird er von Apollon in eine Wolke gehüllt und in die Stadt gerettet. Zeus zertheilt die Finsterniß, die sich um Troja gelagert hat, und Neoptolemos greift die Troer von Neuem an. Ihnen eilt Apollon zu Hülfe, indeß Poseidon die Achäer ermuthigt und Troja zu zerstören droht, wenn Apollon nicht von Neoptolemos ablasse. Endlich ziehen sich auf den Rath des Kalchas die Achäer in's Lager zurück, und senden den Diomedes und Odysseus nach Lemnos, um den dort an seiner Wunde leidenden Philoktetes herbeizuholen, da ohne seine Beihülfe Troja nicht erobert werden kann. Philoktetes wird nach seiner Ankunft im Lager durch Podaleirios, den Sohn des Asklepios, geheilt und von Agamemnon und den Achäern mit Ehren und Geschenken überhäuft. Tags darauf rücken die Achäer, von Philoktetes angefeuert, wider Troja heran.

Als sich vollendet die Nacht und fern an den Marken im Osten
Eos erstand und in Glanz sich erschloß der unendliche Himmel,
Spähten die streitbaren Söhne der rüstigen Männer Achäa's
Rings umher in der Ebne; da, sieh, stand Pergamos' Veste
Unumwöllt, und sie staunten, des gestrigen Wunders gedenkend. 5
Aber die Troer beschlossen hinfort an der ragenden Mauer
Nicht im Kampfe zu stehn; denn Furcht nahm Alle gefangen;
Und nun rief Antenor empor zu dem Gotte der Götter:

Zeus, Obherrscher vom Ida, des glänzenden Himmels Gebieter,
Höre mich fleh'n, und treibe den mächtigen Rufer im Streite 10
Weg von unserer Stadt, der Unheil brütet im Herzen,
Sei er Achilleus selbst, und stieg der nicht in den Hades,
Oder ein Danaer sonst, der ihm an die Seite sich stelle!
Denn in Priamos' Veste, des gottgeborenen Königs,
Sinken die Völker in Schaaren dahin; nie rastet das Unheil; 15
Nein, Tod, Mord und Verderben erblüht an jeglichem Tage.
Vater Zeus, uns mordet die blutige Hand der Achäer;
Aber es rührt dich nicht; ja, deines erhabenen Sohnes
Dardanos selbst vergissest du, Herr, und den Danaern hilfst du.
Aber wofern dein Herz in der Brust hegt solches Verlangen, 20
Daß vom Speer der Argeier die Dardaner kläglich erliegen,
Laß es gescheh'n alsbald, gib uns nicht lange der Qual hin!
Also betet' er laut; ihn hörte der Gott im Olympos;
Und er gewährte das Eine sogleich und das Andre versagt' er:
Dies vollendet' er ihm, daß noch viel Troer erlagen, 25
Sie mit den Kindern zugleich, und dies nicht, daß er Achilleus'
Streitbaren Sohn abwehrte vom weitdurchwanderten Troja;
Nein, er stachelt' ihn selbst noch mehr auf, weil es ihn drängte,
Nereus' sinnige Tochter mit Wonn' und Ehre zu krönen.
Also verhängt' es der Rath des gewaltigsten unter den Göttern. 30
Zwischen der Stadt und den Ufern des Hellespontos verbrannten
Argos' und Troja's Söhne zugleich mit den Rossen die Todten,
Welche der Krieg erschlug; jetzt ruhte der Mord und die Kampfwuth;
Denn Held Priamos hatte Menötes eben, den Herold,
An Agamemnon gesandt und die anderen Männer Achäa's, 35
Daß sie den Troern gestatten, sofort zu verbrennen die Leichen.
Und sie gewährten es ihm; denn die Danaer ehrten die Todten,
Und kein Haß folgt mehr den Geschiedenen. Aber nachdem sie
Dort und hier manch Scheitergerüst den Gefall'nen errichtet,
Kehrten Achäa's Söhne zurück zu den stattlichen Zelten, 40
Aber die Troer zum Hause des reichbegüterten Königs,
Ueber Eurypylos' Fall in schmerzliche Trauer versunken;
Denn ihn ehrten sie alle, wie Priamos' eigene Kinder;
Darum begruben sie ihn, von den anderen Todten gesondert,

Neunter Gesang.

Vor dem barbanischen Thor, wo tief aufwirbelnd der Xanthos 45
Wälzt die gewaltigen Wogen, geschwellt von dem Regen Kronions.
Aber Achilleus' Sohn ging hin zu des muthigen Vaters
Hochaufragendem Grab; hier schmerzliche Thränen vergießend,
Küßt' er die glänzende Säule, die stolz sich erhob an dem Grabmal,
Seufzt' aus innerster Brust, und rief zu dem Vater die Worte: 50
  Sei auch unter der Erde gegrüßt; denn ewig gedenk' ich,
Vater, an dich, der niedergewallt zu dem Hause der Schatten.
Hätt' ich doch dich lebend im Volk der Achäer getroffen!
Ach, dann hätten wir bald aus Ilios' heiliger Veste,
Einer die Wonne des Andern, entführt den unendlichen Reichthum. 55
Doch jetzt sahest du weder den Sohn, noch hab' ich am Leben
Hier dich geseh'n, wie sehr mich verlangt, dich lebend zu schauen.
Aber miewohl du, ferne von uns, weilst unter den Todten,
Schreckt dein Speer, schreckt Pyrrhos die Darbaner noch in der Feld-
schlacht,
Und auf mich schau'n Alle mit Lust im Danaervolke, 60
Der ich an Wuchs und Gestalt und in rühmlichen Thaten dir gleich
bin.
  Sprach's und wischte die Thräne sich ab von der glühenden Wange,
Ging dann schnell zu den Schiffen des heldenmüthigen Vaters,
Nicht er allein, ihm folgten zugleich zwölf Männer aus Phthia.
Phönix war mit ihnen, der Greis von alter Erfahrung, 65
Der um den Tod wehklagte des hochgerühmten Achilleus.
  Nacht ward's über der Erde, die Stern' am Gewölbe des Himmels
Leuchteten; jene genossen des Mahls und gingen zur Ruhe.
Eos erwachte darauf, und die Danaer legten die Wehr an;
Weithin strahlte von ihr ein unendlicher Glanz in den Aether. 70
Und nun stürmten sie alle sofort in wildem Getümmel
In das Gefilde hinaus, wie des Schnees dichtstöbernde Flocken,
Die durch die Lüfte sich jagen in schaurigen Tagen des Winters:
So vor die Mauer hinaus entstürmten sie; gräßlich erhob sich
Schlachtruf, und von den Tritten der Wandelnden bebte die Erde. 75
  Als sie vernommen den Ruf und das Volk wahrnahmen, die Troer,
Staunten sie all' und erschraken; der Muth brach ihnen im Busen;
Denn schon sah'n sie das letzte Geschick nah'n; rings, wie die Wolke,

Zogen die Feinde heran, laut klirrte die Wehr um die Männer;
Unabläſſig erhob ſich der Staub von den Füßen im Felde. 80
Nun haucht' irgend ein Gott dem Deïphobos Muth in die Seele,
Daß er hinfort nicht bebte, zu zieh'n in das Grauen des Kampfes,
Oder ihn trieb in die Schlacht ſein eigener Sinn, mit der Lanze
Feindlicher Männer Gewühl von der heimiſchen Erde zu tilgen;
Und nun ſprach er gefaßt dies muthige Wort zu den Troern: 85
   Freunde, wohlan, jetzt waffnet mit rüſtigem Muthe die Herzen,
Eingedenk, was Alles von Leib und ſchmerzlichem Jammer
Ueber gefangene Männer verhängt das Ende des Krieges.
Nicht um Paris allein und Helena kämpfen wir fortan,
Nein, um die Stadt, uns ſelbſt und die Gattinnen, Kinder und
                              Eltern, 90
Jeden Genuß und jeden Beſitz und die wonnige Heimat;
O daß die doch eher, nachdem ich im Kampfe gefallen,
Mich im Schooße begrübe, bevor ich ſehe von Feindes
Lanze die Traute beſiegt; denn, traun, kein größeres Unheil
Gibt's, als dies, auf Erden für uns mühſelige Menſchen. 95
Deßhalb werfet von euch die verächtliche Furcht und vereint euch
Alle zu feindlichem Kampf um mich; denn lebend begegnet
Uns in der Schlacht nicht mehr der Achilleus, welchen des Feuers
Sengende Gluten verzehrten; es iſt ein andrer Achäer,
Welcher das Heer jetzt führt, dem Achilleus ähnlich in Allem. 100
Doch wir dürfen fürwahr, und ähnelt er auch dem Peliden,
Weder vor ihm, noch einem der anderen Danaer zittern,
Streitend für heimiſches Land. Drum fliehen wir nicht vor dem
                              Kampfe,
Wenn wir in ihm bisher auch viel Mühſale beſtanden!
Ober erkanntet ihr nicht, daß drangſalbuldenden Männern 105
Wonnige Luſt und Segen erblüht nach Mühen und Arbeit,
Daß nach verheerenden Stürmen und graunvoll toſenden Wettern
Zeus den erfreuenden Tag durch heitere Lüfte zurückführt,
Daß die Geneſung folgt auf unheilbringende Krankheit,
Friede nach Krieg? So wechſelt es ſtets in dem Laufe der Zeiten. 110
   Alſo ſprach er, und jene ſofort nach dem Kampfe verlangend
Rüſteten ſich; bald tönte Geräuſch von den Jünglingen Troja's,

Neunter Gesang.

Die zu der traurigen Schlacht sich bereiteten, rings in der Veste.
Denn dort stellte die Gattin, erschreckt von den drohenden Kämpfen,
Thränen im Blick, die Waffen zurecht für den scheidenden Gatten, 115
Und hier trugen die Wehr, rastlos um den Vater geschäftig,
Eilig die kindlichen Söhne heran; um die weinenden Knaben
Trauert' er bald, in der Seele betrübt; bald lächelt' er wieder;
Denn ihr Anblick füllt' ihn mit Lust; und heftiger trieb's ihn
Fort in die Schlacht, sich zu müh'n für das eigene Wohl und die
          Kinder. 120
Dort dann legte der Alte dem Sohn mit erfahrenen Händen,
Ihm zum rettenden Schutz in vertilgenden Schlachten, die Wehr an,
Ihn vielfältig ermahnend, im Kampf Niemanden zu weichen;
Und er enthüllte die Brust, die verwundete, zeigte dem Jüngling,
Wie sie von Narben bedeckt noch sprach von den früheren Kämpfen. 125
 Aber nachdem sich Alle bewehrt und zum Kampfe gegürtet,
Strömten sie schnell vor die Veste hinaus, heiß glühend von Streitlust.
Alsbald warfen sich kühn auf hurtige Reitergeschwader
Streiter zu Roß, Fußvolk brach stürmend heran in das Fußvolk,
Wagen bestürmten die Wagen; der Grund dröhnt' auf von den
          Tritten, 130
Als sie zur Schlacht hinstürzten, und laut rief Jeder den Seinen
Mahnend zu; da stießen sie rasch an einander, die Waffen
Klirrten um sie; von den Heeren erscholl graundrohender Schlachtruf.
Rastlos flogen von hier und von dort die Geschosse des Todes
Sonder Zahl, und die Schilde der Kämpfenden dröhnten, die
          einen 135
Von Wurfspeeren getroffen, und andere wieder von Schwertern,
Andre von leichteren Spießen; die rascheindringende Streitart
Schlug viel Wunden den Männern umher, Blut färbte die Waffen.
Aber die troischen Frau'n sah'n hoch von der thürmenden Mauer,
Wie sich die Jünglinge schlugen im Kampf; da bebten sie alle, 140
Und für der Kinder Geschick, für liebende Gatten und Brüder
Flehten sie fromm zu den Göttern empor; graulockige Greise
Saßen daselbst, in Kummer das Herz um die Söhne verzehrend,
Ihnen gesellt; allein mit den Sklavinnen saß im Gemache
Helena; denn fern hielt sie die Scham von den anderen Frauen. 145

Unaufhaltsam tobte die Schlacht an der Mauer; die Keren
Freuten sich; Eris erweckte mit tosendem Rufe die Völker,
Die sich im Kampfe begegnet; vom Blut der erschlagenen Männer
Färbte der Staub sich roth, die zahllos lagen im Felde.
Aber Deïphobos warf den verwegenen Lenker des Wagens, 150
Hippasos' Sohn, in den Staub; der fiel von dem schnellem Gespanne
Zwischen die Todten hinab, und Trauer umfing den Gebieter;
Denn er fürchtete nun, daß Priamos' tapferer Sohn ihm
Gebe den Tod, indeß in der Hand er halte die Zügel;
Doch wohl achtete seiner Melanthios; ohne zu säumen, 155
Schwang er sich hoch in den Wagen, und machtvoll schüttelnd die
Zügel,
Trieb er rufend die Rosse zum Lauf mit dem Schlage des Speeres.
Aber Deïphobos wandte sich ab und warf sich in andre
Haufen hinein, und Vielen bereitet' er Tod und Verderben,
Voll unbändiges Muths; denn gleich dem vertilgenden Sturm-
wind, 160
Sprang er wider die Feinde heran; Unzählige streckt' er
Todt in den Staub, und mit Leichen bedeckte sich weit das Gefilde.
 Wie auf langgestrecktem Gebirg' in die Tiefen der Waldschlucht
Ein Holzhauer behend sich hinabläßt, Bäume zu fällen,
Die dort fröhlich gedeih'n, auf daß er bereite die Kohlen, 165
Wenn er im Schooße der Erde die brennenden Stämme geborgen;
Jene bedeckten den Grund, hier fallend und dort, und der Arbeit
Freut sich der Mann: so sanken die Danaer über einander,
Als sie der rüstige Arm des Deïphobos niedergeworfen.
Die denn rangen im Kampf mit den Dardanern, Andere wieder 170
Floh'n an die breiten Gewässer des Xanthos; Alle zumal trieb
Priamos' Sohn in den Strom und rastete nicht von dem Morde.
Wie an des Hellespont fischwimmelnden weiten Gestaden
Vielgeschäftige Fischer das bauschige Netz an das Festland
Aufzieh'n; während es noch in der Flut ist, schwingt sich ein Jüng-
ling 175
Eilig hinab in die See, den gebogenen Spieß in den Händen,
Traurigen Tod zu bereiten den Schwertlingen; einen erlegt er
Hier und den anderen dort; roth färbt sich von Blut das Gewässer:

Neunter Gesang.

Also rötheten sich von dem Blut die Gewässer das Xanthos
Unter Deiphobos' Hand; rings drängten sich Leichen an Leichen. 180
Doch für die Dardaner auch war nicht unblutig die Feldschlacht;
Denn sie warf an die Erde der mächtige Sohn des Achilleus,
Andere Schaaren der Feinde bewältigend. Thetis, von fern ihn
Schauend, erlabte sich so an dem rüstigen Sinne des Enkels,
Als sie Trauer empfand um Achilleus. Denn vor des Pyrrhos 185
Wurfspeer sanken mit ihrem Gespann unzählige Streiter
Todt in den Staub; er schleuderte Mord in die fliehenden Reihen.
Da sank Amides hin; der kam auf erhabenem Rosse
Sitzend heran auf ihn; doch half ihm nimmer des Reiters
Zierliche Kunst; traf Pyrrhos ihn doch mit dem blinkenden Wurf-
　　　　　　　　　　　　　　　　　　　　　　　　speer 190
Tief in den Bauch, daß die Spitze zum Rückgrat wieder herausfuhr.
Alsbald quoll das Gedärm ihm hervor; die vertilgende Moira
Faßt' ihn sofort, und er stürzte hinab zu den Füßen des Rosses.
Dann den Askanios zwang er und Oenops, jenem des Magens
Mund mit dem Speer durchbohrend, den Anderen treffend am
　　　　　　　　　　　　　　　　　　　　　　　　Schlunde, 195
Wo für den Tod am schnellsten die Bahn zu dem Leben sich öffnet.
Wen er erreicht, dem gab er den Tod; wer möchte die Männer
Alle mit Namen bezeichnen, so viel im Gewühle des Kampfes
Durch Neoptolemos fielen, den niemals wankenden Streiter?
So wie ein ländlicher Mann auf blühendem Felde den langen 200
Tag durch fortarbeitet, mit rüstigem Arme sich mühend,
Und mit geschwungenem Stab unzählige Früchte des Oelbaums
Schüttet zur Erde hinab, die weithin decken den Boden:
So fiel feindliches Volk zahllos von den Händen des Pyrrhos.
Aber des Tydeus Sohn und der Meister des Speers Agamem-
　　　　　　　　　　　　　　　　　　　　　　　　non 205
Mit noch anderen Fürsten der Danaer schlugen an anderm
Orte die Schlacht, nicht wankend; auch Ilios' tapfere Führer
Hielten von Furcht und Schrecken sich frei; voll freudiges Muthes
Standen im Kampf auch sie und wehrten den weichenden Männern
Feige zu flieh'n; doch Viele, das Wort der Gebieter verachtend, 210
Flohen vom Streite zurück, vor der Wuth der Achäer erzitternd.

Spät erst ward er gewahr, der gewaltige Sohn des Achilleus,
Daß an Skamandros' Ufern umher stets dichter und dichter
Sanken die Reih'n der Achäer; da ließ er zur Veste sie fliehen,
Die er bedrängt bisher; dem Automedon hieß er die Rosse 215
Dorthin lenken sofort, wo die Danaer sanken in Haufen.
Dieser gehorcht' alsbald und trieb die unsterblichen Rosse
In das Gewühl mit der Geißel hinein; leicht trugen die Renner
Ueber die Leichen im Fluge dahin den gewaltigen Herrscher.
Wie auf stolzem Gespann zur männervertilgenden Feldschlacht 220
Ares zieht; weit zittert der Grund, indeß er heranstürmt;
Strahlend wie Glut dröhnt furchtbar die Wehr um den Busen
  des Gottes:
Also wandelte dort der verwegene Sohn des Achilleus
Gegen Deïphobos an; ringsher um die Hufen der Rosse
Hob sich in Wolken der Staub. Automedon, als er den Helden 225
Sah, erkannt' er ihn gleich, und schnell zu dem Herrscher gewendet,
Sprach er das Wort, mit Namen den rühmlichen Mann ihm bezeichnend:
  Fürst, hier siehst du das Heer des Deïphobos, siehst du ihn selbst
    auch,
Der vor Achilleus bebte vordem; nun haucht' ihm ein Dämon
Oder ein himmlischer Gott unerschrockenen Muth in die Seele. 230
  Also sprach er, und nichts antwortete Jener und trieb ihn
Nur noch mehr zur Eile, damit er, ohne zu säumen,
Schmählichen Tod abwehre den schwerbedrängten Achäern.
Als sich indeß einander die Zwei ganz nahe gekommen,
Blieb Deïphobos stehen, obwohl nach dem Kampfe verlangend, 235
So wie schreckliches Feuer, sobald sich's nahte dem Wasser.
Und er erblickte mit Staunen des muthigen Aeakosenkels
Göttlich Gespann und den Sohn, den gewaltigen, welcher dem Vater
Nicht nachstand. Da sann er umher unschlüssig im Herzen,
Ob er entflieh', ob rüstig den Kampf mit dem Manne bestehe. 240
Wie in den Bergen ein Eber die Schakale weg von den Jungen
Scheuchte, den ebengebornen, und dann urplötzlich ein Löwe
Herstürzt; jener darauf läßt ab von dem stürmischen Andrang;
Und nicht wagend hinfort rückwärts sich zu wenden noch vorwärts,
Wetzt er die schäumenden Hauer im weitgeöffneten Rachen: 245

Neunter Gesang.

So hielt Priamos' Sohn sich zurück mit dem Rossegespanne,
Vieles erwägend im Geist und den Speer in den Händen bewegend.
Ihn anredend, begann der verwegene Sohn des Achilleus:
Priamos' Sohn, was stürmst du so sinnlos wider die Schwächern?
Argos' Jünglinge flohen vor dir; dein wüthender Angriff 250
Hat sie mit Grauen erfüllt. Wohl glaubtest du unter den Helden
Allen der beste zu sein! Doch auf, wenn männlicher Muth dir
Wohnt in der Brust, so versuch' es mit unserer rüstigen Lanze!
Sprach es und stürzt' auf ihn, wie der Leu stürzt gegen die Hindin.
Und nun hätte sein Speer ihn zugleich mit dem Lenker des
       Wagens 255
Niedergestreckt, wenn Phöbos ihn nicht aus Höh'n des Olympos
Hüllt' in schwarzes Gewölk, dem vertilgenden Kampf ihn entraffend,
Und ihn entrückte zur Stadt, wo die anderen Söhne der Troer
Auch hinflohen. Der Sohn des Achilleus traf in die leere
Luft mit dem Speer und rief dem Deïphobos grollend das Wort
       nach: 260
Wohl entrannest du meiner Gewalt, Hund; aber gerettet
Hat dein Muth dich nimmer; es war der Unsterblichen Einer,
Der dich in Nacht einhüllte, dem drohenden Tod dich entrückte.
Sprach's, und Kronion zerstreute die düstere Wolke von oben,
Nebeln gleich, und sie löste sich auf in die wehenden Lüfte; 265
Hell erschien das Gefilde sofort und die Weiten des Landes.
Aber Achilleus' Sohn nahm fern an dem skäischen Thore
Troja's Jünglinge wahr, und stürzte sich, ähnlich dem Vater,
Wider den Feind, der eilig entfloh vor dem nahenden Helden.
Wie wenn unheildrohend die schaurige Woge daherstürzt, 270
Breit und hoch von dem Winde gethürmt; dann zittern die Schiffer
Alle zumal; wild rast von dem wirbelnden Sturme die Meerflut:
So hielt Schrecken die Troer gebannt, als Pyrrhos herankam.
Der nahm aber das Wort und ermuthigte so die Genossen:
Freunde, vernehmt und waffnet mit stürmischem Muthe die
       Herzen, 275
Furchtlos, wie sich's immer geziemt für tapfere Männer,
Die es verlangt, mit dem Arm den gefeierten Sieg zu gewinnen,
Herrlichen Ruhm im Getose der Schlacht. Auf, setzet das Leben

Ein und strengt euch über Gewalt an, bis wir der Troer
Rühmliche Veste zerstört und unseres Wunsches gewährt sind. 280
Schande ja wär's, nachdem wir so lang vor Troja verweilten,
Wenn wir, nichts vollbringend, an Feigheit glichen den Weibern;
Denn ich will doch lieber den Tod, als Feigling genannt sein.
  Also der Held; sie stürzten heran zu dem Werke des Ares
Muthiger noch und bestürmten die Dardaner; aber auch diese 285
Schlugen sich kühn um die Mauern und dann auch hinter den Thoren
Hoch von der Mauer herab, und niemals ruhte des Kampfes
Schreckliche Wuth; hier hofften, den Andrang feindlichen Volkes
Ferne zu halten, die Troer, und dort die beherzten Achäer,
Troja's Veste zu stürmen; mit Mühsal rangen sie alle. 290
  Doch nun schwang sich Apollon, den Dardanern Hülfe zu bringen,
Hoch vom Olympos herab, in nächtliche Wolken sich hüllend,
Leto's Sohn; ihn trugen dahin im Sturme die Winde;
Goldener Rüstungen Glanz umleuchtet' ihn; hell, wie die Blitze,
Strahlten die Pfade des Gottes, der hoch durchwallte den Aether. 295
Rasselnd erklang sein Köcher um ihn; ein gewaltiges Brausen
Scholl in der Luft, dumpf dröhnte das Erdreich, als er des Xanthos
Ufer mit mächtigem Fuße betrat; jetzt graus in die Ferne
Tönte sein Ruf, Muth weckend den Dardanern, Furcht den Achäern,
Fürder den Kampf zu bestehen, den blutigen. Doch dem Poseidon 300
War dies nicht verborgen; er hauchte den Danaern Muth ein,
Die schon zagten und wankten; entflammt von unsterblichen Göttern,
Tobte der Kampf graunvoll; da sanken unzählige Streiter,
Troer und Danaer, hin; doch Phöbos, den Danaern grollend,
Dachte den trotzigen Sohn des Achilleus dort zu erschlagen, 305
Wo er zuvor den Peliden erschlug; wohl sollten ihn warnend
Schrecken die Stimmen der Vögel, die links durchschwirrten die Lüfte,
Und viel andere Zeichen zumal; doch fügte sich ihnen
Nicht sein zürnender Muth; und nicht entging's dem Poseidon;
Alsbald schritt er Apollon, dem grollenden, grollend entgegen, 310
Tief in nächtliches Dunkel gehüllt; um die Füße des Herrschers,
Als er heranschritt, bebte das finstere Land in den Gründen.
Und so sprach er das Wort, ihn aufzuhalten verlangend:

Neunter Gesang.

Kind, halt' ein; nicht tödte den riesigen Sohn des Achilleus!
Freute sich doch selbst nicht der gewaltige Gott des Olympos, 315
Stürbe der Held; ich aber mit sämmtlichen Göttern des Meeres
Fühlte das schmerzlichste Leid, wie einst um den Tod des Achilleus.
Kehre zum göttlichen Aether zurück, auf daß ich im Zorne
Nicht alsbald aufreiße die furchtbaren Gründe der Erde,
Und ganz Ilios selbst mit den Mauern zugleich in das Dunkel 320
Schmettre hinab; das wäre dir selbst ein entsetzliches Wehe.
Also der Gott; doch Phöbos, den Oheim scheuend in Ehrfurcht,
Fürchtend zugleich für die Stadt und besorgt um die tapferen
                         Völker,
Kehrte zurück in den Himmel, Poseidon eilte zum Meere;
Jene, zur Wonne für Eris, erschlugen sich, rüstig im Kampfe, 325
Bis auf Kalchas' Mahnung Achäa's Söhne sich endlich
Zogen zurück an die Schiffe, der mühsamen Fehde vergessend.
War's doch nicht vom Geschicke verhängt, daß Ilios falle,
Ehe die Kraft Philoktetens, des traurigen Krieges erfahren,
Kommend in Troja's Ebne, dem Danaervolk sich gesellte. 380
Und dies hatten ihm wohl weissagende Vögel verkündet,
Oder er sah's in Gebärmen, prophetischer Kunde verständig;
Denn als wär' er ein Gott, so wußt' er Alles im Geiste.
Diesem gehorsam, sandten, dem schmerzlichen Krieg sich entziehend,
Atreus' Söhne nach Lemnos, der volkreichblühenden Veste, 335
Tydeus' rüstigen Sohn und den streitbaren Sohn des Laertes
Auf schnellsegelndem Schiffe; sofort zu der Stadt des Hephästos,
Lemnos' Rebengeländen, gelangten sie über die breite
Flut des ägäischen Meers. Dort hatten sie Tod für die Männer
Einst arglistig ersonnen, die Gattinnen, welche der Unmuth 340
Grollend erfaßt, weil jene, dem ehlichen Lager entfremdet
Und sie selbst nicht achtend, den dienenden Frau'n sich gesellten,
Welche sie einst im Kriege mit tapferer Wehr sich erbeutet,
Als sie verheerten die Gauen der aresliebenden Thraker.
Jene, befallen im Herzen von eifersüchtigem Grolle, 345
Schwollen von Zorn und erschlugen mit eigener Hand die Gemahle
Grausam im eigenen Haus, und in rechtlicher Ehe verbunden,
Fühlten sie doch mit ihnen hinfort kein menschlich Erbarmen.

4*

Denn erkrankt es einmal an eiserndem Grolle, verwildert
Männern und Frauen das Herz, von entsetzlichen Qualen ge-
  foltert. 350
Und so thaten die Frauen den eigenen Gatten Gewalt an
All' in der einigen Nacht, in der Stadt austilgend der Männer
Ganzes Geschlecht, unerschrocken im Geist und von mächtiger Stärke.
Als sie gen Lemnos gelangten und dann zu der felsigen Höhle,
Wo sich am Boden gebettet der Sohn des erhabenen Pöas: 355
Da befiel wohl Staunen die Wanderer, wie sie den Mann dort
Sahen, er seufzt' und stöhnte, von gräßlichen Qualen gepeinigt,
Hin auf steinernem Grunde gestreckt; um das ärmliche Lager
Ringsher lagen die Federn getödteter Vögel in Menge;
Aber mit anderen deckt' er den Leib, ihm wider die Kälte 360
Schutz zu verleih'n; so oft ihn befiel unerquicklicher Hunger,
Sandt' er die tödtlichen Pfeile, wohin sein Wille sie lenkte.
Dann von den Vögeln verzehrt' er das Fleisch, und das Andere
  legt' er
Auf die verderbliche Wunde, die dunkelen Schmerzen zu lindern.
Struppig flog in die Winde das Haar des verwilderten Haup-
  tes, 365
So wie dem reißenden Thier, das Nachts an dem flüchtigen Fuße
Trügliche Tücke des Jägers erfaßt; in der drängenden Noth dann
Beißt es das Ende des Fußes sich ab mit wüthendem Zahne,
Schleppt sich sofort in die Höhle zurück, und am innersten Herzen
Nagt ihm der Hunger zugleich und die schmerzenden Qualen der
  Wunde: 370
Also quälte den Helden unsäglicher Schmerz in der Höhle.
Abgezehrt an den Gliedern umher, so lag er, die Knochen
Deckte die Haut ihm kaum; die verfallenen Wangen umstarrte
Häßlicher Schmutz; schwer ward er von drückenden Qualen gefoltert.
Glanzlos lagen die Augen und tief in den Höhlen sich ber-
  gend 375
Unter den Brau'n; nie ruhte die jammernde Klage des Dulders;
Denn tief war in den Knochen die dunkele Wunde, von oben
Eiternd, niedergedrungen, und innerlich wühlten die Schmerzen.
Wie wenn dort am Gestade des wildaufrosenden Meeres

Neunter Gesang.

Schroffansteigende Felsen, so fest sie ruhen im Grunde, 880
Dennoch endlich bewältigt die rastlos wogende Brandung,
Die sie von unten zerwühlt; die Gewalt anschwellender Fluten
Höhlt, von dem Winde getrieben, mit nagendem Zahne die Kluft aus:
So fraß weiter und weiter die Wund' an dem Fuße des Helden,
Eiternd vom Gift, das ihm mit verderblichem Zahne die Natter 385
Eingespritzt, die, sagt man, unheilbar sicheren Tod bringt,
Wenn sie zum Festland kam und Helios' Glut sie entflammte.
Darum zehrte das Gift an der Kraft des gewaltigsten Mannes,
Gab ihn töbtlichen Schmerzen zum Raub. Von dem eiternden Blute,
Welches zur Erd' hinrann, ward rings der geräumigen Höhle 390
Boden befleckt, ein Wunder, ein Grau'n auch späteren Menschen.
Neben ihm lag in der Höhle der vielumfassende Köcher,
Voll von Geschoß; hier Pfeile zur Jagd, hier wider die Feinde,
Die, zum Verderben getaucht in der unheilbringenden Schlange
Töbtliches Gift; in der Nähe vor ihm der gewaltige Bogen, 395
Welchen die Kunst des Herakles gefügt aus gewundenen Hörnern.
Als er gewahrt, wie Jene zur räumigen Höhle gekommen,
Rafft' er in Eile sich auf, den vertilgenden Bogen zu spannen
Gegen die Zwei, stets noch des erbitterten Grolles gedenkend,
Weil sie vordem, da der Schmerz ihm mächtige Seufzer entlockte, 400
Ihn dort ließen allein am veröbeten Strande des Meeres.
Und nun hätt' er vollbracht, was ihm sein trotziges Herz hieß,
Wenn nicht Pallas Athene den traurigen Groll ihm zerstreute,
Als er die Landesgenossen erblickt; sie nahten, im Antlitz
Düsteren Gram; und hinein in die wölbige Grotte getreten, 405
Setzten die Beiden sich ihm, der rechts, der links, an die Seite,
Ihn um die klägliche Wund' und die bitteren Schmerzen befragend,
Die er ertrug; er aber berichtete, was er erduldet.
Und sie ermuthigten ihn, und die traurige Wunde zu heilen
Und sein Leiden zu enden versprachen sie, kehr' er mit ihnen 410
Wieder in's Heer der Achäer zurück; auch diese bekümm're
Sein unseliges Schicksal zugleich mit den Söhnen des Atreus,
Und kein Danaer trage die Schuld an dem schrecklichen Leide,
Das ihn so lange verfolgt, nein, unbarmherziger Moiren
Grauses Geschick, dem keiner der Sterblichen je sich entziehe. 415

Unsichtbar umschwebten an jeglichem Tage die Jungfrau'n
Unglückseliger Menschen Geschlecht, nun Böses verhängend
Unversöhnlichen Sinnes, und nun mit Ruhm sie verklärend.
Heiteres ja, wie Trübes, bereiten sie alles den Menschen,
So, wie's ihnen gefalle. Der Sohn des erhabenen Pöas, 420
Hörend auf Tydeus' Sohn und das sinnige Wort des Odysseus,
Ließ alsbald im Geiste versöhnt von dem finsteren Grolle,
Dem er zuvor nachhing um die Mühsal, die er erduldet.
Nun zu dem Schiff an das Ufer des wildauftosenden Meeres
Trugen sie ihn voll Freude zugleich mit seinen Geschossen, 425
Und hier wuschen sie dann mit löchrigem Schwamme die Glieder,
Wuschen die schmerzliche Wund' und reinigten sie mit des Wassers
Strömender Flut; er athmet' erquickt. Dann eilten sie sorgsam
Ihm ein Mahl zu bereiten, dem Hungernden; aber sie selbst auch
Nahmen im Schiffe das Mahl. Da brach die ambrosische Nacht
ein; 430
Schlummer bewältigte sie; so weilten sie bis an das Frühroth
Dort am Gestade von Lemnos, dem meerumfluteten Eiland.
Aber sobald sich Eos erhob am Gewölbe des Himmels,
Hoben sie flugs mit den Tauen empor die gebogenen Anker,
Allzeit rüstig am Werk; da sendete Pallas Athene 435
Treibenden Wind in den Rücken des langgeschnäbelten Schiffes.
Schnell nun spannten und zogen sie auf an den Schoten die Segel,
Lenkten das stattliche Schiff grabaus, und vom Winde getrieben,
Flog es dahin durch Weiten des Meers; trüb stöhnte die Woge
Ringsumher und brach sich an ihm; grau kochte der Schaum auf. 440
Weit um das Schiff her stürmten gedrängt zahllose Delphine,
Welche behend durchmaßen die dunkelen Pfade des Meeres.
  Zum fischwimmelnden Strande des wogenden Meeres der Helle
Und zu den anderen Schiffen gelangten sie; als die Ersehnten
Traf ihr verlangender Blick, da jubelten hoch die Achäer. 445
Freudvoll traten die Helden an's Land; hier streckte die Hände
Pöas' muthiger Sohn nach den rüstigen Armen der Beiden,
Daß sie stützten den Schwachen und ihn, der trauriges Ganges
Hinkend heranschritt, führten zum heiligen Lande der Troer.
Und so wandelt' er hin, von unaussprechlichen Qualen 450

Neunter Gesang.   55

Niedergebeugt, von den Armen gestützt der verwegenen Helden,
Dort zu den tapferen Schaaren der Danaer. Alle beseelte
Mitleid, als sie ihn sah'n, den gewaltigen Meister des Bogens,
Der, von der schmerzlichen Wunde gequält, hinwankte; doch schneller,
Als ein Gedank' hinfliegt, gab ihm Podaleirios hülfreich   455
Kraft und Gesundheit wieder zurück. Er, ähnlich den Göttern,
Legte gewandt Heilmittel ihm auf, anrufend des Vaters
Göttlichen Namen zugleich; da jauchzten empor die Achäer,
Alle zumal lobpreisend die Kunst von Asklepios' Sohne,
Reinigten ihn von dem Schmutz und salbten mit glänzendem Oel
   ihn,   460
Eifrig besorgt. Schnell wichen von ihm, so wollten's die Götter,
Gram und verzehrender Kummer; die Danaer sahen's mit Freuden,
Als er, leicht aufathmend, genas von den quälenden Schmerzen.
Denn vor dem blühenden Roth und der rüstigen Kraft der Gesundheit
Schwand hinfällige Schwäche; verjüngt erstarkten die Glieder.   465
Wie wenn kräftig erblühte mit schwellenden Aehren ein Saatfeld,
Welches, zuvor hinwelkend, von strömendem Regen erquickt ward,
Der sich darüber ergossen; erfrischt von den Hauchen des Windes,
Lächeln die Saaten im Feld, das fleißige Hände bestellten:
Also blühten die Glieder des kaum noch leidenden Helden   470
Wiederum auf in der Fülle der Kraft; in der wölbigen Höhle
Ließ er die Sorgen zurück, die früher das Herz ihm beschwerten.
Als die Atriden ihn sah'n, der wie von den Todten erstanden,
Staunten sie; dachten sie doch, ein Werk der unsterblichen Götter
Sei's, und in Wahrheit war's auch so, wie sie dachten, geschehen. 475
Anmuth goß und Größe die herrliche Tritogeneia
Ueber ihn aus, und plötzlich erschien er, wie er gewesen
Einst im achäischen Heere, bevor ihn bezwungen die Krankheit.
Und nun führten zum Zelte von Atreus' Sohn Agamemnon
Alle die Fürsten des Heeres den Sohn des erhabenen Pöas;   480
Und sie verherrlichten ihn, bei festlichem Mahl ihn bewirthend.
Aber nachdem sie des Tranks und der leckeren Kost sich gesättigt,
Wandte das Wort an ihn der Meister des Speers Agamemnon:
   Lieber, obgleich wir im Herzen bethört nach dem Willen der Götter
Einst dich ließen zurück in der meerumfluteten Lemnos,   485

Zürne darum nicht weiter auf uns mit bitterem Grolle,
Noch auf Einen der Andern im mächtigen Heer der Achäer.
Denn nicht ohne die Götter geschah dies; nein, es verlangten
Wohl die Unsterblichen selbst uns viel zu bereiten des Unheils,
Da sie von uns dich trennten; mit Pfeilen ja weißt du vor
                                            Andern   490
Niederzuwerfen den Feind, sobald er im Kampfe dich angeht.
Sind doch den Menschen die Pfade des vielfachschweifenden Lebens
Ueber das Festland hin und das Meer nach dem Rathe der Moiren
Stets in Dunkel gehüllt, sie sind vielfältig gespalten,
Sonder Zahl und gekrümmt, hierhin sich wendend und dorthin. 495
Die denn sind's, auf welchen die Sterblichen alle dahinführt
Göttergeschick, wie Blätter, verstürmt von den Hauchen des Windes.
Und wohl mag es gescheh'n, daß oft auf schlimmere Bahnen
Redliche Männer gerathen, auf bessere Bahnen die Schlechten.
Diese nach Wunsch sich erwählen, die schlimmeren Pfade vermeiden 500
Kann kein Erdenbewohner. Es ziemt dem besonnenen Manne,
Wenn ein Orkan ihn auch in widrige Bahnen geworfen,
Mit ausdauerndem Muthe die schmerzlichen Loose zu tragen.
Aber bieweil wir an dir in verblendetem Sinne gefrevelt,
Sühnen wir unser Vergeh'n, mit unendlichen Gaben dich ehrend, 505
Wenn wir dereinst einnehmen die volkreichblühende Troja.
Doch für jetzt nimm sieben der Frau'n, nimm zwanzig behende
Kampfpreistragende Rosse mit zwölf Dreifüßen; an diesen
Magst du das Herz allzeit dir erfreu'n; auch wird dir am Gastmahl
Stets der Theil, der Fürsten gebührt, in meinem Gezelte.   510
    Also sprach er und reichte die glänzenden Gaben dem Helden.
Und es versetzte dagegen der Sohn des verwegenen Pöas:
    Nicht mehr zürn' ich, o Freund, nicht dir noch Einem der Andern
Aus dem achäischen Volk, hätt' Einer an mir sich vergangen.
Weiß ich ja doch, leicht beugen und wenden sich edle Gemüther, 515
Und nicht ziemt's, stets trotzig zu sein und dem Zorne zu fröhnen;
Nein, jetzt sei man versöhnlich und sanft, jetzt übe man Strenge.
Doch nun gehen wir ruh'n! Denn wem nach dem Kampfe der
                                                      Sinn steht,
Der thut besser zu ruh'n, als lang zu verziehen am Gastmahl.

Neunter Gesang.

Sprach es und eilte hinweg und kam zu der trauten Genossen 520
Stattlichem Zelt, und diese, das Herz voll inniger Wonne,
Ordneten schnell im Zelte dem tapferen König ein Lager.
Und er genoß mit Behagen der Ruh, bis Eos heraufstieg.
Nun schwand wieder die heilige Nacht, und die Strahlen der Sonne
Rötheten wieder die Hügel; die Sterblichen eilten zur Arbeit. 525
Argos' Völker indeß, nach vertilgendem Kriege verlangend,
Schärften Geschosse die Einen, geglättete Lanzen die Andern,
Andre die leichteren Spieße. Sobald aufstrahlte das Frühroth,
Schafften sie Männern und Rossen die Kost und genoßen der Speise.
Aber der muthige Sohn des untablichen Pöas ermahnte 530
Sie zu verwegenem Streit und sprach zu den Männern Achäa's:
Auf, jetzt laßt uns denken des Kriegs! Und Keiner von Allen
Bleibe zurück an den Schiffen, bevor wir stürzten die Mauern
Troja's und mit der Flamme die thürmende Veste verheerten.
Sprach es und Allen erhob sich das Herz im Busen vor Freude. 535
Schnell nun legten sie Waffen und Wehr an; Alle zu Hauf dann
Stürmten hinweg von den Schiffen, bewehrt mit den eschenen Lanzen,
Auch stierledernen Schilden und buschumflatterten Helmen.
Dicht in den Reih'n stand Einer am Anderen; wenn du sie herzieh'n
Sahst, so gewahrtest du nicht, daß Einer vom Anderen fern stand; 540
Also drängten sich All' und schloßen sich dicht an einander.

Druck von C. Hoffmann in Stuttgart.

Quintus von Smyrna.
Die Fortsetzung der Ilias.

Deutsch

in der Versart der Urschrift

von

J. J. C. Donner.

Viertes Bändchen.

10ter bis 12ter Gesang.

Stuttgart.
Hoffmann'sche Verlags-Buchhandlung.
1867.

Zehnter Gesang.

Inhalt. Die Troer verkehren indessen außerhalb der Stadt, um die Todten zu beerdigen, jedoch bewaffnet, um einen plötzlichen Ueberfall abzuwehren. Polydamas räth ihnen, sich in die Mauern einzuschließen. Ihm widersetzt sich Aeneias und räth zum Kampf in offenem Felde. Die Troer stimmen ihm bei und rüsten sich zur Schlacht, in welcher Philoktetes den Paris mit einem vergifteten Pfeile verwundet. Paris flieht zu seiner ersten Gattin Oenone, um bei ihr Hülfe zu suchen, welche sie ihm verweigert. Er stirbt auf dem Ida. Während dessen spricht Here mit den Horen über Helena's neue Vermählung mit Deiphobos und über die Zerstörung Troja's nach der Wegnahme des Palladion. Die Nymphen, Hekabe, Helena und die Troerfrauen trauern um Paris. Oenone, von Schmerz und Reue ergriffen, gibt sich selbst den Tod, indem sie sich auf den brennenden Scheiterhaufen des Paris stürzt, welchen die Hirten auf dem Ida errichtet haben.

Troja's Volk war draußen vor Priamos' Veste versammelt,
Alle zumal mit Wagen und Wehr und hurtigen Rossen;
Denn sie verbrannten die Freunde, die dort in der Fehde gefallen,
Fürchtend, es stürze heran das vereinigte Volk der Achäer.
Als sie sah'n, wie gegen die Stadt anstürmten die Feinde,   5
Häuften sie, ohne zu säumen, ein Mal aus Erde den Todten;
Denn wohl hatte sie Grauen erfaßt, da die Männer Achäa's
Bogen heran. Doch klug und verständiges Rathes erfahren,
Wandte Polydamas also das Wort an die zagenden Troer:
    Länger vermögen wir nicht vor Ares' Wuth zu bestehen,   10
Freunde; so geh'n wir zu Rath, wie wir abwenden des Krieges
Unheil; denn ausharrend in ebenem Felde besiegt uns
Argos' Macht. Auf, laßt uns die stattlichen Thürme besteigen,
Wo wir in muthigem Kampf bei Nacht und am Tage verziehen,

Bis das achäische Volk heimkehrt in die fruchtbare Sparta, 15
Oder dahier an den Mauern die Zeit unrühmlich in träger
Ruhe verbringt; denn traun, wie sehr sie sich quälen und abmüh'n,
Nie wird's ihnen gelingen, die mächtige Veste zu brechen.
Ist doch nicht hinfällig und schwach, was Götter geschaffen.
Und es gebricht uns weder an Nahrung, noch an Getränke; 20
Mundvorrath ist übergenug in des Priamos Hallen,
Unseres reichen Gebieters, und noch viel anderem Volke,
Das hier etwa sich sammelt, genügt's auf längere Zeit wohl,
Um sich daran mit Behagen zu sättigen, käme des Volks auch
Dreimal so viel gen Troja, von uns als Helfer gerufen. 25
Und es versetzte dagegen der muthige Sohn des Anchises:
Wie doch nennen sie dich, o Polydamas, alle den Weisen,
Der du gebeutst, in der Stadt sich in ewigen Müh'n zu verzehren?
Thatlos werden sie hier nicht lange verzieh'n, die Achäer,
Nein, auf uns herstürzen, sobald wir entfliehen dem Kampfe. 30
Und wir werden im Leibe vergeh'n auf heimischer Erde,
Wenn sie für längere Zeit uns hier in die Veste verschließen.
Niemand bringt ja von Thebe die labende Frucht des Getreides,
Schafft uns lieblichen Wein von Mäonia, wenn die Achäer
Uns in die Stadt einschlossen; verzehrt von traurigem Hunger, 35
Sterben wir hin, wenn wider den Feind auch schützte die Mauer.
Ob wir indeß entrinnen den furchtbaren Keren des Todes,
Oder ein grauses Geschick in tosender Schlacht uns dahinrafft,
Wir sammt unseren Kindern und altehrwürdigen Vätern
Wollen, gehüllt in Waffen, den Kampf um Ilios kämpfen; 40
Zeus wird streiten für uns; denn wir sind seines Geschlechtes.
Sollte jedoch auch Zeus uns Dardanern feindlich gesinnt sein,
Besser, wir fallen sogleich in rühmlichem Kampf um die Heimat,
Statt in der Veste zu weilen und kläglichen Todes zu sterben.
  Sprach es, und Beifall riefen ihm zu, die solches vernommen. 45
Alsbald schlossen in Reihen die Dardaner sich an einander,
Alle mit Helmen und Schilden bewehrt und gewichtigen Lanzen.
Aber das göttliche Auge des allmachtvollen Kronion
Blickte herab vom Olympos und sah, wie die Troer zum Kampfe
Wider Achäa's Söhne sich gürteten; jegliches Mannes 50

Zehnter Gesang.

Kampfmuth weckte der Gott, daß, nicht ablassend, die Schlacht sich
Zwischen den Heeren erhübe sofort; jetzt sollte ja Paris
Fallen vom Pfeil Philoktetens im Kampf um seine Gemahlin.
Eris, im Schlachtengewühle die Herrscherin, trieb zu der Walstatt
Jene, von Keinem geseh'n; rings wallt' um die Schultern der
                                              Göttin   55
Blutig Gewölk; aufstürmend zu mächtigem Kampfe die Helden,
Schritt sie bald in den Reihen der Dardaner, bald der Achäer,
Schrecken und Furcht im Geleite, die niemals zitternden Götter,
Welche die muthige Schwester verherrlichten ihres Erzeugers.
Nur ganz klein im Beginn erhob sie sich, drängte das Haupt dann 60
Bis an die Wolken hinan; die Wehr von gediegenem Stahle
Trug sie mit Blute befleckt; wild schwang sie den Speer in die Lüfte;
Wo ihr Fuß sie berührte, bewegte sich zitternd die Erde;
Graunvoll hauchte sie Glut aus feurigem Munde; der Stimme
Weithinschallender Ruf trieb unablässig zum Kampfe,   65
Daß sich in trotzigem Muthe die Jünglinge wider einander
Stürzten, zu mächtigen Thaten erregt von der furchtbaren Göttin.
Wie sturmathmender Winde Getos' im Beginne des Lenzes,
Wann hochstämmigen Bäumen das Laub entkeimt und die Blätter
Sprossen im Wald, wie brennend die Flamm' in dürrem Gehölze 70
Rast, wie wild hinwüthet die unabsehbare Meerflut,
Wann sie der tosende Sturm aufwühlt und gewaltiges Brausen
Füllt die unendliche Luft und den Schiffenden zittern die Kniee:
So wild hallte der Grund, als rings anstürmten die Völker;
Graunvoll brannte der Kampf, und Mann drang wider den Mann
                                                  ein.   75
    Und Arizelos' Sohn, Harpalion, fiel von Aeneias'
Lanze zuerst; er war im Böotierlande geboren
Aus der Amphinome Schooß. Einst war er mit Held Prothoenor
Fern nach Troja gezogen, Achäa's Söhnen zu helfen.
Dem stieß jetzt Aeneias den mächtigen Speer in die Weichen,   80
Daß ihm die Seele zugleich und das wonnige Leben dahinfloh.
Nach ihm gab er den Tod Thersandros' streitbarem Sohne,
Hyllos, dem er die Kehle durchstieß mit der spitzigen Lanze.
Schmerzlich beklagte den Helden Idomeneus, Herrscher in Kreta's

Meerumflutetem Lande, wo einst an Lethäos' Gewässern 85
Hyllos dem Schooß sich entwunden der göttlichen Nymph' Arethusa.
Aber der Sohn des Peliden erschlug zwölf Jünglinge Troja's,
Gleich nachdem sich entsponnen die Schlacht, mit der Lanze des Vaters:
Kebros zuerst und darauf den Pasitheos, auch den Areion,
Phleges, Schebios dann, den Imbrasios und den Hysminos, 90
Eunomos auch, nach ihm den Amphinomos, drauf den Mnesäos,
Phasis sodann und Galenos zuletzt; der wohnte vor Zeiten
Hoch auf Gargaros' Fels; im gewaltigen Volke der Troer
Ragt' er hervor in der Schlacht; er war mit unzähligen Schaaren
Jüngst vor Troja gerückt; denn Priamos, Dardanos' Enkel, 95
Hatte dafür als Lohn manch reiches Geschenk ihm verheißen;
Thörichter, der nicht ahnte, was ihm vom Geschicke verhängt war,
Gleich als Opfer zu fallen des unheilbringenden Krieges,
Eh' er die stolzen Geschenke von Priamos' Hause sich holte.

Auch den Eurymenes trieb, den Freund des beherzten Aeneias, 100
Wider Achäa's Söhne zum Kampf die vernichtende Moira;
Denn sie weckte den Muth in der Brust ihm, daß er des Schicksals
Endendem Tage verfalle, nachdem er Viele gemordet.
Und er erschlug hier d en, dort Andere, reißendem Wilde
Gleich; sie wichen vor ihm, der schon an den Marken des Lebens 105
Stehend, in Mord und Graus sich erging, nicht achtend des Todes.
Und wohl hätt' er im Kampf noch herrliche Thaten vollendet,
Wäre der Arm nicht träg ihm erschlafft, und krümmte des Speeres
Spitze sich nicht, und erlahmt' ihm nicht in den Händen der Schwertgriff,
Welchen die Aisa zerbrach; da stieß ihm Meges die Lanze 110
Wohl in den Magen hinab; schnell sprudelte Blut aus dem Munde;
Alsbald nahte die Moira, den Tod ihm bringend mit Schmerzen.

Deileon und Amphion, Epeios' Waffengenossen,
Eilten sofort, den Erschlagnen der stattlichen Wehr zu berauben;
Doch die verwegene Kraft des Aeneias schlug sie zur Erde, 115
Daß sie in traurigem Tode sich bettelten neben der Leiche.
Wie wenn Einer im Herbst in dem Weinberg tödtet die Wespen,
Die zu den reifenden Trauben in lüsternen Schaaren sich drängen;
Jene verhauchen das Leben, bevor sie gekostet die Früchte:
Also bezwang er die Männer, bevor sie gewonnen die Rüstung. 120

Zehnter Gesang.

Doch Diomedes erschlug den Amphinoos dann und den Menon,
Helden untadlicher Art; den Demoleon tödtete Paris,
Hippasos' Sohn; der wohnte vordem im Lakonierlande
An des Eurotas Wellen, des tiefhinwogenden Stromes;
Dann Menelaos geleitend, den streitbaren, kam er gen Troja. 125
Und ihn tödtete Paris; er traf mit dem spitzigen Pfeil ihn
Rechts an der Brust; da trennte sich schnell von dem Leibe die Seele.
Teukros bereitete dann dem gepriesenen Sohne des Medon,
Zechis, den Tod; der wohnt' in dem fruchtbaren Lande der Heerden,
Phrygia, nah' an der Nymphen, der lockigen, heiliger Grotte, 180
Wo zu Endymion einst aus himmlischen Höhen Selene
Niedergewallt; sie sah, wie er schlummerte neben den Stieren;
Denn die Unsterbliche zog zu dem Jünglinge schmerzlicher Sehnsucht
Unauslöschliches Weh; noch schaut man unter den Bäumen
Heute das Zeichen des Orts, wo die Liebenden einst sich umarmten; 185
Denn ringsher entströmte die Milch im Gehölze den Kühen,
Und man erblickt sie noch jetzt und staunt; in der Ferne ja glaubst du
Lautere Milch zu gewahren; indeß nur Wasser ergießt sich
Dort, und tratest du näher hinzu, dann zeigt sich in feste
Masse verdichtet das Naß, und steinernen Boden erblickst du. 140
Meges, des Phyleus Sohn, drang stürmisch heran auf Alkäos,
Und durchbohrte dem Helden das klopfende Herz mit der Lanze,
Daß sich sofort ihm lösten die freundlichen Bande des Lebens.
Und wie sehr sie verlangte nach ihm, nie sahen sie wieder
Ihn heimkehren vom Kriege, die unglückseligen Eltern, 145
Phyllis mit reizendem Gürtel und Margasos, welche den Wohnsitz
Einst sich erwählt an den Wogen des Harpasos, wo des Mäandros
Krümmen der Strom zuwälzt sein brausendes helles Gewässer,
Welches, im Lauf nie rastend, in reißendem Strudel dahinstürzt.
Glaukos' eblen Genossen, den Skylakes, als er heran sich 150
Stürzte, der Meister des Speers, traf Ajas, Sohn des Oïleus,
Ueber dem Schild und bohrte den Speer in die markige Schulter;
Ringsum sprudelt' in Strömen das Blut um den mächtigen Stierschild.
Doch er tödtet' ihn nicht; nachher erst, als er nach Hause

Wiedergekehrt, entrafft' ihn der Tod an den heimischen Mauern. 155
Denn als Troja, die stolze, verheert die beherzten Achäer,
Da kam jener, entflohen dem Krieg, zum Lykierlande,
Ohne Gefährten, allein; bort hatten die Frau'n sich versammelt
Nahe der Stadt; die fragten ihn viel um Gatten und Kinder;
Und er enthüllte vor ihnen das Loos, das Jedem geworden. 160
Aber die Frau'n umringten den Mann, ihn tödtend mit Steinen,
Daß ihm's nicht mehr frommte, die Heimat wieder zu sehen;
Nein, von den Steinen getroffen, verhaucht' er stöhnend das Leben.
Von Steinwürfen gehäuft ward ihm ein verderbliches Grabmal
Neben dem Hain und dem Male des tapferen Bellerophontes, 165
Das den Gewaltigen birgt, dem titanischen Felsen benachbart.
Jener indeß, der also den Tag des Geschickes erfüllte,
Ward, wie Zeus' und Leto's erhabener Sohn es geboten,
Später verehrt wie ein Gott; nie stirbt sein Ehrengedächtniß.
Nun den Deïones auch und den rüstigen Sohn des Antenor, 170
Akamas, warf an die Erde der Sohn des erhabenen Pöas;
Auch noch anderer Kämpfer unzählige schlug er zu Boden;
Wüthet' er doch, gleich Ares, unnahbar unter den Feinden,
Und wie der tosende Strom, der wildhinflutend die stärksten
Dämme zerreißt, wenn er, heftig erregt und von strömendem Regen 175
Mächtig geschwellt, den Gebirgen entstürzt, an den Klippen sich
brechend;
Kein vorspringender Felsen vermag den Erzürnten zu hemmen:
Also vermochte der Feind dem verwegenen Sohne des Pöas,
Wenn sein Aug' ihn geschaut, auch nicht in der Ferne zu nahen;
Denn ihm schwellte den Busen die Kraft unsägliches Muthes. 180
Aber die Glieder umhüllte des streitbaren Helden Herakles
Strahlendes Waffengeschmeid'; an dem glänzenden Gürtel erschienen
Panther, die finsteren Brauen zu grinsendem Lächeln verziehend,
Bärinnen, trotzig und frech, und der Schakale grausige Wildheit,
Diesen zunächst Wehrwölfe gesellt, wuthathmenden Blickes, 185
Löwen in furchtbarer Kraft, lebendigen ähnlich gestaltet,
Auch weißzahnige Eber, und weit umher in der Nähe
Schlachten und gräßlicher Mord, wo die feindlichen Streiter sich trafen.
Solch kunstreiche Gebilde gewahrtest du dort an dem Gürtel;

Zehnter Gesang.

Andere schautest du hier am mächtigen Bogenbehälter: 190
Da war Zeus' Sohn sichtbar, der sturmschnell eilende Hermes,
Welcher an Inachos' Wellen erschlug den gewaltigen Argos,
Argos, dem abwechselnd zum Schlaf sich schlossen die Augen.
Da war Phaëthon auch; er stürzt' an Eridanos' Wellen
Hoch vom Wagen herab, und empor von der flammenden Erde 195
Stieg, als wär' er wirklich, der schwärzliche Rauch in die Lüfte.
Perseus mordete dann das entsetzliche Graun, die Medusa,
Wo die Gestirne sich baden im Meer, an den Marken der Erde
Und an Okeanos' Quellen, des tiefhinströmenden Herrschers,
Wo sich im Westen die Nacht und die sinkende Sonne begegnen. 200
Weiter erblicktest du noch mit unauflöslicher Fessel
Dort an des Kaukasos Felsen, die luftigen Höhen, gekettet
Ihn, den gewaltigen Sohn des Japetos; schmerzvoll stöhnt' er,
Während der Aar ihm verzehrte die stets sich erneuende Leber.
All dies hatte geschaffen die rühmliche Kunst des Hephästos 205
Für den gepriesenen Sohn Alkmene's; dieser verehrt' es
Pöas' Sohn zum Geschenk, weil der sein trauter Genoß war.
  So warf jener den Feind, siegsstolz in den Waffen des Freundes;
Doch nun stürzte sich Paris heran, in den Händen die Pfeile
Mit dem geschmeidigen Bogen, die schmerzenden Todesgeschosse, 210
Trotziges Muths; bald sollte der endende Tod ihn umfangen.
Und er entsandte das schnelle Geschoß, und als es hinausflog,
Schwirrte die Senn' und es stürmte dahin nicht ohne zu treffen.
Zwar es verfehlt' ihn selbst, der leicht auf die Seite sich neigte;
Aber es traf Kleoboros, den hochgepriesenen Kämpfer, 215
Ueber der Brust ein wenig, und bohrt' ihm tief in die Schulter;
Denn kein deckender Schild hielt ferne von ihm das Verderben.
Wehrlos wich er zurück; denn Polydamas hatte den Schild ihm
Rasch von den Schultern gerissen, nachdem er den Riemen des
                 Schildes
Mit dem gewichtigen Beile durchhau'n. Doch wagt' er im Weichen 220
Noch mit der Lanze den Kampf; da traf ihn von anderer Seite
Stürmend ein bitterer Pfeil; denn also wollte das Schicksal
Grauses Verderben bereiten dem Sohn des verständigen Lernos,
Welchen Amphiale einst in der fruchtbaren Rhodos geboren.

Doch als Paris den Helden erlegt mit dem herben Geschosse, 225
Spannte den rüstigen Bogen der Sohn des untablichen Pöas,
Stürmisch erregt, und rief mit gewaltiger Stimme die Worte:
    Hund, wie will ich dir senden den Tod und das grause Verhängniß,
Weil du verlangst im Kampfe dich mir an die Seite zu stellen!
Ja, dann athmen sie auf, die dir zu Liebe sich abmüh'n 230
In dem entsetzlichen Krieg; sein Ende gewinnt das Verderben,
Wenn du findest den Tod; denn du bringst ihnen das Unheil.
    Rief's, mit der Hand anziehend die schöngewundene Senne
Bis an die Brust, und es bog sich das Horn, er legte gerade
Richtend das herbe Geschoß, und ein Weniges über den Bogen 235
Ragte die Spitze hervor; jetzt klang laut schwirrend die Senne,
Als in die Luft hinrauschte der Pfeil, und er fehlte des Zieles
Nicht, der untabliche Held; doch traf er ihn nicht an der Stelle,
Wo sich der Tod mit dem Leben vermählt; denn die oberste Haut nur
Ritzte der Pfeil. Nun zielt' auch Paris; aber zuvor ihm 240
Kam und traf ihn über der Scham mit dem spitzigen Pfeile
Pöas' Sohn; da beharrte der Held nicht länger im Streite;
Nein, er entfloh sogleich, wie der Hund, der eben in voller
Wuth sich bereitet zum Kampf und bang vor dem Löwen zurückweicht:
Also zog sich, die Seele durchbohrt von entsetzlichen Qualen, 245
Paris vom Kampfe zurück. Bald stürmten sie wider einander
Wüthend mit Mord, Argeier und Dardaner; Ströme des Blutes
Färbten den Plan; hoch lagen gethürmt auf Leichen die Leichen,
Tropfen des Regens an Menge vergleichbar oder dem Hagel,
Oder den Flocken des Schnee's, wenn nach dem Gebot des Kro-
    niden 250
Wetter und Winde die Wälder bestreu'n und die riesigen Berge:
Also war's; an die Erde gestreckt von den grausamen Keren,
Stürzten sie hin und lagen gedrängt dort über einander.
    Paris jammerte laut, von der schmerzenden Wunde gepeinigt;
Alsbald mühten sich eifrig um ihn vielkundige Aerzte. 255
Aber die Dardaner gingen zur Stadt; an die dunkelen Schiffe
Kehrten die Danaer eilig zurück; vom Gewühle des Kampfes
Rief sie die Nacht hinweg und nahm von den Gliedern die Mattheit,
Ueber das Aug' ausgießend den mühsallösenden Schlummer.

Zehnter Gesang.

Aber den Paris befiel kein Schlaf, bis Eos heraufstieg; 260
Half ihm doch, wie geschäftig er auch Heilmittel erspähte,
Kein heilkundiger Arzt; ihm war es verhängt vom Geschicke,
Daß Oenone's Hände von ihm abwehrten die Keren,
Wollte sie nur. Deßhalb, weissagenden Stimmen gehorsam,
Ging er dahin, nicht wollend; indeß ihn trieb zu der Gattin 265
Unglückselige Noth; leidkündende Vögel des Himmels
Krächzten ihm zu von den Höhen des Bergs, und andere flogen
Ihm an der Linken daher. Mit Grauen erfüllt' ihn der Anblick
Jetzt, dann wieder erschien ihr Flug ihm ohne Bedeutung;
Doch sie verkündeten ihm ein trauriges Ende mit Schmerzen. 270
Als er darauf zu Oenone gelangt, der gepriesenen Gattin,
Kamen die Mägde vereint, und staunten ihn an, und Oenone
Staunte selbst. Er warf sich sofort zu den Füßen der Gattin;
Und tief seufzt' er, im Herzen von schrecklichen Qualen gefoltert,
Oben umher ganz schwarz; denn das Gift fraß weiter und weiter, 275
Daß schon Fäulniß ergriffen die Haut des verwundeten Helden.
Wie wenn Einer, erkrankt, von quälendem Durste verzehrt wird,
Daß von dem glühenden Brande die lechzende Seele verschmachtet,
Während in Glut aufsiedet die Gall' und der Odem des Herzens
Nur noch matt hinschwebt um die trockenen Lippen des Kranken, 280
Nach dem entfliehenden Leben und labendem Wasser verlangend:
Also verzehrte der Gram die bekümmerte Seele des Paris,
Und schwachathmend begann er und sprach zu der grollenden Gattin:
 Edles Gemahl, o hasse mich nicht in meiner Bedrängniß,
Weil ich im Hause dich einst als einsame Wittwe zurückließ; 285
Nicht mit Willen geschah's! Denn unabwendbare Keren
Führten mich Helena zu; o daß mich der Tod in Oenone's
Armen entrafft, eh' als ich mit ihr mich in Liebe vereinte!
Doch ich beschwöre dich jetzt bei den Himmlischen dort im Olympos,
Und bei der bräutlichen Liebe, die einst uns beide verbunden, 290
Grolle mir nicht, nein, wehre von mir die verzehrenden Qualen,
Lege die lindernden Mittel mir auf; die sollen die Wunde
Heilen und mir wegbannen das Leid nach dem Rathe des Schicksals,
Wenn du willst; denn ob du vom bitteren Tode mich rettest,
Ob du mir Rettung versagst, das steht in deiner Gewalt nur. 295

Aber erbarme dich mein, brich heilend die Macht der Geschosse
Sonder Verzug, so lange sich noch in den Gliedern die Kraft regt.
Ja, laß nicht, auf ewig des traurigen Grolles gedenkend,
Mich an die Füße dir sinken, dem unbarmherzigen Schicksal
Sterbend geweiht! So kränkteft du wohl die erhabenen Liten, 300
Welche ja selbst auch Töchter des Zeus, der hoch in den Wolken
Donnernd die Himmel bewegt, hoffärtigem Trotze der Menschen
Zürnend zum Lohn nachsenden die strafende Wuth der Erinnys.
Darum wende von mir die verderblichen Keren, o Herrin,
Alsbald, wenn ich an dir in der Thorheit auch mich vergangen. 305
  Sprach's, doch beugt' er nimmer den finsteren Sinn der Gemahlin;
Nein, mit scheltenden Worten erwiderte sie dem Betrübten:
  Weßhalb tratest du mir vor's Antlitz, die du vor Zeiten
Einsam im Hause verlassen in unaussprechlichem Jammer
Um Tyndareos' Tochter, die Schandbare, deren Umarmung 310
Dich in den Himmel entzückte? Denn traun, viel schöner erschien sie,
Als dein Jugendgemahl, und es heißt, sie altere niemals.
Ihr denn falle zu Füßen, beschwöre sie, aber versuch' es
Ja nicht, mich durch Thränen und klägliche Worte zu rühren.
Wohnte mir doch in dem Busen der Leu'n unbändige Wildheit, 315
Daß ich den Leib dir zerfleischte, den Durst in dem Blute mir löschte,
Weil du mir solches gethan und der frevelnden Lust dich ergeben!
Schändlicher, wo bleibt nun Kythereia dir, lieblich im Kranze?
Wo der gewaltige Zeus, den gar nicht kümmert der Eidam?
Nimm dir diese zu Helfern; doch weit von meinem Palaste 320
Weiche zurück, für Menschen und selige Götter ein Unhold!
Denn den Unsterblichen selbst erschufest du Trauer, o Frevler,
Da du den Einen die Enkel erschlugst und den Andern die Söhne.
Ja, schnell fliehe von hinnen und geh' zu Helena wieder;
Denn an der Helena Lager geziemt dir's nächtlich und täglich 325
Dich zu ergießen in Klagen, das Herz vom Grame zerrissen,
Bis sie die schmerzenden Qualen erleichterte, die dich verzehren.
  Also sprach und entließ sie den jammernden Gatten: die Thörin!
Denn ihr ahnte noch nicht, was ihr vom Geschicke verhängt war;
Ihr auch sollten die Keren sofort nach dem Tode des Paris 330
Nahen zum Leib; so spann es des Zeus allmächtiges Schicksal.

Zehnter Gesang.

Wie nun Priamos' Sohn durch waldige Spitzen des Ida
Ging, mühsam forthinkend und tief in der Seele bekümmert,
Da sah Here den Helden — sie saß in dem Garten Kronions
Auf des Olympos Höhen — im göttlichen Herzen sich freuend; 335
Und ihr saßen gesellt vier dienende Frau'n an der Seite,
Welche die holde Selene, von Helios' Armen umfangen,
Einst im unendlichen Himmel gebar, unermüdliche Jungfrau'n,
Sich unähnlich in Allem, von Antlitz völlig verschieden;
Eine von ihnen erhielt den ermattenden Sommer zum Antheil; 340
Aber die andere freut sich des Sturms im Geleite des Steinbocks,
Während am Lenz die dritte sich labt und am Herbste die vierte.
Denn vier Zeiten beschieden dem Jahr die unsterblichen Götter,
Welchen die vier Jungfrau'n vorsteh'n und im Wechsel sich folgen;
Doch dies sei dem Kronion allein im Olympos befohlen! 345
Jene beredeten sich in vertraulichem Wechselgespräche,
Daß jüngst Aisa beschlossen in unheilsinnendem Geiste,
Wie sie des Tyndaros Kind dem Deïphobos gebe zur Gattin,
Und unseligen Groll in Helenos' Busen erwecke,
Daß man i h m sie verweigert, und wie dann Männer Achäa's 350
Ihn, der zürne den Troern, hinweg zu den eilenden Schiffen
Führen, nachdem sie den Helden auf Ida's Höhen ergriffen,
Dann nach seinem Gebote der Sohn des gewaltigen Tydeus
Troja's Mauern ersteige, gefolgt von dem hohen Odysseus,
Und unseligen Tod dem Alkathoos bringend, das Bildniß 355
Raube der sinnigen Pallas nach eigenem Willen der Göttin,
Welches die Stadt und die Troer zugleich allwaltend beschirmte.
Denn selbst keiner der Götter, wie schwer auch grollend den Troern,
Konnte der Dardanosenkel gesegnete Veste zerstören,
Während in ihr noch thronte das Bild der unsterblichen Göttin. 360
War ihr göttliches Bild doch nicht aus Eisen geschaffen,
Nicht von sterblichen Händen; Kronion hatte das Bildniß
Selbst vom Olympos herab in Priamos' Veste geworfen.
Dieses besprach die Gemahlin des Zeus mit den dienenden Jung-
frau'n,
Und viel Anderes noch. Auf Ida's Höhen verschied nun 365
Paris, und Helena sah ihn niemals wieder. Die Nymphen

Drängten sich schnell um den Todten und jammerten; denn sie gedachten
Sein noch, wie er mit ihnen vordem in frühester Kindheit
Traulich gescherzt und getändelt; zugleich wehklagten die Hirten,
Schmerzlich bewegt; laut klagten im Widerhalle die Thäler. 370
Und nun meldet' ein Hirte des vielfachduldenden Greises
Priamos Gattin die Kunde vom traurigen Tode des Paris.
Als sie die Kunde vernahm, durchfuhr ihr Zittern die Glieder;
Kraftlos brachen die Kniee; sie rief laut klagend die Worte:
 Trautestes Kind, du starbst; mir ließest du Jammer um Jam-
     mer, 375
Stets unentfliehbar, zurück; du warst von den anderen Söhnen
Allen der beste nach Hektor, und darum werd' ich in Wehmuth
Ewig, so lange das Herz im Busen mir schlägt, dich beweinen.
Denn nicht ohne den Willen der Seligen dulden wir dieses;
Nein, ein Schicksal verhängte so Trauriges! Wär' ich zuvor doch, 380
Eh' ich solches erfahren, im Glück und im Frieden gestorben!
Doch nun seh' ich vor Augen, wie Leid mit Leide sich gattet,
Und mir ahnt, ich werde sofort noch Schlimmeres schauen:
Wie man die Söhne mir mordet, die heimische Veste verwüstet,
Wenn sie in Feuer vergeht durch muthiges Volk der Achäer, 385
Wie sie mir Töchter und Schnüre mit anderen Frauen der Troer
Und mit den Kindern zugleich nach Kriegsbrauch schleppen in Knecht-
     schaft!
 Hekabe rief's mit Weinen; doch nichts von der Kunde vernahm noch
Priamos; fern am Grabe des Hektor saß er in Thränen,
Weil er der Tapferste war und die Stadt mit dem Speere be-
     schirmte; 390
Also trauernd um Hektor vernahm er keinerlei Kunde.
Doch nicht hemmend den Lauf der endlos strömenden Klage,
Jammerte Helena laut vor den Dardanern; aber im Geiste
Dachte sie Anderes noch und sprach in der Tiefe des Herzens:
 Mann, der mich und die Troer und sich in Verderben gestürzt
     hat, 395
Elend starbst du dahin; doch mich in dem traurigen Leide
Ließest du hier, und ich fürchte noch herberes Wehe zu schauen.
Hätten mich doch die Harpyien zuvor entrafft in die Ferne,

Zehnter Gesang. 15

Als ich dir nachfolgte, berückt von Dämonen des Unheils!
Doch nun sendeten dir und mir Unseligen selbst auch 400
Unglück ewige Götter; denn mich flieh'n Alle mit Abscheu,
Ich bin Allen im Herzen verhaßt; wohin ich entfliehe,
Weiß ich nicht; denn wenn ich in's Heer der Achäer entweiche,
Werden sie mich brandmarken mit Schmach, und bleib' ich zur
Stelle,
Werben mich hier und werben mich dort umringend zerreißen 405
Troja's Männer und Frau'n; mein Leib wird nicht in der Erde
Ruh'n; ihn werden die Hunde, die flüchtigen Vögel zerfleischen.
Hätt' ich doch selbst mich getödtet, bevor ich solches Geschick sah!
  Helena sprach's; doch klagte sie nicht so sehr um den Gatten,
Als sie des eigenen Fehls in reuigem Schmerze gedachte. 410
Rings auch seufzten die Frau'n, als ob sie klagten um Paris,
Anderes benkend im Herzen, es galt ihr eigenes Leib nur,
Da sich der Eltern die Einen erinnerten, Andre der Gatten,
Andere dann der Kinder und hochgeehrten Verwandten.
  Nur Oenone'n allein, die gepriesene Herrin, bewegte 415
Kein erheuchelter Schmerz; doch nicht zu den Frau'n sich gesellend
Weinte sie, nein, fern lag sie daheim in dem trauten Gemache,
Schmerzlich bejammernd das Lager des fürstlichen Jugendgemahles.
So wie der Schnee sich verdichtet in Eis auf hohen Gebirgen,
Und weit füllend die Schluchten zerschmilzt vor den Strahlen der
Sonne 420
Und mildathmendem Süd; ringsher von den mächtigen Bergen
Rinnen die Wasser zu Thale; das Eis, das deckte die Höhen,
Löste sich auf und stürzt als brausender Strom in die Tiefe:
Also schmolz Oenone, von schmerzlicher Trauer bewältigt,
Jetzt in Thränen dahin, um den früheren Gatten sich härmend. 425
Und sie begann laut schluchzend im innersten Grunde des Herzens:
  Weh, was hab' ich verbrochen! O mein armseliges Dasein!
Ach, wie liebt' ich den Gatten, mit dem einträchtig verbunden
Ich an das Ende des Lebens bereinst zu gelangen mich sehnte,
Niedergebeugt von Alter: die Himmlischen fügten es anders! 430
Hätten mich doch schon früher entrafft die finsteren Keren,
Da mir ferne von Paris zu sein vom Geschicke verhängt war!

Aber verließ er mich auch, doch will ich das Große bestehen,
Leide den Tod um ihn, weil mir dies Leben verhaßt ist.
Also klagte die Herrin, und schmerzlich quollen die Zähren 435
Ihr von den Wimpern herab; des geschiedenen Gatten gedenkend,
Schwand sie dahin im Stillen, wie Wachs an der Flamme sich auf-
 zehrt;
Denn sie verbarg vor dem Vater den Gram und dem schmucken Gesinde,
Bis von Okeanos' Weiten die Nacht sich über die Erde
Labend ergoß und Ruhe von Arbeit brachte den Menschen. 440
Da denn, während der Vater zugleich mit den Dienern im Hause
Schlief, durchbrach sie die Pforten und schnell, mit der Eile des Sturmes,
Sprang sie hinaus, und es trugen die rüstigen Füße sie vorwärts.
Wie wenn dort in den Bergen die Kuh, nach dem Stiere verlangend,
Von der Begierde gestachelt, in flüchtigem Laufe dahinrennt; 445
Nicht vor den Schlägen des Hirten erzittert sie; unaufhaltsam
Reißt sie der mächtige Trieb mit blinder Gewalt in die Ferne,
Ob sie den trauten Genossen vielleicht in den Wäldern erspähe:
So vollendete sie mit beflügelter Eile die langen
Strecken, sie sehnte sich, ach! alsbald zu besteigen den Holzstoß. 450
Und ihr wurden die Kniee nicht matt, in dem stürmischen Laufe
Eilten sie leichter dahin; die vertilgende Ker und Kythere
Trieben sie an; auch zagte sie nicht vor dem zottigen Wilde,
Trat's ihr Nachts in den Weg, das ihr sonst Grauen erweckte;
Nicht der bewaldeten Berge Geklüft, noch zackige Felsen 455
Scheute der Herrscherin Fuß, kein Waldstrom mochte sie hemmen.
Da ward ihrer am Himmel gewahr die erhabne Selene,
Die, des untadlichen Jünglings Endymion denkend im Herzen,
Mitleidvoll sich erbarmte der Eilenden, und mit des Lichtes
Strahlendem Glanze von oben die räumigen Bahnen erhellte. 460
Durch das Gebirg fortschreitend gelangte sie nun zu der Stätte,
Wo um die Leiche des Paris vereint wehklagten die Nymphen.
Und noch flammt' um den Todten die Glut; schafweidende Hirten
Hatten am Berg sich versammelt, von daher kommend und dorther,
Und unermeßliches Holz ringsher um die Leiche geschichtet, 465
Ihm noch Ehre zu weih'n und bittere Thränen zu zollen,
Der ihr treuer Genoß und zugleich ihr Herrscher gewesen.

Zehnter Gesang.

Als sie den Todten erblickte, wie sehr auch trauernd im Herzen,
Klagte sie nicht, nein, hüllt' in's Gewand ihr reizendes Antlitz,
Und zu dem Holzstoß sprang sie hinan; da stieg in die Lüfte 470
Klagegeschrei, und also verbrannte sie neben dem Gatten.
Staunend sahen die Nymphen, wie noch mit dem Gatten im Tode
Sie sich vereint, und im Innersten sprach wohl Manche die Worte:
  Wahrlich, in Frevel verstrickte sich Paris, welcher die edle
Jugendgemahlin verstieß und dem schandbaren Weib sich vermählte, 475
Welches ihn selbst und die Troer und Ilios stürzt in Verderben!
Thörichter, daß er den Gram des verständigen Weibes für gar nichts
Achtete, welche doch mehr als das eigene Leben ihn liebte,
Wenn er ihr auch stets lohnte mit Haß und die Liebe versagte!
  So sprach manche der Nymphen im Innersten; jene verbrannten 480
Auf dem Gerüst, abscheidend vom freundlichen Lichte des Tages
Ringsum staunten die Hirten, wie Argos' Männer in Haufen.
Staunten vordem, da sie sah'n, wie Kapaneus' eble Gemahlin,
Wie sich Evadne dort hinwarf auf die Leiche des Gatten,
Den an die Erde geschmettert der tosende Donner Kronions. 485
Aber nachdem des Feuers Gewalt Oenone'n und Paris
Beide verzehrt und in Asche vereint hinsanken die Gatten,
Löschten sie schnell mit Weine die Glut; die Gebeine der Beiden
Bargen sie dann in goldnem Gefäß, und häuften in Eile
Beiden ein Erdmal auf und zwei Denksäulen darüber, 490
Die, sich entgegengesetzt, nach verschiedenen Seiten gewandt sind.

Elfter Gesang.

Inhalt. Der Kampf wird von beiden Seiten mit Erbitterung fortgesetzt. Apollon in der Gestalt des Sehers Polymestor haucht dem Eurymachos, dem Sohne des Antenor, und dem Aeneias Muth ein; sie drängen die bestürzten Achäer zurück. Da führt Neoptolemos seine Myrmidonen gegen den Feind; dieser weicht ein wenig, wird aber von Aeneias aufgehalten. Endlich eilt Pallas Athene den Achdern zu Hülfe. Aphrodite hüllt den Aeneias in eine Wolke und entrückt ihn. Die Troer weichen und werden mit großem Verlust in die Stadt getrieben. Tags darauf bestürmen die Achäer Troja von vier Seiten zugleich. Odysseus läßt seine Schaar ein Schilddach bilden, das durch einen großen Stein, den Aeneias von der Mauer herabwälzt, zertrümmert wird. Der Kampf dauert den ganzen Tag fort. Ajas, der Lokrer (der Sohn des Oileus), vertreibt die Troer von der Mauer; sein Waffengenoß Alkimedon will dieselbe auf einer Leiter ersteigen, wird aber von Aeneias durch einen Stein herabgestürzt. Ein Pfeil, den Philoktetes gegen Aeneias sendet, wird von Aphrodite abgewehrt, tödtet aber den Menon. Tozaichmes wird von Aeneias durch einen Steinwurf getödtet.

Aber die troischen Frau'n wehklagten umher in der Veste;
Denn sie vermochten zum Grabe des Paris nicht zu gelangen,
Weil es entfernt von der Stadt sich erhob; und die Jünglinge
kämpften
Rastlos außer den Mauern; es war kein Ende des Mordens,
Ob auch Paris gefallen; Achäa's Söhne verfolgten   5
Bis zu der Veste die Troer, und andere Männer von Troja
Brachen heraus vor die Stadt, weil Noth sie drängte zur Abwehr.
Eris vereint und Enyo, die tosende Schwester des Ares,
Schalteten stolz in den Reih'n, graunvollen Erinnyen ähnlich,

Beide vom Mund ausathmend vernichtenden Hauch des Verderbens. 10
Rings um sie durchstürmten die unbarmherzigen Keren
Wüthend das Feld, und der Schrecken und Ares trieben von andrer
Seite die Heere zum Kampfe; befleckt von blutigem Morde,
Folgte den Beiden der Dämon des Grau'ns, auf daß er die Einen
Stärke mit Muth und die Andern mit Furcht und Entsetzen erfülle. 15
Lanzen und Speere der Männer und andere Todesgeschosse
Flogen von hier und flogen von dort, nach Morde verlangend.
Weit umher scholl wirres Geschrei von den ringenden Völkern,
Die, Mann wider den Mann, in vertilgender Schlacht sich erhoben.

Da war's, wo, von Pyrrhos erlegt, Laodamas hinsank, 20
Der aus Lykia stammte, von Xanthos' schönen Gewässern,
Welchen vordem die Geliebte des donnernden Wolkenversammlers,
Leto, gebracht an das Licht, nachdem sie des Lykierlandes
Grund aufriß mit den Händen, im heftigen Schmerz der Geburtsweh'n
Ringend, indeß sich der Gott loswand von dem Busen der Mutter. 25
Pyrrhos erschlug nach diesem den Niros, dem er die Wange
Dort im Gewühl mit der Lanze durchstieß; durch den Mund und
die Zunge
Stürmte das Erz hindurch, und die unaufhaltsame Spitze
Faßte der Held laut knirschend; das Blut umströmte die Wangen,
Während er schrie; da warf, von dem markigen Arme geschwungen, 30
Ihn der vertilgende Speer mit wilder Gewalt an die Erde,
Daß ihm das Leben entfloh. Hierauf den erhabnen Evenor
Traf er über den Weichen und trieb ihm bis in die Leber
Mitten die Lanze hinein; alsbald umfing ihn Verderben.
Dann dem Iphition auch und des Mänalos mächtigem Sohne 35
Gab er im Kampfe den Tod, dem Hippomedon, welchen die Nymphe,
Welchen Otyrrhoë einst am Sangariosstrome geboren;
Aber sie sah nicht wieder den Sohn; denn feindliche Keren
Rafften ihn weg und erweckten in ihr endlose Betrübniß.

Held Aencias erschlug den Andromachos dann und den Bremon, 40
Jenen in Knossos erzogen und den in der göttlichen Lyktos.
Beid' an die selbige Stätte vom hurtigen Rossegespanne
Stürzten sie; jener, die Kehle durchbohrt von der stämmigen Lanze,
Zuckte noch; dieser, getroffen an schmerzender Stelle des Schlafes

Vom tobbringenden Stein, den rüstige Hände geworfen, 45
Hauchte den Geist in die Lüfte hinaus, und Dunkel umfing ihn.
Und scheu bebten die Renner und floh'n, von den Lenkern verlassen,
Durch das Gefild', auf Leichen erschlagener Männer sich tummelnd.
Doch die getreuen Genossen des tadellosen Achilleus
Griffen sie auf, im Herzen der stattlichen Beute sich freuend. 50
Aber den Peirasos traf mit vernichtendem Pfeil Philoltetes,
Als er entwich aus des Kampfes Gewühl; die gebogenen Sehnen
Hinter dem Knie durchschnitt ihm der Pfeil, und hemmt' ihn im
Angriff.
Doch wie der Danaer Einer ihn so an den Gliedern gelähmt sah,
Trennt' er ihm schnell von dem Rumpfe das Haupt, und die Sehnen
des Nackens 55
Hieb er ihm durch mit dem Schwert; da fiel an die Erde der
Rumpf hin;
Aber das Haupt, indeß er hinfort noch strebte zu reden,
Rollte hinab an dem Grund; schnell flog in die Lüfte das Leben.
Aber Polydamas traf den Eurymachos dann und den Kleon,
Welche von Syme kamen und Nireus folgten, dem Herrscher, 60
Beide gewandt in der Kunst, mit verderblicher Angel den Fischen
Nachzugeh'n in Listen geübt, und in heilige Fluten
Auszuwerfen das Netz und mit kundigen Händen vom Schiff aus
Sicher und rasch auf die Fische den Dreizack niederzuschleudern.
Doch nicht wehrten von ihnen den Tod die Geschäfte des Meeres. 65
Aber Eurypylos traf, der beharrliche Kämpfer, den Hellos,
Den am gygäischen Teiche die rosenwangige Mutter,
Kleito, gebar; vorwärts auf's Antlitz niedergesunken,
Lag er im Staub, und der Speer war fern an die Erde gefallen.
Mit dem vertilgenden Schwerte gehau'n von der mächtigen Schulter, 70
Lag am Grunde die Hand, die jetzt noch strebte die Lanze,
Aber umsonst, zu erheben zum Kampf; er konnte sie nicht mehr
Lenken, sie zappelte nur, wie der Schwanz der furchtbaren Schlange,
Ward er vom Leibe gehau'n, noch aufspringt; doch es gebricht ihm
Jetzt an der Kraft, sich zu rächen an dem, der ihn feindlich be-
rührte; 75
Also strebte die Rechte des muthigen Mannes die Lanze

Elfter Gesang.

Noch zum Streit zu erheben; indeß ihr folgte die Kraft nicht.
Aber der Sohn des Laertes erschlug die beiden Keteier,
Ainos und Polyindos; er tödtete den mit dem Speere,
Den mit dem Hiebe des Schwertes. Den göttlichen Abas erlegte 80
Sthenelos dann mit dem Spieß; denn der, durchstürmend die Kehle,
Drang in die tödtliche Stell' an der hinteren Sehne des Halses;
Alsbald wich von dem Manne die Kraft, ihm brachen die Glieder.
Dryas und Altimos fiel von Deïphobos' Hand, Agamemnon
Streckte den Melios hin, den Laodokos schlug Diomedes. 85
Aber Agenor erlegte den Hippasos, der vom Peneios
Kam, ein Held; doch mocht' er, entrafft von den Keren des Todes,
Nicht vergelten den Eltern den lieblichen Lohn der Erziehung.
Thoas erlegte den Lalos, den muthigen Lynkos, und Lykon
Fiel von Meriones' Hand, den Archilochos traf Menelaos, 90
Ihn, der unten am Fuße gewohnt des korykischen Hügels,
Dort an Hephästos' Felsen, des sinnigen, welcher ein Wunder
Wohl für die Sterblichen ist; denn unauslöschliches Feuer
Flammt auf ihm, nie rastend bei Nacht und am Tage; die Palmen
Blüh'n um ihn her und tragen der Frucht unermeßliche Fülle, 95
Während der Fels mit der Wurzel zugleich brennt; aber die Götter
Brachten es so an das Licht, noch späteren Menschen ein Wunder.
Teukros aber beschloß Hippomedons Sohn, den Menötes,
Der ihn bestürmt', alsbald mit tödtlichem Pfeile zu treffen;
Zielend legt' er den Pfeil mit der Hand und dem Geist und den Augen 100
Auf den gewundenen Bogen; der Pfeil flog, schwanger mit Unheil,
Rasch von der rüstigen Hand auf den Feind; lang dröhnte die Senne
Noch mit schwirrendem Ton; der Getroffene zuckt' an der Erde,
Weil mit dem Pfeile zugleich in das Herz einstürmten die Keren,
Das zum Sitz sich erkoren der Geist und das Leben der Menschen, 105
Aber zu dem auch führen die kürzesten Pfade des Todes.
Held Euryalos sandte darauf ein gewaltiges Felsstück
Aus der gedrungenen Hand und brach die Phalangen der Troer.
So wie der Hüter des Feldes, den schreienden Kranichen zürnend,
Hineilt über die Ebne, von Unmuth glühend im Herzen, 110
Und mit der rüstigen Hand um das Haupt her schwingend die Schleuder,

Auf sie sendet den Stein, der in sausendem Schwunge die Reihen,
Welche die Luft durchstürmen, zerstreut; die flieh'n in die Weiten,
Andere stürzen in wildem Gedräng sich über einander,
Kreischend, indeß sie zuvor in geordnetem Zug sich bewegten: 115
Also bangte dem Feind vor Euryalos' furchtbarem Wurfe,
Und nicht eitel entflog er, von Schicksalsgöttern getragen;
Nein, mit dem Helme zugleich zerschellt' er dem tapferen Meles,
Als er ihn traf, das Haupt, und der Tod, unentfliehbar, ereilt' ihn.
So gab Einer dem Andern den Tod; weit stöhnte das Erdreich. 120
Wie wenn wilder Orkan mit gewaltigen Stößen herantobt,
Und hochstämmige Bäume von hier und von dort an die Erde
Stürzt mit brausender Wuth; die, rings aus den Wurzeln geschmettert,
Decken den waldigen Grund, und weitum tosen die Lande:
Also sanken sie nieder im Staub, laut klirrten die Waffen, 125
Dröhnte der Boden umher; und dennoch ließen die Streiter
Nicht von dem mühsamen Kampf und schufen sich Tod und Verderben.
 Doch nun trat dem Aeneias der göttliche Phöbos Apollon
Und dem Eurymachos nahe, dem streitbaren Sohn des Antenor;
Denn die standen im Kampf mit den rüstigen Männern Achäa's, 130
Einer gesellt zu dem Andern, wie zwei vollkräftige Stiere,
Altersgenossen, an Einem Gespann, und beharrten im Streite.
Alsbald wandte der Herrscher an sie die geflügelten Worte,
Wie Polymestor gestaltet, des fernhintreffenden Gottes
Herold, welchen die Mutter gebar an den Wellen des Xanthos: 135
Held Eurymachos du, du gottentsproß'ner Aeneias,
Nimmer geziemt's doch euch, vor Achäa's Söhnen zu weichen;
Denn so gewaltig er ist, selbst Ares freute sich niemals,
Euch zu begegnen im Kampf, verlangtet ihr ihn zu bestehen,
Weil euch lange zu leben des Schicksals Mächte vergönnten. 140
 Sprach es und schwand unsichtbar hinweg in die wehenden Lüfte.
Und sie erkannten im Herzen den Gott, der, waltend in Allmacht,
Sie mit erhabenem Muthe begeisterte; Wuth durchflammte
Ihnen das Herz in der Brust; so stürmten sie wider Achäa's
Söhne heran, gleich Wespen an Wuth, die, finsteren Grolles 145
Voll das Herz, eindringen mit Macht in die Schaaren der Bienen,

Elfter Gesang.

Welche zur Herbstzeit rings um die trocknenden Trauben sich drängen,
Oder vereint entschwärmen dem Stock; so warfen sich Troja's
Söhne mit Macht auf die Schaaren der streitbaren Männer Achäa's;
Ares jubelte laut, und die düsteren Keren erlabten 150
Sich an dem blutigen Werk, und furchtbar erscholl der Enyo
Jauchzender Ruf, und es klirrten die leuchtenden Waffen der Streiter.
Doch sie schlugen zur Erd' unzählige Schaaren der Feinde
Mit unnahbaren Händen; zur Erd' hin sanken die Völker,
Wie hinsinken die Saaten in glühenden Tagen des Sommers, 155
Welche zu mähen die Schnitter mit rüstigen Armen sich abmüh'n,
Theilten sie sich in die Hufen des unabsehbaren Feldes:
Also stürzten dahin in den Staub zahllose Phalangen
Unter den Händen der Helden; umher voll Leichen die Erde
Strömte von Blut; hoch freute sich Eris über den Todten. 160
Doch sie rasteten nicht von dem unheilbringenden Morde;
Wie auf Schafe die Leu'n, so warfen sich Beid' in die Feinde,
Welche zur Flucht sich wandten, dem Kampf zu entrinnen verlangend,
Wenn noch Einem von ihnen die Kraft in den Füßen sich regte.
Doch es verfolgte sie stets der verwegene Sohn des Anchises, 165
Der mit zerfleischendem Speer Tod sandt' in den Rücken der Feinde,
Und Eurymachos dort; und das göttliche Herz des Apollon
Freute sich, als er dem Kampf zusah von den Höhen des Himmels.
  So wie ein Mann auf Schweine, die hin durch trocknes Saatfeld
Schweifen, bevor von den Schnittern gemäht hinsinken die Garben, 170
Hetzt die gewaltigen Hunde daher; da zittern die Schweine
Angstvoll, jene gewahrend, und nicht mehr denken sie fürder
Sich an dem Futter zu laben, und wenden sich, ohne zu säumen,
Alle zu trauriger Flucht, indeß, rasch folgend, die Hunde
Ihnen den Rücken zerfleischen; mit mächtigem Grunzen entflieh'n
  sie, 175
Daß in der innersten Seele sich freut der Besteller des Feldes:
Also freute sich Phöbos Apollon, als er im Kampfe
Argos' mächtige Schaaren entflieh'n sah; Thaten des Krieges
Kümmerten sie nicht mehr: sie beteten nur zu den Göttern,
Daß sie die fliehenden Füße beflügelten; konnte sie doch nur 180
Retten die Flucht; denn Held Eurymachos drängt' und Aeneias

Sammt den Genossen sie alle mit graunvoll schaltender Lanze.
Einer im Heer der Achäer, zu viel auf Stärke vertrauend,
Oder verfolgt vom Geschick, das ihn zu verderben sich sehnte,
Hemmte sein Roß, das eben entfloh'n aus des Kampfes Getümmel, 185
Um es zurückzuwenden und so mit dem Feinde zu kämpfen.
Doch ihm eilte zuvor die verwegene Kraft des Agenor,
Welcher das Muskelgeflecht mit der doppelten Schneide des Beiles
Ihm an dem Arm durchhieb; der Gewalt des zerschmetternden Eisens
Wich der Knochen sofort; es zerschnitt rings Bänder und Flechsen 190
Sonder Müh, und es strömte das Blut aus strotzenden Adern
Sprudelnd hervor und ergoß sich herab an dem Nacken des Rosses.
Er fiel unter die Todten und ließ die gewaltige Hand dort,
Welche noch krampfhaft fest den gebogenen Zügel gefaßt hielt,
Wie er's im Leben gethan, und es war ein Wunder zu schauen; 195
Denn noch hing sie, vom Arme getrennt, am Zügel hernieder
Triefend von Blut, und schreckte nach Ares' Willen die Feinde.
Und wohl schien's, es verlange sie noch Streitrosse zu tummeln;
Aber es trug sie das Roß als Zeichen vom Fall des Gebieters.
Doch den Aethalides schlug Aeneias, der mit dem Wurfspeer 200
Ueber den Lenden ihn traf; die schneidende Spitze der Lanze
Drang am Nabel heraus, das Gebärm nachziehend, und warf ihn
Selbst in den Staub. Er faßte zugleich mit dem Speer die Gebärme,
Seufzt' aus innerster Brust, und drückt' in die Erde die Zähne,
Brüllend vor Schmerz, bis endlich der Schmerz mit dem Leben dahinfloh. 205
Und es ergriff Entsetzen die Danaer, so wie die Stiere,
Welchen, indeß sie rührig im Joch am Pfluge sich abmüh'n,
Unter die Weiche den Stachel die giftige Bremse hineinbohrt,
Nur nach Blute verlangend; und sie voll bitteren Unmuths
Fliehen hinweg in die Ferne; der Landmann hinter dem Pfluge, 210
Der, an der Arbeit rüstig, zugleich für die Stiere besorgt ist,
Aengstet sich ab, daß ihnen das Erz durchschneide die Sehnen,
Wenn nachstürze der Pflug und sich rasch in die Füße verwickle:
So floh'n Argos' Söhne; der muthige Sohn des Achilleus,
Fürchtend um sie, rief laut, in der Flucht aufhaltend die Völker: 215

Elfter Gesang.

Feiglinge, ha! Was flieht ihr und gleicht nichtswürdigen Staaren,
Welche mit Schrecken erfüllt der gerad' anstürmende Habicht?
Auf, und ermannt euch wieder; ein rühmlicher Tod in der Schlacht ist
Schöner fürwahr, als feig in schmählicher Flucht sich zu retten.
Sprach es, und Jene gehorchten, zu trotziger Kraft sich er-
mannend, 220
Alsbald; aber er selbst sprang muthig hinein in die Troer,
Schwingend den rüstigen Speer, und die Myrmidonengeschwader
Folgten ihm nach; der Muth, der die tapferen Schaaren beseelte,
Glich des Orkanes Gewalt; jetzt athmeten auf die Achäer
Alle vom Kampf; doch er, dem Achilleus ähnlich an Kühnheit, 225
Gab nun dem in der Schlacht, nun jenem den Tod, und die Troer
Wichen zurück, wie Wogen, gethürmt von den Hauchen des Nordwinds,
Die mit stürmischem Rauschen sich fern aus Weiten des Meeres
Nach dem Gestad' hinwälzen; da stürzt mit gewaltigem Brausen
Ihnen von anderen Seiten ein anderer Wind sich entgegen, 280
Treibt sie vom Strande zurück, indeß mit ersterbendem Hauche
Schwach noch athmet der Nord: so drängte der Sohn des Achilleus
Dardanos' Söhne zurück, die auf die Achäer sich stürzten,
Weniges nur; denn zu fliehen gestattete nicht des Aeneias
Göttliche Kraft; er trieb sie zu steh'n ausharrendes Muthes. 235
Also hielt Enyo der Schlacht gleichschwebende Wage.
Doch den gewaltigen Speer, den einst sein Vater geschwungen,
Schwang des Achilleus Sohn nicht gegen den Sohn des Anchises;
Nein, er wandte sich anderswohin; denn also gebot's ihm
Thetis; ehrend Kytheren, hinweg auf andere Feinde 240
Lenkte die Göttin den Muth und die mächtige Stärke des Enkels.
Und er erschlug viel Tausend' im Kampf, zur Wonne den Geiern,
Die in dem Fleische der Todten sich satt zu schwelgen verlangten.
Doch tief seufzten die Nymphen an Simoïs lieblichen Wellen,
Seufzten die Töchter des Xanthos, des schönhinströmenden Herr-
schers. 245
Also mühten die Kämpen sich ab; unermüdliche Winde
Weckten den Staub ringsher, den unendlichen, welcher den Luftkreis
Ueber der Erde verhüllte, wie undurchdringlicher Nebel;
Dunkel bedeckte die Lande, der Sterblichen Blicke verfinsternd;

Dennoch kämpften sie fort, und wen sie erreicht mit den Schwer-
tern, 250
Fiel, und war es der Freund, unseligem Tode zum Raube.
Denn nicht mehr zu erkennen vermochten sie, ob es ein Feind war
Oder ein Waffengenoß, der ihnen zum Kampf sich entgegen
Warf im Gewühle der Schlacht; so rathlos waren die Völker.
Und nun hätten sich Alle vermischt und wären im Streite 255
Schmachvoll untergegangen und hätten sich wechselnd gemordet
Mit todbringendem Schwert, wenn Zeus nicht hoch vom Olympos
Hülfe gebracht den Bedrängten umher und die Wolken des Staubes
Weit vom Gefilde verscheucht und die wüthenden Stürme besänftigt.
Zwar noch währte der Kampf, noch rangen sie, aber um Vieles 260
Ward er leichter für sie; denn wohl erkannten sie alle,
Ob sie den Feind im Gewühle verwundeten oder ihn mieden.
Und jetzt drängten die Troer die Reih'n der achäischen Helden,
Jetzt die Achäer die Troer zurück; rings tobte des Kampfes
Gräßliche Wuth; zahllos, wie stöbernde Flocken des Winters, 265
Flogen Geschosse von hier und von dort; wohl graute den Hirten,
Als sie vom Idagebirge die brennenden Kämpfe gewahrten.
   Da hob Mancher die Hände zum heiligen Aether und flehte,
Daß doch Ares im Kampfe die Danaer alle vertilge,
Daß das barbarische Volk von dem traurigen Krieg sich erhole, 270
Und ihm der Tag aufleuchte der Freiheit; aber umsonst war
All' ihr Fleh'n; denn Andres ersann die vernichtende Moira.
Und nicht achtete sie des gewaltigen Zeus und der andern
Himmlischen; denn nichts wandelt den Sinn der erhabenen Göttin,
Welche Geschicke sie immer den Sterblichen oder den Völkern 275
Bei der Geburt einmal in den werdenden Faden gesponnen.
Eines gedeiht nach ihrem Gebot und Anderes schwindet;
Ja, wie sie es geordnet, erhoben sich Jammer und Zwietracht
Zwischen den reisigen Troern und rüstigen Männern Achäa's,
Daß sie, rastlos mordend, mit unbarmherzigem Tode 280
Wütheten gegen einander, die Furcht nicht kennend und muthvoll
Kämpfend den Kampf, da die Menschen der Muth fortzieht in die
Feldschlacht.
   Aber nachdem schon Mancher im Staub dort niedergesunken,

Elfter Gesang.

Hob sich der Muth noch höher empor in der Brust der Achäer
Nach dem Gebot der Athene, der streitbaren, welche zum Kampfe 285
Nah' hintrat, den Argeiern mit kundigem Sinne zu helfen,
Trachtend, die rühmliche Veste des Priamos niederzuschmettern.
Jetzt entrückte sofort den gepriesenen Sohn, den Aeneias,
Aus dem Getose der Schlacht, in verhüllende Nebel ihn bergend,
Kypris, um Paris' Tod in schmerzliche Trauer versunken. 290
War's doch nicht vom Geschicke verhängt, daß er mit Achäa's
Jünglingen kämpfe hinfort an der stolzaufragenden Mauer;
Darum entzog sie den Helden dem sinnigen Blick der Athene,
Die von Herzen verlangte den Danaern Hülfe zu bringen,
Daß nicht wider den Schluß des Geschick's ihn tödte die Göttin; 295
Schonte sie doch auch nimmer den ungleich stärkeren Ares.
Nicht mehr standen die Troer im vordersten Treffen der Feldschlacht;
Nein, sie wandten sich alle zurück voll bangen Entsetzens.
Denn an rasender Wuth rohfressendem Wild zu vergleichen,
Rannten Achäa's Männer heran in stürmischer Kampflust. 300
Weithin deckten die Leichen das Feld umher und die Ströme;
Denn unzählbar lagen erschlagene Männer und Rosse
Niedergestreckt in den Staub; rings lagen unzählige Wagen,
Alle der Lenker beraubt; weit strömte von Blut das Gefilde,
Gleich als regnete Blut; denn Aesa schritt mit Verderben 305
Durch das Getümmel der Schlacht; hier lagen gedrängt an einander,
Welche das Schwert im Kampfe dahinrafft' oder die Lanze.
Wie wenn Männer am Strande des dumpfaufstosenden Meeres
Lösen von künstlichen Pflöcken die festanhaftenden Bande,
Daß sich die Balken zerstreu'n des gewaltigen Flosses und weit-
    hin 310
Sich das Gestade bedeckt und die finstere Woge sie anspült:
Also lagen in Staub und in Blut die gefallenen Streiter
Zahllos, nimmer gedenkend des traurigen Waffengewühles.
Wenige nur, sich rettend aus unheilvoller Bedrängniß,
Kehrten zurück in die Stadt, unseligen Mühen entronnen; 315
Und den Geretteten lösten die Frau'n und die Kinder im Hause
Rasch von den blutigen Gliedern die blutbesudelte Rüstung,
Schafften sodann für Alle die laulichen Bäder, und Aerzte

Eilten umher in den Gassen der Stadt und besuchten die Häuser,
Wo die Verwundeten lagen, den Harrenden Hülfe zu bringen. 320
Kinder und Frau'n umstanden mit schmerzlichen Seufzern die Kämpfer,
Die heimkehrten vom Streit, und fragten umsonst nach den Vielen,
Die nicht wiedergekehrt; da lagen in bitterem Harme
D i e tiefseufzend im Schmerz, und die Anderen eilten zum Mahle,
Sich nach der Mühe zu laben; die raschhinstürmenden Rosse 325
Wieherten laut nach Futter; und wie in der Veste die Troer,
Mühten Achäa's Söhne sich dort bei Zelten und Schiffen.

Doch als Eos am Morgen die glanzhell strahlenden Rosse
Ueber Okeanos' Flut hintrieb und die Völker erwachten,
Zogen die streitbaren Söhne der rüstigen Männer Achäa's, 330
Die dort wider die Veste des Priamos, Andere blieben
Bei den verwundeten Männern zurück in den stattlichen Zelten,
Daß nicht feindliches Volk anstürm', um die Schiffe zu nehmen,
Und beistehe dem Volke der Dardaner; mit den Achäern
Schlugen sich die von den Mauern herab; wild wogte die Fehde. 335
  Kapaneus' Sohn im Vereine mit Tydeus' göttlichem Sohne
Schlug am skäischen Thore die Schlacht; den Beiden entgegen
Stand Deïphobos oben im Kampf und der starke Polites,
Die mit den treuen Genossen den Feind fern hielten mit Pfeilen
Und mit gewaltigen Steinen; vom Wurf zahlloser Geschosse 340
Dröhnten die Helm' und die Schilde der Jünglinge, die von den
Tapfern
Wehrten den bitteren Tod und das unbarmherzige Schicksal.
  Vor dem idäischen Thor rang Pyrrhos im Kampf, des Achilleus
Göttlicher Sohn; kühn stritten, vereint mit dem Helden, die Freunde,
Myrmidonen, erfahren im stürmenden Waffengewühle. 345
Doch sie wehrt' unerschrocken mit unzählbaren Geschossen
Helenos ab von der Mauer im Bund mit dem starken Agenor,
Troja's Söhne zur Schlacht ermuthigend; aber sie selbst auch
Standen getrost ausharrend im Kampf um die heimische Veste.
  Aber am Thor, das hin zu der Ebene sah und den Schiffen, 350
Hielt Euryppylos Stand und der tapfere Sohn des Laertes,
Niemals rastend im Kampf; sie trieb des beherzten Aeneias
Rüstiger Arm mit Steinen hinweg von der thürmenden Mauer.

Elfter Gesang.

Mühsame Kämpfe bestand an Simois' Welle der Kampfheld
Teukros, und Andere rangen an anderem Orte mit Unheil.   855
Doch die gefeierten Kämpen, vereint um den klugen Odysseus,
Machten zur Kampfarbeit, dem erfahrenen Führer gehorsam;
Jetzo die Schilde zurecht, und hoben sie über die Häupter,
Dicht an einander gedrängt, daß Ein Band Alle vereinte;
Und wohl mochtest du wähnen, es sei ein umschattendes Hausdach, 360
Stark und dicht, das weder des feuchtanathmenden Windes
Wilde Gewalt durchdringt, noch unendlicher Regen von Zeus her:
Also standen die Reihen der Danaer unter dem Schildbach
Eng mit einander vereint, einmüthigen Sinnes zum Angriff,
Wie ein einziger Leib, und Troja's Jünglinge warfen   365
Steine von oben herab; doch die, wie von felsiger Klippe,
Rollerten nieder zur Erde, der nährenden; stämmige Speere
Und schmerzbringende Pfeile die Meng' und verwundende Spieße
Hafteten hier in den Schilden und andere dort in der Erde;
Doch viel flogen in's Leere und kreuzten sich wohl in der Ferne 370
Prallend mit Macht an einander; doch Argos' Söhne vernahmen
Sonder Furcht das Getos', als hörten sie tropfenden Regens
Dumpfes Geräusch; sie schritten hinan zu der Mauer und Keiner
Sonderte sich von der Schaar, die fest an einander geschlossen,
So wie finstres Gewölk' hinzog, das mitten im Winter   375
Aus ätherischen Höh'n weithin ausspannte Kronion.
Grauses Getos' umrauschte die Phalanx; unter den Füßen
Dröhnte der Grund, und den Staub, der weniges über die Erde
Nur sich erhob von den Tritten der Wandelnden, trugen die Lüfte
Hinter den Jünglingen her; rings hallten verworrene Stimmen, 380
Wie wenn summende Bienen umher in den Körben sich drängen;
Keuchend entrang sich der Odem der Brust, der rings wie ein Dunstkreis
Sich um das athmende Volk her lagerte. Aber unendlich
Freuten sich jetzt die Atriden im Innersten, als sie dahinzieh'n
Sah'n unerschrockenes Muthes das Rüstzeug tosenden Krieges. 385
Und nun brangen sie vor, auf Priamos' Veste, des Königs,
Alle vereint einstürmend, mit doppelter Schneide der Aexte
Durchzubrechen die Mauern umher und die Thore der Veste
Tief in den Grund zu schmettern; dem klugersonnenen Anschlag

Winkte der Sieg; doch frommten hinfort nicht länger die Schilde 890
Noch das geschwungene Beil, da die riesige Kraft des Aeneias
Eines gewaltigen Steines Gewicht mit den Händen erfaßte,
Und ihn schleudernd mit Macht in die Reih'n der beherzten Achäer,
Unglückseligem Tod hingab die Getroffenen alle,
Die er unter den Schilden erschlug, wie wenn sich in Bergen 895
Ein vorspringender Fels losreißt und die Ziegen zerschmettert,
Die dort unter ihm weiden; die Weidenden all' in der Nähe
Zittern und flieh'n: so bebten die Danaer; aber Aeneias
Schleuderte Stein auf Stein, und schlug die Phalangen mit Schrecken.

Wie der olympische Zeus auf Berganhöhen die Felsen, 400
Die Ein Gipfel vereint, die hierhin, andere dorthin
Sprengt, hellflammende Blitze mit rollendem Donner versendend,
Daß rings zittern die Heerden und was in den Wäldern sich umtreibt:
Also zagten die Söhne der Danaer, als des Aeneias
Rüstige Kraft urplötzlich das Rüstzeug ihnen zerschellte, 405
Das aus mächtigen Schilden gefügt war, weil ihm die Götter
Jetzt unermeßliche Stärke verlieh'n, und Keiner von Allen
Wagt' es dem Helden im Streite gerad' in das Auge zu schauen;
Denn von der Wehr, die jenem die riesigen Glieder umhüllte,
Leuchtete blendender Glanz, wie von göttlichen Flammen des
Blitzes. 410
Neben ihm stand, in Wolken und Nacht sich hüllend, des Krieges
Schrecklicher Gott; er lenkt' ein jedes Geschoß des Aeneias,
Daß es den Tod zusandte den Danaern oder den Schrecken.
Wie der olympische Zeus einst selbst in den Höhen des Himmels,
Flammend von Zorn, austilgte das frevelnde Volk der Giganten, 415
Daß das unendliche Land und das Meer und die Himmel erbebten,
Daß selbst Atlas erbebte der tobenden Wuth des Kronion:
Also wurden die Reihen des Danaerheers von Aeneias
Niedergeworfen im Kampf; denn rings umging er die Mauer,
Zürnend dem feindlichen Volk; er schleuderte, was in die Hand
ihm 420
Eben gelangt', indeß er von Kampfluft glühend einherschritt;
Denn viel stattliche Waffen zur Abwehr feindlicher Männer
Lagen umher auf den Mauern der streitbaren Dardanionen;

Elfter Gesang. 31

Damit wehrt' Aeneias, in trotziger Kraft sich erhebend,
Zahllos stürmenden Feinden, und muthvoll drängten die Troer 425
Sich um ihn her; doch Alle belastete rings um die Veste
Jammer und Noth; Viel fanden den Tod, hier Männer Achäa's,
Troja's Jünglinge dort; laut tönte der Ruf des Aeneias,
Welcher die streitbaren Troer ermunterte, freudiges Muthes
Heimat, Kinder und Frau'n und das eigene Leben zu schirmen. 430
Doch die Achäer ermahnte der muthige Sohn des Achilleus,
Tapferen Sinnes zu steh'n vor Priamos' rühmlicher Veste,
Bis sie die feindliche Stadt in flammendem Brande verwüstet.
Also dröhnt' um die Heere der furchtbartosende Kampfruf,
Da sie den Tag hindurch im Gewühle der Schlacht sich ergingen; 435
Und nie ruhte der Kampf, weil die sich sehnten im Herzen,
Ilios' Mauern zu brechen, die Anderen, sie zu beschirmen.

Ajas, entfernt von Aeneias, dem tapferen Sohn des Anchises,
Dardanos' Söhne bekämpfend, bereitete grauses Verderben,
Rastlos seine Geschoß' in die weiteste Ferne versendend; 440
Denn bald flog, durchschwirrend die Luft, ein verwundender
Wurfspeer,
Bald ein Pfeil; so trug er den Tod in die Reihen der Feinde.
Troja's Männer, erschreckt von dem stürmischen Muthe des Helden,
Hielten hinfort nicht Stand, und das Volk zog ab von der Mauer.

Doch sein Waffengenoß Alkimedon, hoch vor den Lokrern 445
Ragend an Muth, und stark im Vertrau'n auf seinen Gebieter,
Auf sein tapferes Herz und den Trotz kühnstrebender Jugend,
Stieg von Kampflust brennend die schlüpfrigen Sprossen der Leiter
Hurtigen Schrittes hinan, den verderblichen Weg in die Veste
Seinen Genossen zu bahnen; den Schild wohl über das Haupt
hin 450
Haltend zum Schutz, so klomm er hinauf die gefährlichen Pfade,
Unaufhaltsamen Muth in der Brust; jetzt schwang er den grimmen
Speer in der Hand, jetzt rang er sich auf an den Stufen der Leiter;
So vollbracht' er in Eile die mühsame Bahn in den Lüften.
Und wohl hätt' er den Troern unnennbaren Jammer bereitet, 455
Als er bereits vorragend mit halbem Leib in die Stadt sah
Jetzo zuerst und zuletzt, wenn nicht von den Höhen der Mauer

Ihm sich entgegengeworfen Aeneias, welcher ihn wahrnahm,
Schaltet' er auch in der Ferne; er traf mit mächtigem Felsstein
Ihn an das Haupt; und unter dem Wurf des gewaltigen Man-
nes   460
Splittert' in Trümmer die Leiter; da flog, wie ein Pfeil von der
Senne,
Er von den Höhen hinab; indeß er sich taumelnd im Kreise
Wirbelte, trat ihm nahe der Tod, und die Seele des Helden
Schwand in die Luft schwerseufzend, bevor er stürzte zu Boden,
Nur von dem Panzer umhüllt; denn ferne von ihm an die Erde   465
War der gewichtige Schild und die mächtige Lanze gesunken
Sammt dem gediegenen Helm, und ringsum seufzten die Lokrer,
Als sie den Mann dort sahen ereilt von dem grausen Verhängniß.
Denn am Grunde verspritzt lag hier, lag dort des gelockten
Hauptes Gehirn, da lagen umher die zerschmetterten Knochen   470
Und die gelenkigen Glieder befleckt von geronnenem Blute.

Und nun sandte des Pöas, des göttlichen, muthiger Sprößling,
Als er sah, wie Aeneias umher an den Mauern der Veste
Tobt', unbändigen Löwen an Wuth gleich, ohne zu säumen,
Nach dem gepriesenen Manne den Pfeil und verfehlte des Zieles   475
Nicht; doch drang das Geschoß, den gediegenen Schild durchbohrend,
Nicht in die blühende Haut; das wehrte die Macht Kythereia's,
Wehrte der Schild, der kaum an der lebernen Decke geritzt ward.
Aber es fiel nicht sonder Erfolg an die Erde; den Menon
Zwischen dem Schild und zwischen dem Helm mit dem flatternden
Busche   480
Traf's; bald fiel's von der Mauer herab, zu vergleichen der Gemse,
Welche der Jäger vom Felsen mit schwirrendem Pfeile herabschoß:
So lag Menon im Staub, und das heilige Leben verließ ihn.
Aber Aeneias, ergrimmt um das Schicksal seines Gefährten,
Traf mit dem Stein Toraichmes, den hochberühmten Genossen   485
Philoktet's, und zermalmte das Haupt und zerschellte die Knochen
Ihm mit dem Helme zugleich, und das blühende Leben entschwand ihm.
Alsbald rief dem Aeneias der Sohn des erhabenen Pöas:

   Wohl erscheinst du dir selbst ein gewaltiger Streiter, Aeneias,
Weil du kämpfst von der Mauer herab, wo schwächliche Weiber   490

Elfter Gesang.

Wider den Feind sich gürten zum Kampf; auf, wenn du ein Mann bist,
Komm vor die Mauer heraus in den Rüstungen, daß du des Pöas
Muthigen Sohn als Streiter mit Speer und Pfeilen erkennest!
  Also der Held; doch konnte der tapfere Sohn des Anchises
Ihm nichts weiter entgegnen, so sehr's ihn drängte zur Antwort, 495
Weil endlos um die Stadt mühseliger Kampf sich entsponnen.
Denn sie rasteten nicht von der unheilschwangeren Arbeit,
Und es erschien kein Ende der Drangsal, welche die Männer
Schon so lange bedrängt; noch winkte das Ziel in der Ferne.

Zwölfter Gesang.

Inhalt. Da die Bestürmung der Stadt keinen Erfolg hat, so beruft der Seher Kalchas eine Versammlung der Achäer und schlägt vor, statt der Gewalt List anzuwenden. Odysseus räth die Erbauung des hölzernen Rosses, in welches die Tapfersten sich einschließen sollten, um zugleich mit ihm von den Troern in die Stadt gezogen zu werden, wozu ein angeblicher Ueberläufer diese bereden solle, während das übrige Heer sich nach Tenedos zurückziehe, und dort im Hinterhalte das verabredete Zeichen zum Angriff auf die Stadt erwarte. Der Rath des Odysseus wird allgemein, vornehmlich auch von Kalchas, gebilligt; nur Neoptolemos (Pyrrhos) und Philoktetes widersetzen sich und wollen ihre Schaaren zum Sturme gegen die Stadt führen, werden aber von Zeus durch Wunderzeichen zurückgeschreckt. Nach der Anweisung Athene's zimmert Epeios das Roß binnen drei Tagen. Unter den Göttern erhebt sich während der Abwesenheit des Zeus ein Zwist wegen des endlichen Schicksals der Stadt; aber die Drohungen des Zeus und die Abmahnung der Themis halten sie von offenem Kampfe zurück. Die Heroen begeben sich in's Roß; das übrige Heer mit Nestor und Agamemnon zieht sich nach Tenedos. Die Troer lassen sich durch Sinon bereden, das von ihnen bewunderte Roß nach Einreißung eines Stückes der Mauer in die Stadt zu ziehen. Umsonst warnt Laokoon. Sein und seiner Söhne Schicksal. Indessen verkünden verschiedene Zeichen den nahenden Untergang Troja's; auch Kassandra erhebt ihre warnende Stimme, aber vergebens.

Aber nachdem sie so lang um Ilios' Mauern gerungen,
Argos' streitbare Söhn', und der Krieg kein Ende gewonnen,
Da rief Kalchas die Fürsten des Danaerheers zur Versammlung,
Der es verstand nach dem Willen des fernhintreffenden Phöbos
Vogelflüge zu deuten und Stern' und die anderen Zeichen 5
Alle, so viele den Menschen der Rath der Unsterblichen sendet.
Zu den Versammelten aber begann der erhabene Seher:

Zwölfter Gesang.

Müht euch nun nicht fürber im Kampf um die Mauern der Veste;
Seid auf andere Pläne bedacht, auf listigen Anschlag,
Welcher Achäa's Völkern und uns zum Heile gedeihe. 10
Denn an dem gestrigen Tag ward mir dies Zeichen: ein Habicht
Stürzte der Taube sich nach; die schlüpft' in die Spalte des Felsens,
Ihrem Verfolger entrinnend, und der, schwer grollend, umkreiste
Lange den Spalt und lauert' ihr auf; sie hielt sich verborgen;
Er voll Grimmes verbarg sich im Dickicht, und die Bethörte 15
Schlüpfte heraus alsbald, in dem nichtigen Wahne, der Habicht
Habe vorlängst sich entfernt; doch er, ausbreitend die Flügel,
Faßte sofort und erwürgte das unglückselige Täublein.
Darum versucht nicht länger im Sturm zu gewinnen die Veste;
Sinnet darauf, ob nicht ein Betrug uns förbre zum Ziele. 20
Sprach's; doch Keiner im Rath stand auf, der Mittel und Wege
Kannte, den traurigen Krieg zu beendigen; eifrig bedacht wohl
Waren sie all nach solchen zu späh'n; doch nur des Laertes
Listiger Sohn fand Eines und redete vor der Versammlung:
Kalchas, o Freund, der hoch von den himmlischen Göttern geehrt
               wird, 25
Ist es im Rath des Geschickes verhängt, daß Argos' beherzte
Söhne durch List austilgen des Priamos stattliche Veste,
Laßt uns zimmern ein Roß, worin sich die Fürsten des Volkes
Freudiges Muthes verbergen; nach Tenedos ziehe das Heer dann
Sich mit den Schiffen zurück, nachdem sie verbrannten die Zelte; 30
Dann wird Dardanos' Volk, von der Stadt aus solches gewahrend,
Furchtlos strömen hinaus in die Ebene; doch ein beherzter
Kämpe des Heers, der Keinem in Troja's Volke bekannt ist,
Weil' in der Nähe des Rosses, mit rüstigem Muthe gewaffnet,
Der dann heuchelnd erkläre, der Danaer rohe Gewaltthat, 35
Die ihn geweiht zum Opfer der Heimkehr, sei er entronnen,
Unter dem Rosse sich bergend, dem künstlichen, das sie der Pallas
Mühsam erbaut, die feindlich den streitbaren Dardanern grolle.
Und dies Alles bericht' er in ganz ausführlicher Rede,
Bis sie, wiewohl unwillig, zuletzt doch glauben dem Worte, 40
Und in die Stadt ihn führen, den unglückseligen Frembling,
Daß er das Zeichen uns gebe zum unheilbringenden Kampfe,

Jenen in Tenedos eilig die flammende Fackel erhebend,
Während er dort, zu verlassen den Bauch des geräumigen Rosses,
Mahne die Fürsten des Heers, wann sorglos schlummern die Troer. 45
 Sprach es und Beifall riefen die Anderen; aber vor Allen
Zollt' ihm Kalchas, der Seher, Bewunderung, daß er Achäa's
Volke mit trefflicher List und sinnigem Rathe geholfen,
Welcher den Danaern Sieg und Unheil bringe den Troern.
Darum wandt' er das Wort an die tapferen Fürsten von Argos: 50
 Laßt auf andere List uns nicht mehr sinnen im Geiste,
Nein, o Freunde, befolgt den erfahrenen Rath des Odysseus;
Was er Kluges ersann, wird nicht des Erfolges ermangeln.
Schon vollenden die Götter, wonach die Achäer sich sehnen,
Und das Geschick vorbeutend, gescheh'n untrügliche Zeichen; 55
Denn Zeus' rollender Donner erschallt aus heiterem Himmel,
Und hell flammen die Blitze; vorbei zieh'n deutende Vögel
Rechtsher, hoch in den Lüften die gellenden Stimmen erhebend.
Aber wohlan, laßt uns nicht lange verzieh'n vor der Veste;
Hauchte doch Ilios' Volke die Noth unbeugsamen Muth ein, 60
Welche den Feigen sogar fortreißt in's Getümmel der Schlachten.
Dann sind aber die Männer am tapfersten, wenn sie das herbe
Todesgeschick nicht achten, zum Preis darbietend das Leben,
Wie jetzt Troja's edles Geschlecht für die Mauern der Heimat
Furchtlos schaltet im Kampfe, von rasendem Muthe begeistert. 65
 Und es versetzte dagegen der muthige Sohn des Achilleus:
Tapfere Männer bekämpfen in offenem Felde die Feinde;
Die da drinnen, o Kalchas, die Feiglinge, welche die Furcht zwingt,
Uns aus den Augen zu geh'n, die kämpfen herab von der Mauer.
Darum wollen wir nicht auf List noch andere Künste 70
Sinnen hinfort; im Lanzengewühl und im Kampfe bewähren
Muß sich der Mann; in der Schlacht sind muthige Männer die besten.
 Ihm antwortete wieder die rüstige Kraft des Odysseus:
O hochherziger Sohn von Aeakos' tapferem Enkel,
Wahrlich ein muthiges Wort, wie's ziemt untadlichen Männern, 75
Sprachest du hier im gerechten Vertrau'n auf die Stärke der Arme;
Doch dein Vater sogar, so mächtig an Kraft und an Kühnheit,
Mochte sie nimmer bezwingen, des Priamos blühende Veste,

Noch wir Anderen alle, so viel wir Mühen erduldet;
Laßt uns denn, wie Kalchas gebeut, zu den eilenden Schiffen 80
Ziehen sofort und zimmern das Roß durch Kunst des Epeios,
Welcher des Zimmerers Werk vor den Anderen allen in Argos'
Sinnigem Volke versteht; ihm lehrt' es Pallas Athene.
  Sprach's, und die anderen Fürsten der Danaer riefen ihm Beifall.
Nur des Achilleus Sohn und Pöas' Sohn, Philoktetes, 85
Beide verständig und edel, vermocht' er nicht zu bereden.
Denn noch waren sie nicht von dem gräßlichen Morde gesättigt;
Nein, stets trieb sie der Muth, in offener Schlacht sich zu messen.
Und sie geboten dem Volk, um die endlos ragende Mauer
Alles zu tragen herbei, was Vortheil schaffet im Kriege, 90
Hoffend sofort zu zerstören die volkreich blühende Veste;
Hatte sie doch in den Kampf der Unsterblichen Wille gerufen.
Und nun hätten sie wahrlich vollführt, was ihnen genehm war,
Wenn vom Aether herab nicht grollte der Gott und die Erde
Unter den Füßen der Helden erschütterte; über den Häuptern 95
Raste der Sturm in den Lüften, und rastlos schlugen die Blitze
Vor den Heroen hinab; weithin von dem grausen Getose
Bebte das Dardanerland. Da wandelte sich in Entsetzen
Ihr unbändiger Sinn, und der Kraft und des Muthes vergessend,
Folgten sie Kalchas' Wort, wenn auch unwilliges Herzens, 100
Kehrten zurück zu den Schiffen zugleich mit den andern Achäern,
Ihn hoch ehrend, den Seher, und achteten ihn für Kronions
Oder Apollons Sohn, ihm jetzt in Allem gehorsam.
  Doch in der Zeit, da die Sterne den Lauf anheben am Himmel,
Strahlend von hier und von dort, und die Sterblichen ruh'n von
               der Arbeit, 105
Da verließ Athenäa der Seligen himmlische Wohnung,
Und zu dem Heer und den Schiffen enteilte sie, reizenden Jungfrau'n
Gleichend an Wuchs und Gestalt; zum Haupt des beherzten Epeios
Trat sie, dem Träumenden sichtbar, und hieß aus Balken ein Roß ihn
Zimmern, verhieß ihm zugleich, ihm selbst bei dem rüstigen Werke 110
Hülfreich nahe zu sein, auf daß er's schneller vollende.
Aber nachdem Epeios der Göttin Worte vernommen,
Fuhr er freudig empor aus harmlos träumendem Schlummer;

Denn die unsterbliche Göttin erkannt' er; über das Eine
Sann er im Innersten nur, wie das göttliche Werk er vollende, 115
Und ihm füllte die Seele der Geist kunstreicher Erfindung.
Doch als Eos erschien, in den Erebos treibend die Schatten
Heiliger Nacht, und im Aether den rosigen Schimmer umhergoß,
Da verkündet' Epeios sofort von dem göttlichen Traumbild,
Was er gehört und gesehen, den lauschenden Söhnen Achäa's; 120
Und mit unendlicher Wonne vernahmen sie, was er enthüllte.
Schnell in die blühenden Thale des hochbewaldeten Ida
Sendeten Atreus' Söhne die Jünglinge, welche mit Eifer
Eilten an's Werk und im Walde der hochaufstrebenden Tannen
Stämmigen Wuchs umhieben; umher von dem Schlage der Aexte 125
Dröhnten die Schluchten des Waldes; die riesigen Höh'n des Gebirges
Standen entblößt von Gehölz, und rings ward offen der Thalgrund,
Nicht, wie früher, die Wonne des dort umschwärmenden Wildes;
Und es verdorrten die Stämme, vom Wind nicht länger gefächelt.
Doch nun spalteten diese die Danaer schnell mit den Aexten, 130
Schafften sie eilig hinab zu des Hellespontos Gestaden
Hoch von dem walbigen Berg, und es mußte sich ab an dem Werke
Rüstiger Jünglinge Kraft und stattlicher Maule; die Männer
Halfen behend, der hier und der Andere da, dem Epeios;
Mit scharfkantigem Eisen zersägten sie dort das Gebälke, 135
Andere maßen die Bretter, und Andere glätteten Stämme,
Welche noch unzersägt und zerstreut balagen am Grunde.
So war Jeder geschäftig in Anderem; aber Epeios
Formte die Füße zuerst an dem hölzernen Rosse, den Bauch dann,
Fügte darüber den Rücken, und bildete hinten die Lenden, 140
Vorne den Hals; dann ließ er vom hochaufstrebenden Nacken
Niederwallen die Mähn', als ob sie sich wirklich bewegte,
Bildete zottig das Haupt und den Schweif mit der Fülle des Haares,
Ohren und leuchtende Augen und Anderes, was sich am Rosse
Regt von Leben beseelt: so wuchs das gewaltige Werk ihm 145
Unter den Händen empor, wie ein lebendes; Pallas verlieh ihm
Liebliche Kunst, und mit Hülfe der Göttin führt' er das Ganze
In drei Tagen zum Ziel. Da freute sich hoch der Achäer
Zahlreich Volk und staunte, wie kunstvoll jener im Holze

Zwölfter Gesang.

Geist ausdrückt' und Schnelle; man glaubt' es wiehern zu hören. 150
Aber Epeios flehte, die Händ' aufhebend zu Pallas,
Für sein riesiges Werk und befahl's der gewaltigen Göttin:
 Schütze dein Roß, und schütze mich selbst, hochherzige Pallas!
Rief's; sein Flehen erhörte die sinnige Göttin Athene,
Die durch ihn vollendet ein Werk, die Bewunderung Aller, 155
Die es geseh'n, und welche davon durch die Sage vernommen.
 Aber indeß die Achäer das Werk des Epeios bestaunten
Freudiges Muths, und die Troer sich retteten hinter die Mauern,
Zagend entronnen dem Tod und dem unbarmherzigen Schicksal,
Da, als fern von den Göttern, der allmachtvolle Kronion 160
Zu des Okeanos Fluten gelangt und den Grotten der Tethys,
Da trat unter die Götter der Streit; zwiefältig getheilt war
Allen das Herz, und getragen von graunvoll stürmenden Winden,
Fuhren sie, heftig erregt, vom Himmel herab auf die Erde.
Unter den Himmlischen brauste die Luft; an den Wellen des
 Xanthos 165
Traten sie wider einander zum Kampf an, die für Achäa's,
Die für Ilios' Söhne, durchglüht von unendlicher Streitlust.
Ihnen gesellten sich dann die gewaltigen Herrscher des Meeres.
Und nun dachten die Einen das tückische Roß und die Schiffe
Zornentbrannt zu vernichten und Priamos' Veste die Andern; 170
Aber die wechselnden Loose des Schicksals wehrten, der Götter
Herz hinwendend zum Kampfe; der Pallas warf sich entgegen
Ares, die Fehde beginnend, und so auch schritten die Andern
Wider einander heran; die unsterblichen Waffen von Golde
Rasselten laut um die Schultern der Kämpfenden; furchtbar er-
 dröhnte 175
Rings das unendliche Meer, und die dunkelen Gründe der Erde
Zitterten unter den Füßen der Himmlischen, während der Schlachtruf
Graunvoll hallte hinauf in den endlos ragenden Himmel,
Und in die Tiefen hinab zu dem mächtigen Schattenbeherrscher,
Wo die Titanen erbebten im Abgrund; dumpf in die Runde 180
Stöhnten die Höhen des Ida, zugleich mit den rauschenden Wogen
Ewigströmender Flüsse, den langhinschlängelnden Klüften
Und den achäischen Schiffen und Priamos' stattlicher Veste.

Doch nicht zagten die Menschen, die nichts von dem Kampfe der Götter
Ahnten, die Himmlischen wollten es so; sie brachen vom Ida   185
Felsen herab mit den Händen und warfen sie gegen einander;
Doch die flogen zersplittert umher, wie Körner des Sandes,
Leicht in Trümmer zerschellt an den riesigen Gliedern der Götter.
Und nicht war es entgangen des Zeus scharfblickendem Geiste
Fern an den Marken der Erben; Okeanos' Fluten verlassend,   190
Kehrte der Gott, nicht säumig, zurück in die Weiten des Himmels;
Euros, Zephyros, Notos und Boreas trugen ihn heimwärts;
Iris hatte die Winde geschirrt an des ewigen Wagens.
Göttliches Joch, den ihr aus nimmerzerstörbarem Demant,
Rastlos schaffend, bereitet die Kunst des unsterblichen Aeon.   195
Also kam er zum Gipfel des glanzerhellten Olympos,
Und von den Höhen hernieder erschüttert' er zürnend die Lüfte;
Weithin hallten die Donner umher, hell flammten die Blitze,
Die in den Grund einschlugen, die Luft — ein unendliches Glutmeer!
Furcht und Grauen erfaßte das Herz der unsterblichen Götter,   200
Und, wenn gleich unsterblich, erzitterten Allen die Glieder;
Doch um die Götter besorgt, schwang Themis sich hin in den Wolken,
Wie der Gedank' hinfliegt, und kam zu des Himmels Bewohnern;
Denn nur sie blieb ferne dem traurigen Waffengewühle.
Und sie begann, abmahnend vom Streit, zu den seligen Göttern: 205
    Laßt von dem wilden Getose der Schlacht; denn nimmer geziemt es,
Daß sich Götter befehden um sterbliche Tagesgeschöpfe,
Zeus, dem erzürnten, zum Trotze; fürwahr, bald werdet ihr alle
Schwinden in's Nichts; denn Zeus wird sämmtliche Berge der Erde
Euch auf's Haupt hinwälzen und nicht der Geliebtesten schonen,   210
Nicht der Söhn' und der Töchter Geschlecht, nein, Alle begraben
Wird er zumal, aufthürmend unendliche Massen des Erdreichs.
Da wird Keiner von euch fortan sich erfreuen des Lichtes,
Nein, euch wird voll Grauen die Nacht auf ewig umfangen.
    Sprach's; doch jene gehorchten, erschreckt von dem Zorne Kro-
                                     nions.   215
Und den verderblichen Groll von sich wegwerfend, entsagten
Alle dem Kampf und erneuten das Band gleichherziger Liebe.
Die denn stiegen zum Himmel empor, die nieder zum Meere,

Während die Anderen blieben. An Argos' streitbare Söhne
Wandte das Wort nunmehr der verschlagene Sohn des Laertes: 220
Hochgepriesene Fürsten der Danaer, muthige Männer,
Zeigt nun, wie ich es hoffe von euch, welch tapfere Krieger
Sonder Tadel ihr seid; ein unumgängliches Werk liegt
Jetzt euch ob; wohlan, so gedenken wir alle des Streites,
Steigen hinein in das Roß, das geglättete, daß wir ein Ende 225
Finden des schrecklichen Kriegs; denn so wird's besser gedeihen,
Wenn wir List anwenden und mühsam rechnende Klugheit,
Priamos' heilige Stadt zu bewältigen, welcher zuliebe
Wir so Vieles erdulden, entfernt von dem trauten Geburtsland;
Aber wohlauf und bewehret mit wackerem Muthe die Herzen; 230
Hat doch oft in der Schlacht ein Schwächerer, welchen mit Muthe
Stählte die traurige Noth, auch stärkere Männer erschlagen;
Rüstiger Muth hebt höher den Geist und fördert die Menschen
Mehr in den Werken des Kriegs, als Kraft und Stärke der Glieder.
Auf, ihr Edlen, bereitet euch denn zu dem listigen Truge; 235
Doch ihr Anderen schifft nach Tenedos' heiliger Veste,
Und bleibt dort, bis jene zur Stadt uns ziehen, die Feinde,
Wähnend, das Roß als Weihegeschenk der Athene zu bringen.
Aber ein wackerer Mann, der nicht von den Troern gekannt ist,
Weil' in der Nähe des Rosses, mit eisernem Muthe gewaffnet; 240
Und er beweg' im Herzen ein Jegliches; was ich zuvor ihm
Sagte, bewahr' er mit Fleiß, nichts Anderes sinn' er im Geiste,
Daß nicht, was wir ersonnen, hinfort kund werde den Troern.
  Und es versetzte dagegen und sprach der gepriesene Sinon;
Denn Furcht hegten die Andern, und Herrliches kühn zu vollenden 245
Sann er im Geist; drum ehrten Achäa's tapfere Söhne
Seinen erhabenen Sinn; doch er sprach vor der Versammlung:
  Lartios' Sohn und ihr Alle, die wackersten Männer Achäa's,
Was ihr gewünscht, das denk' ich getrost an's Ende zu führen,
Sollten sie mich auch martern und würfen sie selbst in das
                                Feuer 250
Mich bei lebendem Leib; denn fest in der muthigen Seele
Steht der Entschluß, von den Händen der feindlichen Männer zu
                                sterben,

Ober dem drohenden Tod zu entflieh'n, indeß ich die Meinen
Kröne mit Ruhm, nach welchem ihr Herz sich so lange gesehnt hat.
Also sprach er getrost, und die Danaer freuten sich herzlich; 255
Und nun sprach wohl Mancher: ein Gott hat herrlichen Muth ihm
Heute verlieh'n; sonst war er ja nie so verwegen; das Schicksal
Treibt ihn, Fluch und Verderben dem Dardanervolke zu bringen,
Oder uns selbst; denn jetzt, an dem heutigen Tage, bedünkt mich,
Wird der verderbliche Krieg zum entscheidenden Ende gelangen. 260
So sprach Mancher im Volke der muthdurchflammten Achäer;
Nestor erhob sich darauf und sprach die ermunternden Worte:
Jetzt, ihr Kinder, bedarf es der Kraft und des rüstigen Muthes;
Denn jetzt geben die Götter das Ziel langjähriger Mühsal,
Geben, wie wir es gewünscht, uns rühmlichen Sieg in die
            Hände. 265
Aber wohlan, steigt nun in den Bauch des geräumigen Rosses
Muthig hinein; Muth krönt ja mit herrlichem Ruhme die Menschen.
Wohnte mir doch in den Gliedern die Kraft noch, die mich beseelte
Damals, als in die Räume der raschhinsegelnden Argo
Jason die Helden berief zu der Seefahrt; unter den Helden 270
Wär' ich der Erste gewesen, das Argoschiff zu besteigen,
Wenn mich nicht (wie schmerzlich!) der göttliche Pelias abhielt.
Jetzo beschwert mich freilich die Last des gebrechlichen Alters;
Gleichwohl steig' ich in's Roß, als blüht' ich in rüstiger Jugend,
Muthig hinein, und der Muth wird Ruhm und Ehre gewinnen. 275
 Sprach's, und wieder begann der gepriesene Sohn des Achilleus:
Nestor, du gehst zwar Allen voran an besonnener Klugheit;
Doch dich hält ja bereits unfreundliches Alter umfangen,
Und es gebricht dir die Kraft, ob auch nach dem Kampfe der Sinn
            steht.
Darum ziemt dir's besser, nach Tenedos' Ufern zu segeln; 280
Doch wir Jüngeren steigen in's Roß, nach der Fehde verlangend,
Wie du, Greis, es gebeutst, und wie's uns selber genehm ist.
 Sprach's; da trat ihm nahe der Sohn des gefeierten Neleus,
Küßte die Händ' und küßte das Haupt ihm, weil er bereit war,
Selber zuerst in den Bauch des gewaltigen Rosses zu steigen, 285
Und ihn mahnte, den Greis, mit den anderen Kämpen zu bleiben

Zwölfter Gesang.

Außer dem Roß, wie sehr ihn der Muth auch dränge zum Streite;
Und dann sprach er zu ihm, der selbst auch glühte von Kampfluft:
  Ja, mir bezeugt es die Kraft, wohl bist du der Sohn des Achilleus,
Und die verständige Rede bezeugt's; dem achäischen Volke 290
Wird durch dich es gelingen, des Priamos Veste zu brechen.
So, nachdem wir im Kampf viel schmerzliche Leiden erduldet,
Wird uns endlich die Wonne des Ruhms nach Mühen und Arbeit.
Nah' hin legten die Götter den sterblichen Menschen das Uebel,
Fernab legten sie Gutes und Müh'n in die Mitte der Beiden. 295
Deßhalb führt ein leichter und ebener Pfad in das Unheil,
Und ein beschwerlicher Weg führt rüstige Männer zum Ruhme,
Bis sie zu glücklichem Ziel durch Noth und Gefahren gelangen.
  Sprach's, und wieder begann der gefeierte Sohn des Achilleus:
Wie du's hoffst im Herzen, o Greis, so mag sich's erfüllen, 300
Was wir ersehnt und erfleht; denn also wär' es das Beste;
Wollen die Götter ein Andres, so mag auch dieses geschehen;
Lieber ja will ich dem Tod auf rühmlichem Felde mich opfern,
Als mit Schmach und Schande bedeckt, fortfliehen von Troja.
  Sprach es und legt' um die Schultern die göttliche Wehr des
  Achilleus; 305
Schnell auch rüsteten sich von den anderen Helden die Besten,
Welchen im männlichen Busen ein tapferes Herz sich bewegte.
Sagt, ihr Musen, mir jetzt: wer waren die einzelnen Männer,
Die in den Bauch einstiegen des vielumfassenden Rosses?
Denn ihr wart's, die allen Gesang in die Seele mir legten, 310
Ehe der wollige Flaum sich mir um die Wangen verbreitet,
Als ich in Smyrna's Fluren die stattlichen Heerden geweidet,
Dreimal vom Hermos so weit als des Rufenden Stimme gehört wird,
Nahe der Artemis Tempel im offenen Gartengelände,
Nicht auf niedrigen Höh'n noch stolzaufragenden Bergen. 315
  Erst in das riesige Roß stieg Pyrrhos hinein, des Achilleus
Glänzender Sohn; ihm folgte der tapfere Held Menelaos,
Tydeus' göttlicher Sohn, dann Kapaneus' Sohn und Odysseus,
Antiklos auch, Philoktetes, des Pöas Sohn, und Menestheus,
Thoas, der muthige, drauf und der bräunliche Held Polypoites, 320
Ajas, Eurypylos dann, Thrasymedes, ähnlich den Göttern,

Weiter Idomeneus noch und Meriones, rühmliche Helden,
Dann Podaleirios auch und Eurymachos, Meister des Wurfspeers,
Teukros, den Göttern vergleichbar, Jalmenos trotziges Muthes,
Thalpios dann, Antimachos auch und der kühne Leonteus; 325
Dann Euryalos auch und Eumelos, Männer wie Götter,
Weiter Amphimachos noch und Demophoon, auch Agapenor,
Akamas ferner und Meges, der Sohn des gewaltigen Phyleus.
Jetzt auch Andere noch, die beherztesten Männer des Heeres,
Stiegen hinein, so viele das Roß zu bergen vermochte; 330
Aber von Allen zuletzt stieg ein Epeios der edle,
Welcher das Roß den Achäern erbaut; kunstfertig verstand er's,
Aufzuthun das Gefüge des Inneren und zu verschließen.
Deßhalb stieg er hinein von den Danaern allen der letzte;
Mit sich zog er die Leitern hinein, auf welchen die Helden 335
Klommen empor, und als er zuletzt noch Alles verschlossen,
Setzt' er sich vorn an den Riegel; die Anderen hielten sich stille;
Waren sie doch in die Mitte gestellt von Sieg und Verderben.
  Aber die Uebrigen schifften dahin durch wogende Meerflut,
Als sie die Hütten verbrannt, in welchen sie früher geschlummert; 340
Und als Führer geboten vereint zwei muthige Männer
Ueber die Schaar, Agamemnon, des Wurfspeers Meister, und Nestor.
Auch sie hatten verlangt in das Roß mit den Andern zu steigen;
Aber die Danaer hielten sie fern, sie sollten die Völker,
Bleibend am Borde der Schiffe, befehligen, weil sich die Männer 345
Eifriger mühen am Werk, wenn Aufsicht führen die Herrscher.
Deßhalb blieben sie draußen, so tapfere Männer sie waren.
Und so kamen sie bald an Tenedos' Ufer; die Anker
Warfen sie dort in die Tiefe hinab; dann stiegen sie selbst aus,
Banden die Schiff' an das Ufer und warteten, bis das ersehnte 350
Zeichen des lodernden Brandes den Harrenden endlich erscheine.
  Doch die dort in dem Rosse versteckt, in der Nähe des Feindes,
Hegten bedenkliche Furcht und zitterten bald für ihr Leben,
Und bald hofften sie wieder, die heilige Stadt zu zerstören.
Und bei solchen Gedanken beschlich die Erregten das Frühroth. 355
  Aber die Troer gewahrten, wie noch von dem Meere der Helle
Rauch sich erhob in die Lüfte; doch nicht mehr sah'n sie die Schiffe,

Zwölfter Gesang.

Welche von Hellas ihnen gebracht graunvolles Verderben.
Und nun liefen sie freudig bewegt zu des Meeres Gestaden,
All' in Waffen gehüllt; denn noch hielt Furcht sie gefangen. 360
Wie sie das Roß nun sahen, das stattliche, drängten sie staunend
Alle sich ringsumher; denn gar ein gewaltiges Werk war's.
Dann in der Nähe gewahrend den unglückseligen Sinon,
Stürmten sie über ihn her, nun Der, nun Jener, im Kreise
Ihn umstehend, mit Fragen um Argos' Völker; im Anfang 365
Sprachen sie mild und freundlich mit ihm, dann schrieen sie furchtbar
Drohend ihn an, und quälten ihn arg und schlugen den Frembling,
Der nur Böses im Herzen ersann; doch fest, wie ein Meerfels,
Stand er da, nicht wankend, mit unverwüstlichen Gliedern;
Aber zuletzt, nachdem sie den Mann noch lange gemartert, 370
Schnitten sie Nas' und Ohren ihm ab, auf daß er die Wahrheit
Melde, wohin mit den Schiffen der Danaer Volk sich gezogen,
Und was etwa verborgen im Inneren trage das Unthier;
Doch er achtete nicht, den Muth in der Seele bewahrend,
Solch entehrender Schmach; nein, standhaft duldenden Sinnes 375
Trug er die Schläge zumal und die gräßlichen Qualen des Feuers;
Denn ihm athmete Here gewaltige Kraft in die Seele;
Und er begann trugsinnend das Wort in der Mitte der Troer:
Argos' Volk ist über das Meer in den Schiffen entflohen,
Niedergebeugt von den Mühen des langanbauernden Krieges; 380
Und für die mächtige Pallas erbauten sie, Kalchas' Gebote
Folgend, das Roß, auf daß sie den Zorn ausführten der Göttin,
Welche den Danaern grollt um euch; für die glückliche Heimkehr
Sannen die Tückischen mir nach Odysseus' Rathe Verderben,
Wollten am tosenden Strande den Meergottheiten mich opfern; 385
Doch es entging mir nicht; denn schnell mich entziehend den Spenden
Und der geheiligten Gerste verbarg ich mich unter des Rosses
Füßen und rettete mich, so war's von den Göttern beschlossen;
Also schonten sie mein, wenn auch unwilliges Herzens,
Vor der gewaltigen Tochter des Zeus sich beugend in Demuth. 390
So der Verschlagene dort; ihm brach die Marter den Muth
nicht;
Weiß sich der Tapfere doch unentfliehbarem Leide zu fügen.

Einige glaubten dem Worte des Listigen, Andere sahen
Einen Betrüger und Schalk in Sinon; diesen gefiel denn,
Was Laokoon rieth; der meint' in verständiger Rede, 395
Daß es ein Trugspiel sei, von der Danaer Tücke bereitet;
Und er ermahnte die Troer, das hölzerne Roß zu verbrennen
Ohne Verzug und zu seh'n, was wohl sein Inneres berge.
Und die wären dem Rathe gefolgt und entronnen dem Unheil,
Wenn nicht Pallas, ihm selbst und der Stadt und den Dardanern
            zürnend, 400
Unter Laokoons Füßen die Erd' in den Tiefen erschüttert.
Alsbald faßt' ihn Schrecken und Graus; die erzitternden Glieder
Brachen dem muthigen Mann, und nächtliches Dunkel ergoß sich
Ihm um das Haupt; tief wühlte der stechende Schmerz in den
            Wimpern,
Unter den buschigen Brauen das Licht ihm trübend der Augen; 405
Aber die Sterne der Augen, von wüthenden Schmerzen zerrissen,
Rangen sich weit aus der Wurzel hervor; wild rollten die Blicke,
Während im Inneren tobte die Qual; schwer bohrte der Schmerz sich
Bis zu der Hirnhaut ein und selbst in den Grund des Gehirnes;
Bald auch schwammen die Augen in Blut, bald starrten sie glanz-
            los 410
Vor sich hin in die Leere hinaus, unheilbar erdunkelt;
Oft auch flossen sie über, so wie von dem Fels im Gebirge
Trüb sich das Wasser ergießt, mit dem schmelzenden Schnee sich ver-
            mischend.
Und wie ein Rasender tobt' er umher, und Alles erblickt' er
Zwiefach, tief aufseufzend; und doch, nicht achtend des Schmerzes, 415
Mahnt' er die Dardaner noch; da nahm ihm die himmlische Göttin
Völlig das Licht; weiß starrte das Aug' ihm unter den Wimpern
Von dem verderblichen Blut, und ringsum seufzten die Völker;
Denn sie jammerte sein, und sie fürchteten, daß er die Herrin,
Pallas Athene, gekränkt in des thörichten Sinnes Verblendung. 420
Darum wandte sich ihnen der Sinn, sich selbst zum Verderben;
Denn wohl bangte den Männern, sie selbst auch treffe das Unheil,
Weil sie so schmählich verstümmelt den unglückseligen Sinon,
Der, so glaubten sie fest, nach Wahrheit Alles berichtet.

Zwölfter Gesang.

Deßhalb führten sie ihn mit freundlichem Sinne gen Troja, 425
Endlich sein sich erbarmend; und als sich Alle versammelt,
Warfen sie schnell ein Seil um den Hals des gewaltigen Rosses,
Banden es ringsum fest, denn leichthinrollende Walzen
Hatte der Künstler geschickt an den riesigen Füßen befestigt,
Daß es zur Stadt hin folge den Jünglingen, die's mit den Händen 430
Zogen am Seil; sie all' in unendlicher Reihe sich sammelnd,
Stemmten sich an und zogen das Roß, gleich rüstigen Männern,
Die, sich schwer abmühend, ein Schiff in die tosende Meerflut
Niederzieh'n; laut ächzen umher die gewaltigen Rollen
Unter der Last, und der Kiel rauscht knarrend hinab in die Bran-
bung: 435
Also zogen das Werk des Epeios, sich zum Verderben,
Jene, vereint arbeitend, zur Stadt hin; rings um das Kunstwerk
Hatten sie Schmuck in Fülle gelegt, frischgrünende Kränze,
Selbst um das Haupt mit Kränzen geschmückt; laut riefen die Völker,
Die sich mahnten einander; doch Ares' Schwester Enyo 440
Lachte, sie sah sich erfüllen das Ziel des verderblichen Krieges.
Mit ihr freute sich Pallas und Here hoch im Olympos.
Doch die kamen zur Stadt; dort rissen sie nieder die Mauern,
Bahnten dem Rosse den Pfad, und die züchtigen Frauen der Troer
Jubelten laut und umringten es all' und staunten das Werk an, 445
Das für Troja Verderben in heimlichem Schooße bewahrte.

Aber noch immer ermahnte Laokoon seine Genossen,
Daß sie das stattliche Roß mit verzehrendem Feuer vertilgten;
Doch sie folgten ihm nicht, aus Furcht vor dem Zorne der Götter.
Aber ein anderes Leid, noch furchtbarer, hatte die Göttin 450
Ueber Laokoons Kinder verhängt, die erhabene Pallas.
Denn dort lag, sich verbergend in hochaufstarrende Felsen,
Dunkles Geklüft, unnahbar den Sterblichen; gräßliche Thiere
Hausten daselbst, entstammend dem unheilvollen Typhoeus,
Tief in gewundenen Schluchten des Eilands, welches Kalydne 455
Heißt bei sterblichen Menschen, im Meer, entgegen von Troja.
Dorther regte sie auf und rief gen Troja die Schlangen,
Die, von der Stimme der Göttin erweckt, fortstürmten in Eile
Und die Gestade der Insel erschütterten; während sie hinfloh'n,

Rauschte das Meer und die Woge zertheilte sich; fürchterlich
züngelnd 460
Stürzten sie fort; rings bebten die Ungethüme des Meeres.
Xanthos' Töchter zugleich mit Simois' Nymphen erseufzten;
Kypris trauerte droben in seligen Höh'n des Olympos.
Doch die kamen zum Ziele, zu dem Athenäa sie hintrieb,
Wetzend in grimmigem Rachen die unheilbringenden Zähne 465
Wider die Kinder, die armen, und Furcht kam über die Troer,
Als sie daheim in der Veste die schrecklichen Thiere gewahrten.
Keiner der Jünglinge dort, wenn auch unerschrockenes Herzens,
Mochte verzieh'n; denn Alle befiel graunvolles Entsetzen,
Als sie den Thieren entflohen; der Schmerz nahm Alle gefangen; 470
Laut wehklagten die Frau'n, und der eigenen Kinder vergaß wohl
Manche, bestrebt nur selbst zu entflieh'n dem erzürnten Verhängniß.
Fliehende drängten sich rings in den räumigen Gassen von Troja,
Selbst im Gewühl sich verletzend, indeß sich Alles zusammen
Häufte, nach Rettung spähend; Laokoon nur mit den Kindern 475
Blieb in der Ferne zurück; die vertilgende Ker und die Göttin
Hielt ihn gebannt. Da faßten die Ungethüme die Kinder,
Die voll Angst aufbebend die Händ' ausstreckten zum Vater,
Beid' in den grimmigen Rachen zugleich; doch ihnen zu helfen,
War dem Vater unmöglich; die Dardaner sahen von ferne, 480
Was sich begab, und zagten und jammerten; aber die Schlangen,
Als sie vollbracht, was Pallas gebot zum Verderben der Troer,
Schlüpften zumal in die Erde hinab; noch deutet ein Zeichen,
Wo sich die Schlangen verbargen im heiligen Tempel Apollons
Hoch auf Pergamos' Burg; und die klagenden Söhne der Troer 485
Häuften ein leeres Grab den grausam gemordeten Kindern
Alle vereint; dort flossen vom Aug des geblendeten Vaters
Bittere Zähren herab, und der jammernden Mutter Geschrei stieg
Ueber dem Grab zu den Göttern empor; doch größeres Wehe
Ahnte sie noch, sie beklagte das Unheil und die Verblendung 490
Ihres Gemahls, und ihr graute zugleich vor dem Zorne der Götter.
Wie wenn bang wehklagend im düsteren Schatten der Thalbucht
Um das verlassene Nest Philomele schmerzlich umherfliegt,
Und die verlorenen Kinder beweint, die der furchtbaren Schlange

Zwölfter Gesang.

Rachen verschlang, noch eh sie gelernt süßtönende Lieder, 495
Daß tief trauert die Mutter, die rings umflatternd das leere
Haus den unendlichen Gram aushaucht in rührender Klage:
Also klagte sie dort an dem leer dastehenden Grabe,
Klagt' um der Söhne Geschick und klagt' um das Loos des Gemahles,
Welcher erblindet, o Graun! nicht mehr aufschaute zur Sonne. 500
Aber die Dardaner weihten den endlos waltenden Göttern
Spenden des lieblichen Weins; denn freudiges Hoffen bewegte
Ihnen das Herz, zu entrinnen der Noth des vertilgenden Krieges.
Doch nicht brannten die Opfer, es starb hinwelkend die Flamme,
Gleich als wenn sich darüber ein rauschender Regen ergossen; 505
Blutiger Rauch quoll auf, und zitternd fielen die Lenden
Alle zur Erde herab; manch heilige Götteraltäre
Stürzten, die Spenden wurden zu Blut, Bildsäulen der Götter
Weinten, und Eiter benetzte die Heiligthümer; Gestöhn scholl
Ringsher aus dem Verborgnen; die ragenden Mauern erbebten; 510
Weithin krachten die Thürm', als griffe sie stürmend der Feind an;
Furchtbar knarrend erschlossen sich selbst an den Pforten die Riegel;
Einsam wimmerten Vögel der Nacht in schaurigen Tönen;
Ueber der Stadt, die Götter erbaut, hüllt' alle Gestirne
Finsterniß ein, indeß im hellesten Glanze der Aether 515
Leuchtete, sonder Gewölk, und die Lorbeern alle verdorrten,
Welche zuvor noch üppig geblüht am Tempel Apollons.
Auch scholl frecher Schakal' und Wölfe Geheul in der Veste;
Und so traten an's Licht auch sonst unzählige Zeichen,
Welche des Dardanos Stamm und die Stadt mit Verderben bedrohten. 520
Doch kein Graus, kein Schrecken ergriff die Herzen der Troer,
Sahen sie auch in der Veste die unheilkündenden Zeichen;
Denn feindselige Keren bethörten sie, daß sie von Argos'
Söhnen gemordet am Mahle bereinst ihr Schicksal erfüllten.
Fest nur blieb Kassandra das Herz und hell die Gedanken; 525
Niemals ging ihr ein Wort erfolglos über die Lippen,
Nein, es bewährte sich stets als wahrhaft; aber es fand nie
Glauben im Volk, so wollt' es ein Gott, zum Verderben der Troer.

Als die nun in der Veste die traurigen Zeichen gewahrte,
Die auf Ein Ziel zeigten, da schrie sie auf, wie die Löwin   530
Lautes Gebrüll in den Wäldern erhebt, von der gierigen Jäger
Spießen ereilt; sie rennt, voll rasenden Grimmes im Herzen,
Weit in den Bergen umher, und nichts hält ihre Gewalt auf:
So von dem Sturme getrieben des zukunftahnenden Geistes
Rannte sie aus dem Palast; um die blendenden Schultern ergoß
    sich   535
Reich ihr lockiges Haar und wallt' an dem Nacken hernieder;
Graunvoll flammten die Augen, und so, wie der Zweig in den
    Winden,
Schwankt' auf dem Halse das Haupt in unstät wilder Bewegung.
Und schwer seufzte sie auf und rief, die erhabene Jungfrau:
    Ha, nun wandeln wir Armen hinab in nächtliches Dunkel!   540
Rings um uns füllt Feuer und Blut und grause Verwüstung
Ilios' Höh'n; uns senden an's Licht die unsterblichen Götter
Todweissagende Zeichen, wir steh'n an dem Rande des Abgrunds!
Thoren fürwahr! Nichts ahnt ihr vom Unheil, alle verblendet
Schlemmt ihr in Lust! Wohl birgt unnennbaren Jammer das Roß
    hier.   545
Aber ihr glaubet mir nicht, und erging' ich mich länger in Worten,
Weil die Erinnyen, zürnend um Helene's frevelnden Ehbund,
Und im Vereine mit ihnen die unbarmherzigen Keren
Wild durchrasen die Stadt; in unheilvollen Gelagen
Schwelgt ihr zuletzt an dem Mahl, das blutiger Gräuel befleckte,   550
Schon die gemeinsame Bahn mit des Hades Schatten beschreitend.
    Da rief schmähend ein Troer und sprach das verderbliche Wort aus:
Priamos' Tochter, o sprich, was treibt dich die rasende Zunge
Und dein thörichter Sinn, solch nichtige Worte zu reden?
Nicht jungfräuliche Scham noch züchtige Sitte beseelt dich;   555
Unheilbringende Wuth nahm all dein Sinnen gefangen;
Drum mißachten sie dich als eitel geschwätzige Thörin.
Fort! Weissage dem Volke der Danaer Tod und Verderben
Und dir selbst! Wohl wartet auf dich noch schwereres Unheil,
Als den Verwegenen traf, den Laokoon; ziemt es sich doch nicht,   560
Thörichten Sinns die Geschenke der Himmlischen so zu verachten.

Zwölfter Gesang.

Also redete Mancher im Volk; so schalten und schmähten
Andere noch, in dem Wahn, nur Nichtiges rede Kassandra.
Denn schon hatte sich ihnen die gräßliche Wuth des Geschickes
Und des Verderbens genaht; doch sie, nicht ahnend das Unheil, 565
Trieben mit scheltendem Wort von dem mächtigen Rosse die Jungfrau.
Denn sie hatte beschlossen, den riesigen Bau zu zertrümmern,
Oder den Flammen zu weih'n; da raffte sie brennende Späne
Eilig vom flammenden Herd, und von rasendem Muthe getrieben,
Stürmte sie fort, und schwang in der anderen Hand die gediegne, 570
Doppelschneidige Axt; so rannte sie wider des Rosses
Unheilschwangere Last, auf daß kund werde die Arglist.
Aber nachdem sie das Beil und den flammenden Brand ihr entwunden,
Rüsteten Troja's Söhne das unglückselige Festmahl
Harmlos sicheren Sinns; schon kam von den Nächten die letzte. 575
Aber im Roß frohlockten die Danaer, als sie vernahmen,
Wie sie sich schmausend ergingen in Ilios, ohne zu achten,
Was Kassandra gedroht; sie bewunderten selber die Jungfrau,
Daß sie so gründlich erkannte den listigen Plan der Achäer.
Wie in den Bergen ein Panther in zornigem Grimme dahin-
stürmt, 580
Den von dem ländlichen Hof mühselige Hirten und Hunde
Trieben hinweg; er aber, von Unmuth glühend im Herzen,
Wendet sich oft umschauend im Flieh'n, unwillig entweichend:
Also wandte sich Jene hinweg von dem riesigen Rosse,
Denkend des kommenden Mord's; ihr ahnt' ein entsetzliches Unheil. 585

Druck von C. Hoffmann in Stuttgart.

Quintus von Smyrna.
Die Fortsetzung der Ilias.

Deutsch

in der Versart der Urschrift

von

J. J. C. Donner.

Fünftes Bändchen.

13ter bis 14ter Gesang.

(Schluß.)

Stuttgart.

Hoffmann'sche Verlags-Buchhandlung.

1867.

Dreizehnter Gesang.

Inhalt. Als die Troer nach dem bis in die Nacht fortgesetzten Schmause in tiefen Schlaf gesunken sind, gibt Sinon den Achäern das verabredete Zeichen zur Rückkehr, und öffnet zugleich das Roß. Die Flotte kehrt von Tenedos zurück, und die Stadt wird nun von zwei Seiten zugleich angegriffen. Schilderung der Einnahme Troja's. Koröbos, Eurydamas, Ilioneus werden von Diomedes getödtet; Priamos selbst fällt durch die Hand des Neoptolemos am Altare des Zeus Herkeios; Astyanar, Hektors Sohn, wird von einem Thurme hinabgestürzt; Andromache, die Mutter des Astyanax, wird als Gefangene hinweggeführt, Antenor verschont; Aeneas verläßt mit Vater und Sohn Troja, von seiner Mutter Aphrodite mitten durch Flammen und Feinde geleitet. Menelaos tödtet den Deiphobos im Gemach der Helena, und wird von Aphrodite und Agamemnon zurückgehalten, Helena selbst zu tödten. Die Götter, mit Ausnahme Here's und Athene's, trauern um den Untergang Troja's. Ajas, der Sohn des Oileus, frevelt im Tempel Athene's an Kassandra. Aethra, des Theseus Mutter, wird von ihren Enkeln, Akamas und Demophoon, wieder erkannt, Laodike, des Priamos Tochter, auf ihre Bitte von der Erde verschlungen. Elektra, die Mutter des Dardanos, eine der Plejaden, verhüllt sich aus Schmerz über Troja's Untergang in Nebel und Wolken.

Doch rings schmausten die Troer in Ilios; Pfeifen und Flöten
Hallten vereint in den Reihen der Feiernden; wo du den Blick hin
Wandtest, erscholl zum Tanze Gesang, und verworren ertönte
Jauchzender Gäste Geschrei, wie stets bei Wein und Gelagen.
Da nahm Mancher den Becher zur Hand und trank den gefüllten 5
Sorglos aus, daß der Geist ihm versank in schwere Betäubung,
Daß es ihm schwamm vor den Augen und schwindelte; langsam und
                            mühsam
Lallt' ein Wort nach dem andern hervor die gebundene Zunge;

Alles Geräth in den Kammern umher, ja selber die Wohnung
Schien sich ihm zu bewegen, dem Trunkenen; Alles in Troja 10
Schien sich im Kreise zu dreh'n, und Nacht umhüllt' ihm die Augen;
Denn das Gesicht und den Geist auch rüstiger Männer umnebelt
Lauterer Wein, sobald sie hinab ihn stürzen im Unmaß
Da sprach Mancher, betäubt und schwer im Kopfe, die Worte:
 Fruchtlos führten hieher ihr mächtiges Heer die Achäer; 15
Denn sie vollendeten nicht, die Verwegenen, was sie erstrebten;
Nein, von unseren Mauern in thatlos feiger Bestürzung
Flohen sie fort nach Art unmündiger Kinder und Frauen.
 So sprach Mancher in Troja, vom Wein im Geiste bewältigt;
Thöricht fürwahr! Er ahnte noch nicht an den Thoren das Unheil. 20
Denn als Alle der Schlummer umher in der Veste gebunden,
Voll des genossenen Weins und der üppigen Freuden des Mahles,
Da hob Sinon eilig den lodernden Brand in die Höhe,
Als fernleuchtendes Zeichen den Danaern; aber im Busen
Wogt' ihm stürmisch das Herz, er fürchtete, daß ihn gewahrten 25
Troja's Söhn' und Alles mit Einmal käme zu Tage.
Doch die lagen daheim in den letzten Schlummer gebettet,
Ganz vom Weine beschwert. Die aber in Tenedos' Eiland,
Als sie das Zeichen erblickten, bereiteten sich zu der Abfahrt.
Sinon schlich zu dem Rosse sofort; unmerklich und leise 30
Rief er hinein, daß nicht von den Dardanern Einer es höre,
Nein, die achäischen Fürsten allein, von welchen der Schlummer
Fern blieb, da sie die Veste mit Sturm zu gewinnen sich sehnten.
Die im Rosse vernahmen den Ruf und wandten sich alle
Gegen Odysseus neigend das Ohr; der mahnte sie ruhig 35
Ohne Geräusch zu verlassen das Roß. Und dem Rufe gehorsam,
Der sie zum Kampf antrieb, fort stürmten sie all' an die Oeffnung,
Dort an die Erde zu steigen; doch sie, die alle zumal sich
Drängten hinaus, hielt jener zurück mit verständiger Umsicht,
Oeffnete selbst die Seiten des hölzernen Rosses behende 40
Dort und hier, so gab es ihm an der beherzte Epeios,
Streckte das Haupt ein wenig hinaus und sandte die Blicke
Spähend umher, ob er wachend der Dardaner Einen erblicke.
So wie der Wolf im Herzen von quälendem Hunger gefoltert

Dreizehnter Gesang.

Und nach Speise verlangend in Hast von den Bergen herabsteigt, 45
Und zu dem räumigen Pferche sich schleicht, doch Männern und Hunden
Ausweicht, die in der Nähe die wollige Heerde bewachen,
Und leistretenden Fußes durchbricht das Gehege des Pferches:
Also stieg von dem Rosse herab des erhabnen Laertes
Listiger Sohn; ihm folgten der Danaer andere Helden 50
Fürstlichen Stamms, und stiegen hinab an den Sprossen der Leiter,
Welche die Kunst des Epeios als Bahn für die Helden geschaffen,
Daß sie hinein in das Roß und heraus dann wieder gelangten.
Sie denn stiegen zerstreut, rechts der, links jener, die Sprossen
Muthig hinab, den Wespen vergleichbar, welche der Landmann 55
Aufstört, daß sie zum Neste hinaus in trotzigem Unmuth
Schwärmen, sobald sie den Schlag holzfällender Aexte vernommen:
Also strömten zum Rosse hinaus in die stattliche Veste,
Stürmisch entbrannt, die Fürsten der Danaer; mächtig erregt war
Ihnen das Herz in der Brust und sie morbeten, über die Feinde 60
Stürzend mit Macht.
Aber die Anderen trieben im Meer noch schaltend am Ruder;
Stolz hin flogen die Schiffe; mit holdanwehendem Fahrwind
Ebnete Thetis die Pfade, das Herz der Achäer erfreuend.
Eilig gelangten sie drauf an Hellespontos' Gestade, 65
Banden am Lande die Schiffe sofort und sammelten kundig
Alles Geräth, was immer die fahrenden Schiffe geleitet.
Schnell dann stiegen sie aus und stürzten sich laut mit Geräusche
Ilios zu, gleich Heerden, die rasch von den waldigen Triften,
Während die herbstliche Nacht einbricht, heimeilen zum Stalle: 70
Also wider die Veste der Dardaner stürmten die Männer
Alle mit wildem Geräusche, des Heers Kriegsfürsten zu helfen.
Wie Wehrwölfe zur Wuth von quälendem Hunger gestachelt,
Wild im Geheg' einbrechen auf waldigen Höh'n des Gebirges,
Während ermattet der Hirt einschlummerte; eins um das andre 75
Würgen sie Nachts in dem Pferch; so war jetzt Alles umher dort
Voll von Leichen und Blut; rings wüthete Tod und Verderben,
Wenn auch der Danaer Volk noch außer der Stadt sich umhertrieb.
Doch als Alle sich nun vor Troja's Mauern vereinigt,
Warfen sie unaufhaltsam in stürmischem Siegesverlangen 80

Sich in des Priamos Stadt, durchflammt von dem Geiste des Ares.
Allwärts fanden sie voll von Kampf und Leichen die Veste;
Allwärts sahen sie dort, wie rings um die trauernden Häuser
Furchtbar wogte der Brand, und sahn's mit herzlicher Wonne;
Selbst auch bestürmten sie nun, auf Unheil sinnend, die Troer; 85
Ares tobt' in der Mitten im Bund mit der grausen Enyo;
Allwärts röthete Blut in dunkelen Strömen das Erdreich,
Blut von erschlagenen Troern und fernberufenen Helfern.
Viele davon, die des Todes entsetzliche Schauer bewältigt,
Lagen im Blut umher in Ilios; Andere stürzten 90
Sterbend über die Leichen dahin; viel Andere hielten
Ihr vorquellend Gedärm mit der Hand fest, irrend, o Jammer!
Um ihr Haus; noch Andre mit abgehauenen Füßen
Krochen umher um die Todten mit graunvoll klagenden Tönen;
Vielen, die selbst noch im Staube den Kampf zu bestehen verlangten, 95
Wurde das Haupt und die Hände zugleich vom Leibe gehauen;
Anderen ward im Fliehen der Speer in den Rücken getrieben
Bis an die Brust; dem drang er hinein bis tief in die Weichen
Ueber der Scham, wo die Lanze des niemals rastenden Ares
Schlägt tiefschmerzende Wunden im schaurigen Waffengewühle. 100
Ringumher in den Gassen erscholl von geängsteten Hunden
Traurig Geheul; von den Lippen verwundeter Jünglinge stiegen
Klägliche Seufzer empor, und weithin bröhnten die Häuser
Alle von grausem Getose; Geschrei wehklagender Frauen
Hörtest du, wie es erschallt von den Kranichen, wenn sie den Adler 105
Seh'n aus Höhen der Lüfte herab sich stürzen; mit Einmal
Schwindet der Kraniche Muth, sie schrei'n mit gewaltiger Stimme,
Wohl graut ihnen allein vor dem heiligen Vogel Kronions:
So wehklagten und seufzten umher in der Veste die Frauen,
Die im Lager vom Schlummer erwacht, die springend zur Erde; 110
Und nicht dachten sie mehr in der traurigen Angst an den Gürtel,
Irrten umher, wie sie waren, allein mit den Untergewanden
Deckend den Leib, und hüllten sich nicht in das Obergewand erst,
Noch in den Schleier das Haupt; vor den nahenden Feinden erzitternd,
Wußten sie nicht mehr Hülfe noch Rath, in dem klopfenden Busen 115
Wühlte die Angst, und nur mit den Händen die Scham zu bedecken,

Dreizehnter Gesang.

Waren die Armen bedacht; noch andere rauften verzweifelnd
Sich an dem Haupte das Haar, und die Brust mit den Händen zer-
schlagend,
Klagten und jammerten sie; noch Andere stürzten sich muthvoll
Ueber den Feind und vergaßen der Furcht, den Gemahlen und Kin-
dern 120
Abzuwehren den Tod; denn Muth gab ihnen die Noth ein.
Aber die jammernde Klage verscheucht' unmündigen Kindern,
Die kein Leid noch kannten, den harmlos träumenden Schlummer.
Mitleiblos an dem Jammer der Sterbenden dort sich erlabend,
Tobten im letzten Kampfe die unheilschwangeren Keren. 125
Denn gleich Schweinen im Hause des reichbegüterten Königs,
Welcher ein prächtiges Mahl zur Lust ausrichtet dem Volke,
Fanden unzählige Männer den Tod, und (o Grauen!) es mischte
Sich mit dem Blute der Wein, der noch in den Krügen geblieben;
Da war Keiner im Heere der Danaer, der mit dem Schwerte, 130
War er ein Feigling auch, nicht Tod in die Feinde geschleudert.
Also sanken die Troer dahin, wie Wölfe die Schafe
Morden zur Mittagszeit, wenn glühende Hitze daherweht
Und sich der Hüter entfernt; da stehen sie neben einander
Dicht in Haufen zusammengedrängt an schattiger Stätte, 185
Während der Hirt nach Hause die Milch trägt, die er gesammelt;
Die denn stürzen heran, den geräumigen Bauch sich zu füllen,
Schlürfen das dunkele Blut und würgen sie alle mit Einmal,
Um dem bekümmerten Hirten ein trauriges Mahl zu bereiten:
Also morbeten auch in Priamos' Stadt die Achäer 140
Einen Mann um den andern, es war von den Kämpfen der letzte;
Da blieb Keiner von Wunden befreit im Darbanervolke,
Allen benetzt' und befleckte das Blut die geschmeidigen Glieder.
  Doch für die Danaer auch war nicht unblutig die Fehde.
Denn durch Becher die Einen und d i e durch Tische getroffen, 145
Litten Achäa's Männer den Tod, durch flammende Brände,
Die man entnommen dem Herde, die Anderen; Andere starben,
Von Bratspießen durchstochen, woran die Gedärme der Schweine
Hingen, noch warm, indeß die versengende Glut sie umleckte;
Andere lagen im Blute mit zuckenden Gliedern, von Beilen 150

Und schnelltreffenden Aerzten erlegt, von den Händen der Andern
Wurden die Finger gehau'n, indeß sie die Händ' an den Schwertgriff
Legten, um ferne zu halten das grausame Todesverhängniß.
Mancher zerschmetterte wohl Vorhaupt und Gehirn dem Genossen,
Einen gewichtigen Stein im Gewühl aussendend. Doch jene,   155
Gleich Wehrwölfen, im Hofe des ländlichen Hirten verwundet,
Tobten im schaurigen Dunkel der Nacht in flammendem Zorne
Furchtbar umher. Durchmannt von dem stürmischen Muthe des Ares,
Rasten sie wild um des Königs Palast, aufregend die Feinde
Dort und hier; da sanden, gefällt von den Speeren der Troer,   160
Viel Argeier den Tod; denn was in den Häusern von Schwertern
Oder von stämmigen Lanzen den Dardanern fiel in die Hände,
Damit morbeten sie, wenn auch weintrunken, die Feinde.
    Leuchtend erhob sich indeß unendlicher Glanz in der Veste;
Denn viel Danaer schwangen den flammenden Brand in den Hän-
                                                                den,   165
Um den befreundeten Mann und den Feind im Gewühle zu kennen.
Und nun traf Diomedes, der Held, im Getümmel des Kampfes
Dort mit Korŏbos zusammen, dem streitbaren Sohne des Mygdon,
Dem er mit eherner Lanze den Schlund durchbohrte, die Pfade,
Wo das Getränk und die Speise sich schnell in den Magen hinab-
                                                          senkt.   170
So traf Ihn, von der Lanze durchbohrt, sein schwarzes Verhängniß,
Und nun lag er im Blute, gesellt zu den anderen Todten;
Thor! Nicht froh mehr ward er des Ehbunds, welcher ihn gestern
Führt' in des Priamos Stadt; er warb um die Tochter Kassandra
Ohne Geschenk; statt dessen verhieß er ihm Großes zu schaffen,   175
Argos' Heer mit Gewalt aus Priamos' Reich zu vertreiben.
Doch der Unsterblichen Rath vollendete nicht die Verheißung;
Denn ihn sandten zum Tode die unbarmherzigen Keren.
Jener erschlug hierauf den Eurydamas, welcher Antenors
Eidam war, wohlkundig des Wurfspeers, den vor den Andern   180
Allen im troischen Volke mit Weisheit schmückten die Götter.
Auf den Ilioneus auch, der Aeltesten einen im Volke,
Traf er und zückte nach ihm mit der furchtbaren Schneide des
                                                         Schwertes;

Dreizehnter Gesang.

Sieh, da brachen dem Greise die wankenden Glieder zusammen,
Kraftlos bebten die Hände dem Zagenden, und mit der einen 185
Fiel er dem blutigen Helden in's tapfere Schwert, mit der andern
Schlang er sich ihm um die Kniee; doch d e r in des Kampfes Ver-
langen,
Ob sein Zorn sich gelegt, ob ihn anregte die Gottheit,
Hielt sein Schwert ein wenig zurück, auf daß er die Zeit ihm
Gönne, dem Greis, mit Fleh'n an den tapferen Mann sich zu wen-
den. 190
Jammernd erscholl sein Ruf; denn ihn durchbebte der Schrecken:
   Dir, wer immer du seist von dem mächtigen Volk der Achäer,
Fleh' ich, o schone den Greis, laß ab von dem grimmigen Zorne,
Wehre der Hand! Ruhm bringt es dem Mann wohl, gibt er dem
jungen,
Tapferen Mann im Kampfe den Tod; doch wenn du den Alten 195
Tödtetest, wird kein Ruhm für tapfere That dich begleiten.
Darum wende die Hände von mir auf jüngere Männer,
Hoffst du bereinst zu gelangen, wie ich, an die Schwelle des Alters.
   Und es versetzte dagegen der Sohn des gewaltigen Tydeus:
Auch ich hoffe bereinst, o Greis, ein gesegnetes Alter; 200
Aber so lang in m i r noch die Kraft lebt, laff' ich von Keinem,
Der mich feindlich bekämpft; ich sende sie alle zum Hades,
Weil ein wackerer Mann nur der ist, welcher am Freunde
Hängt ein treuer Genoß und abwehrt feindliche Männer.
   Sprach's, der entsetzliche Mann, und bohrt' in die Kehle des
Greises 205
Sein todbringendes Schwert, da wo mit dem Leben der Menschen
Ohne Verzug sich gattet der Tod bei blutender Wunde.
Also warf das erzürnte Geschick ihn todt an die Erde
Durch Diomedes' Arm; doch der durchstürmte die Veste,
Rastlos mordend die Troer in unaufhaltsamem Kampfmuth. 210
Nun auch Abas erschlug er, den muthigen, auch Perimnestos'
Fernegepriesenen Sohn Eurykoon; Ajas, der starke,
Schlug den Amphimedon nieder, Damastors Sohn Agamemnon;
Mimas fiel von der Hand des Idomeneus, Deïopites
Ward von Meges erlegt. Mit unaufhaltsamer Lanze 215

Warf Neoptolemos nieder den götterähnlichen Pammon,
Dann den Polites auch und Tisiphonos, Priamos' Söhne
Alle zumal; und als er im Kampf auf den Helden Agenor
Traf, erschlug er auch ihn; dann tödtet' er Diesen und Jenen
Noch vom Heroengeschlecht; rings schaute man fallender Feinde 220
Schwarzes Geschick; doch er, mit Achilleus' Kraft sich umgürtend,
Mordete, wen er ereilt' im Gewühl; da traf er, im Herzen
Unheil sinnend, am Herde des Zeus Herkeios den König
Priamos selbst. Als dieser den Sohn des Peliden erblickte,
Kannt' er ihn gleich; doch zittert' er nicht; er wünschte ja selber, 225
Daß auch ihn hinraffe der Tod bei seinen Geliebten.
Darum begann er also zu ihm, nach dem Tode verlangend:
    O großherziger Sprosse des streitbaren Helden Achilleus,
Tödte mich, fühle mit mir kein Mitleid; nicht ja verlangt mich,
Helios' Licht zu begrüßen, des allhinschauenden Gottes, 230
Nun ich so viel und so Grauses erduldete; nein, mit den Kindern
Will ich zugleich jetzt sterben, entrückt zu werden dem Jammer
Und dem Getose des Kampfes. O daß dein Vater mich damals
Tödtete, als ich in's Zelt für Hektor brachte die Lösung
Ihm, der den Sohn mir erschlagen, bevor ich Ilios' Veste 235
Sah in Flammen vergeh'n! Doch also haben's die Moiren
Mir in den Faden gesponnen; so sättige du mit des Königs
Blut dein tapferes Herz, auf daß ich der Schmerzen vergesse.
    Und es versetzte darauf der verwegene Sohn des Achilleus:
Greis, du verlangst von mir, was eigener Sinn mir gebietet. 240
Denn nicht darfst du, der Feind, fortan zu den Lebenden zählen;
Ist doch höchstes der Güter für sterbliche Menschen das Leben.
    Also der Held, und leicht von dem Rumpf des ergrauten Gebieters
Hieb er das Haupt, wie wenn in den glühenden Tagen des Sommers
Schnitter die Frucht abmäh'n auf trockenem Saatengefilde. 245
Weithin über den Grund mit lautem Gestöhn und Geröchel
Rollte das mächtige Haupt, von den anderen Gliedern gesondert.
Also lag er im Blute, gesellt zu den übrigen Todten,
Der vor den Sterblichen allen beglückt, in der Fülle des Reichthums
Glänzte, durch hohes Geschlecht und stattliche Söhne verherrlicht; 250
Denn nicht lange gedeiht das Glück im Geschlechte der Menschen,

Dreizehnter Gesang. 11

Nein, oft bricht unerwartet herein auch Jammer und Schande.
Also entrafft' ihn der Tod und entnahm ihn jeder Bedrängniß.
Auch den Astyanax stürzten die riesigen Männer Achäa's
Hoch von dem Thurme herab, sein wonniges Leben ihm raubend; 255
Grausam rissen sie ihn von den liebenden Armen der Mutter,
Weil sie dem Hektor grollten, von dem sie des Bösen so vieles
Duldeten, als er im Licht noch athmete; darum verfolgten
Sie sein ganzes Geschlecht, und das noch unmündige Söhnlein,
Das noch nicht sich geübt in den traurigen Werken des Krieges, 260
Stürzten sie nun von der Zinne der schroffaufsteigenden Mauer.
Wie nach Speise verlangend ein Wolf im Gebirge die Färse
Voll mordgierigen Sinns von dem luftigen Felsen hinabstürzt,
Wann er hinweg sie gescheucht von den strozenden Eutern der Mutter;
Die wehklagt, nun hier- nun dorthin wendend die Schritte, 265
Um ihr Kind mit lautem Gebrüll; doch ein anderes Unheil
Nahte sich ihr, da sie selbst heißhungrige Löwen entführten:
Also führten die Tochter Eetions, die sich im Herzen
Tief abhärmt' um den Knaben, in jammernde Klagen ergossen,
Feindliche Männer hinweg mit den anderen Frauen der Troer. 270
Doch sie, denkend im Herzen, Eetions reizende Tochter,
Wie graunvoll ihr Gemahl und ihr Sohn und ihr Vater geendet,
Sehnte den Tod sich herbei; denn Könige sterben im Kriege
Besser fürwahr, denn daß sie Geringeren fröhnen als Knechte.
Jammernd erhob sie den Ruf, vom Schmerz in der Seele be-
wältigt: 275
Auf, ihr Danaer, stürzt auch mich von der schrecklichen Mauer
Oder die Felsen hinab, auf, stürzt mich hinein in die Flammen;
Denn unseliges Leid, unnennbarer Jammer bedrängt mich.
Meinen untadlichen Vater erschlug in der heiligen Thebe
Peleus' Sohn, er erschlug mir den herrlichen Gatten vor Troja, 280
Der· mir Alles gewesen, wonach ich im Herzen mich sehnte.
Als er starb, da ließ er in unserem Hause den Sohn mir,
Der mein einziger Stolz, auf den mein Hoffen sich stützte;
Doch dies Hoffen betrog mir das grausam frevelnde Schicksal.
Darum nehmt mich Betrübte hinweg aus den Mühen des Lebens 285
Ohne Verzug, und führet mich nicht mit dem Haufen der andern

Frau'n in die Ferne davon; denn traun, nicht länger gefällt mir's,
Unter den Menschen zu sein, da, die mir Schützer gewesen,
Mir wegraffte das Schicksal und schmerzliches Leid mich erwartet,
Werd' ich hinweg von den Meinen, vom troischen Lande gerissen. 290
Sprach's, sie verlangte zu sterben; es ziemt ja nimmer zu leben,
Wenn ein glänzendes Glück in entehrende Schmach sich verwandelt;
Herb ist's dazustehen ein Spott und verachtet von Andern.
Doch sie folgte den Feinden in unfreiwillige Knechtschaft.
So starb Einer in diesem und Der in dem anderen Hause, 295
Und mit Thränen erhob sich der Wehruf jammernder Männer.
Doch den hörte man nicht in dem wirthlichen Haus des Antenor;
Denn die Achäer gedachten des gastfrei waltenden Mannes,
Der Menelaos vor Zeiten in Ilion gastlich beherbergt
Und sein Leben gerettet; er kam dorthin mit Odysseus. 300
Darum schenkten ihm Argos' beherzteste Söhne das Leben,
Ihm sich dankbar erweisend, und ließen ihm sämmtliche Habe,
Ehrend den wackeren Freund und dich, allschauende Themis.
Doch der verwegene Sohn des untadlichen Helden Anchises,
Der für Priamos' Veste, des gottentsprossenen Königs, 305
Kühn mit der Lanze gekämpft und unzählige Leben gemordet, —
Als er von grausamer Wuth feindseliger Hände die Veste
Sah im Feuer vergeh'n und umher die gemordeten Bürger,
Beute zu Beute gehäuft, und zugleich mit den Kindern die Frauen
Fort aus den Häusern geschleppt; da mochte sein Herz nicht länger 310
Hoffen, die heimische Stadt je wieder zu seh'n in der Blüte,
Und nur darauf sann er, wie selbst er entfliehe dem Unheil.
So wie ein Mann, der kundig das Steuerruder des Schiffes
Lenkt in den Tiefen des Meers und wider den Sturm und die Wogen,
Welche sich rings aufthürmen in traurigen Tagen des Winters, 315
Ankämpft, endlich ermattet und muthlos, ehe das Fahrzeug
Rettungslos in die Tiefe versinkt, sich des Steuers entledigt,
Und nicht achtend des Schiffs auf winzigem Boote sich flüchtet:
Also verließ Anchises', des sinnigen, Sprosse die Veste,
Welche der Danaer Volk dem versengenden Feuer dahingab, 320
Vater und Sohn fortreißend, und hob mit rüstigen Armen
Jenen zur mächtigen Schulter empor und trug ihn von dannen,

Dreizehnter Gesang.

(Denn schwer drückte den Greisen die Last vielbuldenden Alters,)
Faßte zugleich an den Händen den Sohn, der kaum mit den Füßen
Streifte den Grund, und führte den Zagenden aus dem Getümmel 325
Und dem Getose des Kampfes hinweg; unmündiges Kind noch,
Schmiegt' er eng an den Vater sich an, mit Thränen die zarten
Wangen benetzt; Aeneias indeß sprang über die Leichen
Rasch mit rüstigen Füßen hinweg, auf andere trat er
Unfreiwillig im Finstern; voran ihm schritt Aphrodite, 330
Die wohlwollenden Sinnes von Sohn und Enkel und Gatten
Grause Gefahr abwehrte; wohin sein Fuß sich gewendet,
Schafften die Flammen ihm Raum, rings spaltete sich des Hephästos
Glühend verzehrender Hauch; Wurfspieß' und Pfeile der Männer
Fielen vor ihm, nie treffend, zur Erd' hin alle, so viel auch 335
Argos' Jünglinge warfen nach ihm in dem Jammer des Krieges;
Da rief Kalchas, der Seher, mit Macht abwehrend die Völker:
  Laßt ihr Danaer ab, nach dem Haupt des beherzten Aeneias
Mit schmerzbringendem Pfeil und vertilgender Lanze zu zielen;
Denn ihm ward es verhängt von dem himmlischen Rathe der
                                          Götter, 340
Daß er vom Xanthos kommend zum breithinströmenden Thybris
Gründe die heilige Stadt, die kommenden Menschengeschlechtern
Staunen erregt; er selbst wird über unzählige Völker
Herrschen und Männer vom Stamm des Aeneias werden in Zukunft
Vom Aufgange gebieten bis hin, wo die ewige Sonne 345
Niedergeht. Einst wird er im Kreis der Unsterblichen leben,
Weil er dem Schooß Aphrodite's, der lockigen Göttin, entsprungen.
Doch aus anderem Grunde geziemt uns auch von dem Manne
Ferne zu halten die Hände, dieweil er alle dem Golde,
Welches dem Flüchtlinge frommt, der, in anderem Lande zu
                                          leben, 350
Sich von der Heimat Göttern getrennt und dem traulichen Herde,
All der glänzenden Habe den Sohn vorzog und den Vater.
Also bewährt' er sich uns als zärtlichen Sohn in der Einen
Nacht und gegen den Knaben zugleich als liebenden Vater.
  Sprach's, und jene gehorchten ihm all' und bestaunten Aeneias, 355
Wie der Unsterblichen Einen, und er, aus der heimischen Veste

Ziehend sofort, schritt weiter, wohin ihn trugen die Füße;
Doch noch immer verheerte der Feind die gewaltige Troja.
Nun auch tödtete dort mit grausamem Schwert Menelaos
Priamos' glänzenden Sohn, den Deïphobos, den er am Lager 360
Helene's fand vom Weine betäubt; Tyndareos' Tochter
Floh und verbarg sich im Haus; da gab Menelaos den Tod ihm,
Zückend das Schwert, und rief, an dem strömenden Blute sich labend:
Also hab' ich, o Hund, in kläglichen Tod dich gesendet!
Nicht mehr sieht dich Eos, die göttliche Tochter des Morgens, 365
Unter den Dardanern lebend hinfort, auch wenn du dich Eidam
Rühmst des donnernden Zeus; an Helene's, meiner Gemahlin,
Lager den Tod dir bereitend, umfing dich schwarzes Verderben.
Hätt' ich doch auch früher dem unheilbringenden Paris
So sein Leben geraubt, als der sich im Kampf mir entgegen 370
Warf, dann wäre das Leid mir erträglicher, das ich empfinde.
Doch er stieg schon nieder in Hades' schauriges Dunkel,
Büßte nach Recht schon, was er verbrach; dir mochte mein Weib nicht
Frommen; entfliehen sie doch niemals vor der lauteren Themis
Strafendem Arm, die Verbrecher; denn rastlos, nächtlich und täg-
             lich, 375
Hat sie den wachsamen Blick nach ihnen gewandt; durch den Aether
Fliegt sie daher und besucht ringsum die Geschlechter der Menschen,
Um im Vereine mit Zeus böswillige Frevler zu strafen.
 Sprach's und vertilgte die Feinde mit unbarmherzigem Sinne;
Denn ihm raste das Herz voll eifersüchtigen Grolles, 380
Und viel Böses ersann er in muthiger Seele den Troern,
Welches ein Gott vollenden ihm half, die erhabene Dike.
Denn an Helene hatten des Dardanos Söhne den ersten
Frevel geübt, sie brachen zuerst das beschworene Bündniß.
Darum sandten hernach die Erinnyen bitteres Wehe, 385
Da vor der Mauer die Einen, die Anderen drinnen erlagen,
Die sich am Mahle vergnügend und die bei lockigen Frauen.
 Spät erst fand Menelaos im innersten Raume des Hauses
Helena, die sich verborgen daselbst; vor des tapfern Gemahles
Scheltwort zitterte sie; er schickte sich an, sie zu morden, 390
Als sein Auge sie sah, voll eifernden Grolles im Herzen;

Dreizehnter Gesang.

Aber den Rasenden hemmte die anmuthstrahlende Kypris,
Welche das Schwert aus den Händen ihm schlug und seinem Beginnen
Wehrte; den finsteren Groll des Verwegenen bannte die Göttin,
Weckend in Herz und Augen der Sehnsucht holdes Verlangen.   395
Denn es befiel ihn Staunen mit Einmal, nimmer erheben
Konnt' er das Schwert, sie zu treffen, die göttliche Schöne gewahrend.
Nein, wie ein trockener Stamm auf waldumkränztem Gebirge,
Stand er bewegungslos, den nicht Sturmhauche des Nordwinds
Oder des Süds, durchtosend die Luft, zu erschüttern vermögen;   400
Also stand er lange betäubt, mit gebrochenem Muthe,
Als er die Gattin erblickte; sogleich war Alles vergessen,
Was sie verschuldet an ihm, von der ehlichen Treue sich wendend.
Alles vertilgt' im Geiste die göttliche Macht Aphrodite's,
Welche die Herzen der Götter bezwingt und der sterblichen Men-
 schen.   405
Dennoch rafft' er empor sein rüstiges Schwert von der Erde,
Stürzt' auf Helena zu; doch ein Anderes sann er im Geiste,
Als er die Wehr aufrafft'; er täuschte mit List die Achäer.
Auch Agamemnon, den Bruder mit schmeichelnden Worten bedeutend,
Hielt ihn zurück, und er wollte ja selbst der Gewalt sich enthalten;   410
Fürchtet' er doch zu verscherzen den Preis langjähriger Kämpfe:

  Stehe vom Groll jetzt ab, Menelaos; ziemt es sich doch nicht,
Daß du die ehliche Gattin erschlägst, um die wir so viele
Mühen bestanden im Kampf und dem Priamos Böses ersannen.
Denn nicht Helena trägt, wie dir's wohl dünkte, die Schuld hier,   415
Nein, der des gastlichen Zeus und des gastlichen Tisches vergessen,
Paris allein; drum ließ ihn ein Gott es büßen in Schmerzen.

  Sprach's, und Jener gehorchte. Die Himmlischen aber beklagten,
Sich einhüllend in schwarzes Gewölk, die gefeierte Troja,
Außer der lockigen Pallas und Hera, denen im Busen   420
Hoch frohlockte das Herz, da sie sah'n, wie des göttlichen Königs
Priamos herrliche Veste verging in der lodernden Flamme.
Aber das Auge sogar der sinnigen Tritogeneia
Füllte mit Thränen sich an, da der muthige Sohn des Oïleus
Priamos' Tochter Kassandra, bethört von wilder Begierde,   425
Schändete drinnen im Tempel der Göttlichen; aber sie strafte

Später den Frevel des Mannes und sandt' ihm grauses Verderben.
Doch sie konnte die That nicht anseh'n; furchtbar im Antlitz
Flammte die Röthe der Scham und des Zorns, sie wandte die düstern
Blicke zum Tempelgewölb; da bröhnt' ihr himmlisches Bildniß 430
Und der geheiligte Boden erzitterte; aber der Frevler
Ließ nicht ab von dem Gräul, da Kypris das Herz ihm berückte.
Doch hier sanken und dort ringsher die gewaltigen Häuser
Krachend in Trümmer und Schutt; Rauch wirbelt' und Staub in
die Lüfte;
Graunvoll hallte Getos'; in sengender Flamme vergehend 435
Stand Antimachos' Haus; auf Pergamos' lieblichen Höhen
Wogte der Brand um die Burg und den heiligen Tempel Apollons,
Wogt' um das Haus der Tritonis und Zeus' Altar, des Beschirmers;
Auch die schönen Gemächer von Priamos' Enkeln verbrannten,
Und nicht lange, so sank ganz Ilios nieder in Trümmer. 440
Aber die Dardaner starben, vom Schwert der Achäer die Einen,
Andre von Feuers Gewalt und dem Einsturz wankender Häuser,
Wo sie mit traurigem Tode zugleich sich errangen ein Grabmal.
Andere bohrten das Schwert mit eigener Hand in die Kehle,
Wenn sie das Feuer zumal mit dem Feind wahrnahmen im Vor-
hof; 445
Andre, nachdem sie die Gattin zugleich mit den Kindern getödtet,
Stürzten sich selbst in das Schwert, in der Noth Unthaten verübend;
Manchem, indeß er im Hause dahinfloh, fiel von der Höhe
Brennend Gebälk auf's Haupt und bereitet' ihm jähes Verderben;
Viele der Frauen sodann, in die Flucht von dem Schrecken getrieben, 450
Dachten in Angst an die Kinder, die trautesten, die sie zu Hause
Ließen allein; da wurden sie, ach! heimkehrend in Eile,
Vom einstürzenden Hause zugleich mit den Kindern erschlagen.
Angstvoll schweiften, des Feuers Gewalt zu entrinnen, die Rosse,
Schweiften die Hund' in den Gassen umher; auf Leichen Erschlag'-
ner 455
Traten sie hier und dort; auch Lebenden Wehe bereitend,
Stürmten sie fort in die Weite; Geschrei durchhallte die Veste.
Doch die drinnen erlagen der unbarmherzigen Aisa,
Zahllos wechselnde Pfade des traurigen Todes beschreitend.

Dreizehnter Gesang.

Hochauf flammte der Brand in den heiligen Aether und endlos 460
Strahlte der Glanz am Himmel; die weitumwohnenden Völker
Sahen die thrakische Samos und Tenedos' Meeresgestade,
Sahen die Höhen des Ida bis hoch zu den Gipfeln erglänzen.
Und so sprach wohl Mancher, das Meer durchsegelnd, im Schiffe:
Herrliche That vollbrachten Achäa's tapfere Söhne, 465
Die um die leuchtenden Augen der Helena Vieles erduldet;
Troja vergeht in Flammen, die einst so gesegnete Veste,
Und der Unsterblichen Keiner gewährt den Verlangenden Hülfe;
Denn das gewaltige Schicksal ereilt, was Menschen beginnen,
Und was, fliehend die Sonne, geruht in verborgenem Dunkel, 470
Zieht es empor an das Licht und stürzt in den Staub das Erhabne.
Manchmal keimt aus Gutem das Leid, aus bitterer Wurzel
Blühet das Heil in den Wechseln des vielfachduldenden Lebens.
So sprach Mancher, indeß er den endlos leuchtenden Schimmer
Ferne gewahrt. Doch die Troer umfing noch schmerzliches Unheil. 475
Argos' Volk durchtobte die Stadt gleich wilden Orkanen,
Die das unendliche Meer in den innersten Tiefen bewegen,
Wann dem Arkturos entgegen, dem sturmaufregenden Sterne,
Dort der Altar aufsteigt am strahlenden Himmelsgewölbe,
Zum schwarzwolkigen Süde gewandt; in den Wellen versinken 480
Bei des Gestirns Aufgang ringsher unzählige Schiffe,
Wann auftosen die Stürme; vergleichbar diesen verheerten
Ilios' thürmende Veste die Danaer; mächtig umwogte
Diese die Glut, wie ein Berg, mit laubigen Wäldern bekleidet,
Brennt, wann Winde das Feuer erregt zu gewaltiger Flamme; 485
Graunvoll sausen und brausen die weithin ragenden Berghöh'n,
Während das Wild mühselig erliegt in Qualen des Todes,
Durch die Gewalt des Hephästos umher in dem Walde getrieben:
Also fanden die Troer den Tod, der Unsterblichen Keiner
Schützte sie mehr; rings waren um sie von den Moiren die langen 490
Netze gespannt, woraus kein Sterblicher findet den Ausgang.
Auf Demophoon jezt und des Akamas muthige Stärke
Traf in den Gassen der Stadt Theseus', des gewaltigen, Mutter,
(Und wohl wünschte sie's selber,) geführt von der Seligen Einem,
Der sie jenen entgegen geleitete; weit in der Irre 495

Schweifte sie, fliehend den Kampf und die Glut. Doch als sie der Greisin
Hehre Gestalt wahrnahmen im leuchtenden Glanze der Flammen,
Glaubten sie erst, es wäre des gottentsprossenen Königs
Priamos edles Gemahl, und schnell, nach dem Raube verlangend,
Legten sie Hand an sie, die Gefangene weiter zu schleppen 500
Dort in der Danaer Heer; doch schwer aufseufzend begann sie:
Hochgefeierte Söhne der streitbaren Männer Achäa's,
Führet mich nicht, als wär' ich ein feindliches Weib, zu den Schiffen;
Denn ich rühme mich nicht aus troischem Blute zu stammen,
Nein, von dem edelsten Blute der Danaer, da mich in Trözen 505
Pittheus zeugte vordem; zum Gemahl erwählte mich Aegeus,
Dem ich den rühmlichen Helden gebar, den gewaltigen Theseus.
Doch bei'm mächtigen Zeus und dem lieblichen Haupte der Eltern,
Wenn mit Atreus' Söhnen des Theseus Kinder in Wahrheit
Hierher zogen zur Veste von Ilios, zeigt mich den Theuren, 510
Welche sich sehnen nach mir; sie sind wohl Altersgenossen,
Denk' ich, von euch; dann wird mir das Herz aufathmen, erblick' ich
Weib' in der Blüte des Lebens gekrönt mit dem Ruhme des Muthes.
Sprach's, und jene vernahmen das Wort und gedachten des Vaters,
Was er an Helena that, und wie vor Zeiten Aphidnä 515
Zeus', des Donnerers, Söhne bewältigten, während die Ammen
Fern von des Kampfes Gewühl als noch unmündige Kinder
Bargen sie selbst; auch dachten sie jezt der gepriesenen Aethra,
Was sie Schweres erduldet im eisernen Zwange der Knechtschaft,
Als sie Schwieger zugleich und Dienerin ward der erhab'nen 520
Helena; sprachlos standen sie da, frohlockend im Herzen,
Bis Demophoon also begann zu der harrenden Ahnfrau:
Dir vollenden die Götter sofort dein süßes Verlangen;
Denn wir sind ja die Söhne des Trefflichen, welchen du vormals
Sohn im Leben genannt; wir werden dich hin zu den Schiffen 525
Tragen mit liebenden Armen, zu Hellas' heiliger Erde
Führen in freudigem Muth, wo du einst als Königin herrschtest.
Also der Held, und die Mutter des herrlichen Vaters umfing ihn,
Schmiegte sich fest mit den Armen um ihn, und küßte die breiten

Dreizehnter Gesang.

Schultern und küßte das Haupt und die Brust und küßte die Wan-
gen; 530
So auch küßte die Greisin den Akamas; Thränen der Wonne
Rannen herab von den Wimpern der Königin, so wie der Enkel.
Wie wenn unter dem Volk ein Gerücht sich verbreitet vom Tode
Eines befreundeten Manns, der einst in die Fremde gegangen;
Der kehrt heim, und die Söhne, den Lebenden wieder erblickend, 535
Weinen von Freude bewegt; er selbst auch weint, von der Kinder
Armen umfah'n, und das Haus durchschwebt, wie beflügelt, die Freude,
Die sich gerührt ausweint in wonnigen Thränen der Wehmuth:
So heißglühend ergoß sich der Weinenden liebliche Klage.
   Jezt auch, sagt man, erhob Laodike, Priamos' Tochter, 540
Welcher an Hab' einst glänzte so reich, zum Aether die Hände,
Flehend in heißem Gebet zu den Himmlischen, daß sie die Erde
Schlinge hinab, eh' als sie den Danaern fröhn' in der Knechtschaft.
Und alsbald sie vernehmend erschloß der unendlichen Erde
Tiefen ein Gott, und die Erde, dem göttlichen Winke gehorsam, 545
Schlang, als Ilios sank, in des Abgrunds Klüfte die Jungfrau
Nieder; im Schmerz um Troja verhüllte sich, sagt man, Elektra
Selbst in Dunkel und Wolken, die langumschleierte Jungfrau,
Traurig vom Chor der Plejaden, der eigenen Schwestern, sich trennend.
Doch die heben vereint sich empor am Gewölbe des Himmels, 550
Zeigen sich alle vereinigt den mühsalduldenden Menschen;
Aber Elektra verbirgt sich allein vor sterblichen Augen,
Allzeit unsichtbar, weil ihres gefeierten Sohnes
Dardanos heilige Burg in den Staub sank; selbst der erhab'ne
Zeus mocht' ihr nicht helfen, da selbst des gewaltigsten Gottes 555
Macht vor den Moiren sich beugt; doch Laodike's Flehen erhörten,
Sei's aus Mitleid oder im Groll, die unsterblichen Götter.
   Aber die Danaer tobten noch rastlos wider die Troer.

Vierzehnter Gesang.

Inhalt. Nach Tagesanbruch plündern die Achäer die Stadt und vertheilen die gefangenen Frauen, unter ihnen Helena, deren Schönheit allgemeine Bewunderung erregt. Die Stromgötter Xanthos und Simois mit den Nymphen betrauern das Schicksal Troja's, indeß die Achäer sich der Freude des Sieges bis in die Nacht überlassen. Menelaos versöhnt sich mit Helena. In der Nacht erscheint der Schatten des Achilleus dem Neoptolemos und verlangt, daß Polyxena, Priamos' Tochter, ihm auf seinem Grabe geopfert werde. Dies geschieht. Nach dem Mahle mahnt Nestor zur Rückkehr nach Griechenland. Hekabe wird in einen Hund, dann in einen Stein verwandelt. Die Achäer rüsten sich zur Heimfahrt, indeß Kalchas und Amphilochos, der Sohn des Amphiaraos, zurückbleiben. Die Flotte, mit Beute beladen, kommt glücklich bis Euböa. Hier sendet Pallas einen Sturm, in dem Viele, namentlich Ajas, der Sohn des Oileus, den Tod finden, während Andere, durch Nauplios' Arglist an die Klippen des Vorgebirges Kaphareus gelockt, Schiffbruch leiden. Poseidon und Apollon zerstören die Befestigungen der Achäer vor Troja.

Und vom Okeanos hob sich die goldenthronende Eos
Jezt in den Himmel empor, da die Nacht in's Dunkel hinabsank.
Doch mit Gewalt verheerten die festummauerte Troja
Argos' Söhn' und führten hinweg die unendliche Habe,
Gleich Waldströmen an Wuth, die hoch vom Gebirge sich stürzen   5
Mit dumpfbrausendem Hall, wenn strömender Regen herabgießt,
Und viel stämmige Bäum' und was sonst wächst in den Bergen
Mit sich führen zum Meere zugleich mit Steinen und Erdreich:
So, nachdem sie mit Feuer die troische Veste verwüstet,
Trugen Achäa's Söhne den Raub zu den eilenden Schiffen;   10
Hier und dort auch schleppten sie mit viel troische Frauen,

Vierzehnter Gesang.

Noch jungfräulich die Einen und noch nicht kundig der Ehe,
Andere, die vor Kurzem sich erst mit den Gatten verbunden,
Andere schon graulockig, und Andere jünger denn diese,
Welchen sie weg von den Brüsten die säugenden Kinder gerissen, 15
Die nie wieder mit Milch die verlangenden Lippen benezten.
  Doch in der Mitte von ihnen hinweg aus der brennenden Troja
Führte, nachdem er vollendet die herrliche That, Menelaos
Helena, seine Gemahlin, von Scham durchdrungen und Wonne.
Doch Kassandra führte der streitbare Held Agamemnon, 20
Pyrrhos führte hinweg Andromache'n, aber Odysseus
Hekabe, Priamos' Weib; ihr quoll von dem Auge die Thräne
Reich, wie in Strömen, hervor; ein Zittern durchfuhr ihr die Glieder,
Angstvoll bebt' und klopfte das Herz, und sie raufte die grauen
Haare des Hauptes sich aus, das rings von der Asche bedeckt war, 25
Die sie vom Herde gerafft, auf's Haupt sie zu streu'n mit den
                                                         Händen,
Als Held Priamos fiel und die Stadt in den Flammen dahinsank.
Und schwer seufzte sie auf; denn umsonst sich sträubend ertrug sie,
Was ihr heute geworden, die Knechtschaft; trauernd und weinend
Folgten die troischen Frau'n, dem die und die Andere jenem; 30
Denn von Allen umher scholl auf unermeßlicher Jammer,
Dem sich der klagende Schmerz unmündiger Kinder gesellte.
So wie der ländliche Mann bei nahendem Winter die Ferkel
Mit weißzahnigen Schweinen zugleich von dem alten Gehöfde
Treibt in ein andres Gehöfd'; ein trauriges Grunzen erheben 35
Unablässig die Jungen zugleich und die Alten zusammen:
Also jammerten die, von der Danaer Händen gefangen;
Magd und Königin beugten vereint sich demselben Geschicke.
  Helena nur umfing kein Gram; sie senkte die dunkeln
Augen verschämt, und die Scham goß glühende Röthe, wie Purpur, 40
Ueber die reizenden Wangen ihr aus; doch im Grunde des Herzens
Bangt' ihr, daß sie beschimpften die zornigen Männer Achäa's,
Wenn sie den Weg hinwandle nach Argos' dunkelen Schiffen;
Darum erbebt' ihr das Herz, in den innersten Tiefen erschüttert.
Und sich umhüllend das Haupt mit dem niederwallenden Schleier, 45
Folgte sie schweigend den Schritten des vor ihr wandelnden Gatten,

Und roth glühten die Wangen vor Scham, wie der göttlichen Kypris,
Als sie, geseh'n von den Blicken der ewigen Uranionen,
Offen in Ares' Armen ihr eheliches Lager entweihte;
Dicht umstrickt vom Gewebe des sinnigen Bildners Hephästos, 50
Lag sie da, voll Kummer das Herz und züchtig erröthend
Vor der versammelten Götter Geschlecht und ihrem Gemahle,
Vor dem Hephästos selbst; denn schrecklich fürwahr für ein Weib ist's,
Wenn sie das Auge des Gatten erblickt in offenem Treubruch.
Aehnlicher Schuld sich bewußt und schön wie Kythere gestaltet, 55
Wandelte Helena dort zu den wohlberuderten Schiffen
Mit den erbeuteten Frauen der Dardaner; aber die Völker
Staunten umher, da sie sahen im Glanz untadlicher Schönheit,
Sahen in Anmuth strahlen die Herrscherin; keiner von Allen
Wagt' es hinfort unglimpflich der schuldigen Frau zu gedenken, 60
Oeffentlich oder geheim; nein, nur sie zu sehen verlangte
Jeder und sah sie mit Lust, wie himmlischen Gottes Erscheinung.
Wie wenn Männern, die lang durch rasthoswogende Meerflut
Irrten umher, nun endlich erscheint ihr trautes Geburtsland,
Daß sie der See und dem Tode zugleich entronnen, die Hände 65
Nach dem Gestad' ausstrecken, das Herz voll inniger Wonne:
So durchdrang jezt Freude die Danaer, und sie gedachten
Nicht der beschwerlichen Mühen hinfort und des Schlachtengewühles.
Denn so hatte Kythere das Herz von Allen geleitet,
Helenen freundlich gesinnt und dem Zeus sich gefällig erweisend. 70
   Xanthos indeß, sobald er die Stadt sah stürzen in Trümmer,
Mächtig bewegt annoch von dem blutigen Waffengetose,
Klagte den Nymphen gesellt, weil Unheil über die Troer
Irgendwoher einbrach und Priamos' Veste vertilgte.
Wie wenn Hagel mit Macht auf reifende Saat sich herabstürzt, 75
Und sie in Stücke zerschlägt und graunvoll rasend die Aehren
Abmäht alle zusammen; der Halm sinkt nieder zur Erde
Nuzlos, aber am Grunde zerstreut, ein kläglicher Anblick,
Liegt und verkümmert die Frucht, zu schmerzlichem Leide des Eigners:
Also wühlte der Schmerz rastlos in dem Busen des Xanthos, 80
Als er Troja verödet erblickt', und Trauer umfing ihn,
War er gleich unsterblich; des Ida Höhen erseufzten

Vierzehnter Gesang.

Ringsum, Simois seufzte, von fernher stimmten die Wasser
Ida's ein in den Trauergesang um Priamos' Veste.
Aber die Danaer eilten in freudigem Muth zu den Schiffen, 85
Preisend im Liede den Sieg, den tapfere Streiter errungen,
Auch der Unsterblichen hehres Geschlecht und der eigenen Kühnheit
Unaufhaltsame Kraft und das ewige Werk des Epeios.
Und in den Himmel empor scholl laut der Gesang durch den Aether,
Wie vielstimmiges Dohlengeschrei, wenn heiteres Wetter 90
Lacht nach verheerendem Sturm und windstill ruhen die Lüfte:
Also drang von den Schiffen der jubelnde Ruf in den Himmel,
Daß sich freuten die Götter, die jüngst wohlwollenden Sinnes
Helfer im Kampfe gewesen den streitbaren Männern Achäa's;
Aber die Anderen grollten im Geist, die den Troern geholfen, 95
Als sie sah'n in den Flammen des Priamos Veste versinken;
Doch sie vermochten es nicht, wie sehr sie's immer verlangte,
Wider den Rath des Geschickes das Leid von den Troern zu wehren;
Kann doch seinen Beschluß selbst nicht der Kronide vereiteln,
Der, allwaltend, an Macht vor den anderen Göttern hervorragt. 100
    Doch die Argeier verbrannten darauf den unsterblichen Göttern
Lenden die Meng' und goßen umher an den Götteraltären
Spenden des lieblichen Weins in die hochaufflammenden Opfer,
Dank darbringend den Göttern, nachdem sie Großes vollendet.
Vielfach priesen sie dann bei'm herzenerfreuenden Festmahl 105
Alle, so viele bewehrt in dem hölzernen Rosse sich bargen.
Auch den gepriesenen Sinon bestaunten sie, weil er so standhaft
Trug den beschimpfenden Hohn der Dardaner; Alle vereinigt
Feierten ihn mit Gesang und unendlichen Ehrengeschenken.
Doch er freute sich herzlich, der Mann ausdauerndes Muthes, 110
Ueber den Sieg der Achäer und achtete nicht der Verstümmlung.
Denn viel köstlicher ist ja der Ruhm dem verständigen Manne,
Als Reichthum, als schöne Gestalt und die anderen Güter,
Die jetzt schmücken das Leben der Sterblichen oder in Zukunft.
So denn saßen am Mahle die niemals zagenden Helden 115
Dort bei den Schiffen umher und redeten Einer zum Andern:
    Endlich erreicht ward heute das Ziel, wir errangen im Kampfe

Herrlichen Ruhm, wir besiegten den Feind und gewannen die Veste.
Aber, o Zeus, gib auch den Verlangenden glückliche Heimkehr.
Also sprachen sie dort; doch ward nicht Allen die Heimkehr. 120
Einer indeß in der Mitte der Danaer, kundig der Laute,
Pries im Gesange das Ende des langandauernden Kampfes;
Schreckte sie doch nicht länger des Kriegs unruhiges Tosen,
Die zu den Werken des Friedens und heiterer Freude sich wandten.
Und so sang er zuerst vor den lauschenden Männern Achäa's, 125
Wie sich versammelt das Volk auf Aulis' heiligem Grunde;
Dann von der rüstigen Kraft des gewaltigen Helden Achilleus,
Wie er ziehend zur See zwölf feindliche Städte verheerte
Und im unendlichen Land elf andere; was er an König
Telephos und dem beherzten Eetion Arges verübte; 130
Wie er den trotzigen Kyknos erschlug, und welcherlei Thaten
Nach des Achilleus Zorn Achäa's Söhne bestanden;
Wie er darauf um die Mauern von Ilion schleifte den Hektor,
Penthesileia tödtet' im Kampf und den Sohn des Tithonos
Warf in den Staub; wie Glaukos, den tapferen Meister des Wurf-
                speers, 135
Ajas erlegte, der starke, wie dann von des schnellen Achilleus
Sohn der gefeierte Held Eurypylos fiel in der Feldschlacht;
Wie Philoktetes' Pfeile dem Paris schufen Verderben;
Auch wie Viele sich bargen im Bauch des betrüglichen Rosses;
Und wie sie hielten das Mahl, dem verderblichen Schlachten-
               gewühle 140
Fern, nachdem sie die Veste des Priamos niedergeworfen.
So sang der und Andres ein Anderer, wie's ihn der Geist hieß.
 Doch als bis in die Mitte die Nacht vollendet den Kreislauf,
Ließen sie ab, sich zu laben am Mahl und dem lauteren Weine,
Hin sich gebend der Ruhe des sorgenlösenden Schlummers, 145
All' annoch von den Kämpfen des gestrigen Tages ermattet.
Darum so sehr sie verlangten am Mahl sich zu letzen die Nacht durch,
Brachen sie ab, von dem Drange des mächtigen Schlafes bewältigt.
Dort schlief der, hier jener; allein im Zelte verkehrte
Atreus' Sohn in trautem Gespräch mit der lockigen Gattin. 150
War doch ihnen der Schlaf noch nicht auf die Augen gesunken;

Vierzehnter Gesang.

Nur Aphrodite's Zauber umschwebten sie, daß sie des Lagers,
Wie vor Zeiten, gedächten und jeglichen Grames vergäßen.
Helena wandte zuerst nunmehr an den Gatten die Worte:
  Trage den Groll doch nicht im Herzen mir nach, Menelaos; 155
Denn nicht willig verließ ich das Haus und das Lager des Gatten;
Nein, mich haben die Söhne der Dardaner, hat Alexandros
Frevelnd entführt mit Gewalt, da du fern warst unserem Hause.
Als ich in kläglichem Tode mich selbst zu verderben gedachte,
Jezt durch schmählichen Strang, jezt unglückseligen Schwertstoß, 160
Hielten sie mich im Gemache zurück, mich tröstend mit Worten,
Weil mich der Kummer um dich und die einzige Tochter betrübte.
Und ich beschwöre dich nun bei ihr und dem wonnigen Ehbund,
Daß du hinfort nicht meiner in bitterem Grolle gedenkest.
  Und es versetzte dagegen der sinnige Held Menelaos: 165
Nicht mehr denke daran, und begrab' in den Busen die Schmerzen;
All dies berge die Nacht in dem finsteren Haus des Vergessens;
Denn nicht länger geziemt sich, der früheren Fehle zu denken.
  Sprach's, und Freude durchdrang sie, dahin schwand jede Be-
  sorgniß.
Denn nun werde doch endlich vom Groll ablassen der Gatte, 170
Hoffte sie, und mit den Armen umschlang sie ihn; Thränen der Wonne,
Thränen der Wehmuth quollen herab von den Augen der Beiden;
Dann voll inniger Lust das gemeinsame Lager besteigend,
Dachten der Liebe die Gatten, die nun sich wiedergefunden.
Wie wenn dicht um die Rebe des Epheus Ranken sich schlingen, 175
Und um diesen die Rebe sich schlingt, daß Windes Gewalt nicht
Wieder zu trennen vermag die Verbundenen: so um einander
Schlangen die Arm' auch jene, nach wonniger Liebe verlangend.
  Aber nachdem auch sie der erquickende Schlummer umfangen,
Trat zu dem Haupte des Pyrrhos des göttlichen Vaters Achilleus 180
Muthiger Geist, so wie er vordem im Leben erschienen,
Als er das Grauen der Troer, die Lust der Achäer gewesen,
Küßte sofort ihm liebend das Haupt und die strahlenden Augen,
Und den bekümmerten Sohn zu ermuthigen, sprach er die Worte:
  Sei mir gegrüßt, mein Sohn, laß nicht dich verzehren vom
  Schmerze, 185

Weil ich dem Tode verfiel; denn in seliger Götter Gemeinschaft
Leb' ich jezt; so gebiete dem Gram in der Tiefe des Herzens,
Rüste dich aus mit der Kraft, die mich im Leben beseelte;
Stets geh' Allen im Kampfe voran, Niemanden an Kühnheit
Weichend; im Rathe gehorche den älteren Männern des Heeres; 190
Dann erst wird dich ein Jeder im Volk den Verständigen nennen.
Ehr' untadliche Männer von standhaft fester Gesinnung,
Da sich der Edle dem Edlen gesellt und der Schlechte dem Schlechten.
Denkst du recht, dann wirst du gewiß auch üben das Rechte;
Doch Niemanden gelingt es, an's Ziel zu gelangen der Tugend, 195
Wer nicht edel gesinnt; auf schwer zugangbarer Höhe
Steht ihr Baum, hoch streben empor in den Aether die Zweige.
Die nun, die sich im Leben gequält mit Mühen und Arbeit,
Ernten erfreuende Frucht von tapfer bestandener Drangsal,
Klimmend hinauf zu den Kränzen am heiligen Stamme der Tu-
               gend.   200
Auf denn, ringe nach Ruhm, und ein Mann des verständigen Sinnes,
Härme dich nicht im Herzen zu sehr, wenn Böses hereinbricht,
Noch, wenn Glück dir lächelt, erhebe dich; gütig gesinnt sei
Gegen befreundete Männer und Söhn' und Frauen der Freunde,
Stets dich erinnernd im Geist, wie nah des vertilgenden Hades 205
Pforten den Sterblichen sind und die finsteren Hallen der Todten.
Ist doch Blumen im Grase, vergänglichen Blumen des Lenzes
Aehnlich der Menschen Geschlecht; ein's wächst und das andre ver-
               schwindet.
Sei denn milde gesinnt und Achäa's Söhnen bedeute,
Doch vor Allen dem Sohne des Atreus: wenn sie gedenken,   210
Wie viel Mühen ich einst um Priamos' Veste bestanden,
Was ich für Beute gewonnen, bevor wir erschienen in Troja,
Nun, dann sollen sie jezo, wonach mich lüstet vor Allem,
Ohne Verzug von der Beute Polyxena, Priamos' Tochter,
Mir darbringen zum Opfer; denn traun, noch heftiger zürn' ich 215
Ihnen, als einst um Briseïs; ich will aufwühlen des Meeres
Fluten umher, will Stürme mit Macht aufregen zu Stürmen,
Daß sie hier an die Stätte gebannt noch lange verweilen,
Büßend mit Tod für ihre Vergehungen, bis sie die Spenden

Vierzehnter Gesang.

Mir ausgoßen am Grabe, nach Heimkehr sehnlich verlangend. 220
Wollen sie dann, nachdem sie der Jungfrau Leben geopfert,
Ferne von mir sie bestatten, so mag dies ihnen gegönnt sein.
Also der Geist und eilte hinweg wie flüchtiger Lufthauch.
Schnell nach Elysion kam er zurück, wo die seligen Götter
Steigen herab und wieder hinauf in die Höhen des Himmels. 225
Aber Achilleus' Sohn, nachdem ihn verlassen der Schlummer,
Dachte des göttlichen Vaters, und innige Wonne durchdrang ihn.
Doch als Eos am Morgen zum räumigen Himmel emporstieg,
Und fortscheuchte das Dunkel, und Erd' und Aether erschienen,
Rafften sich auf vom Lager, nach Heimkehr innig verlangend, 230
Argos' Söhn' und sie hätten hinab in die Tiefen des Meeres
Hoch frohlockend im Herzen die stattlichen Schiffe gezogen,
Hemmt' in der Eile sie nicht der verwegene Sohn des Achilleus,
Der in den Rath sie berief, des Vaters Gebot zu verkünden:
  Höret das Wort, ihr Söhne des streitbaren Danaervolkes, 235
Das der gepriesene Vater an euch zu bestellen mir auftrug,
Als er dem Schlummernden gestern erschien in nächtlichem Dunkel.
Jetzo verweil' er im Kreise der endlos waltenden Götter,
Sprach er; doch euch, vor Allen des Atreus Sohn Agamemnon,
Mahnt er sofort aus der Beute des Kriegs als Ehrengeschenk ihm 240
Priamos' reizende Tochter am ragenden Grabe zu opfern,
Und die Geopferte dann an entlegenem Ort zu bestatten;
Wenn ihr indeß durchschiffet die See, nicht achtend des Wortes,
Droht er feindliche Wogen empor in den Meeren zu thürmen,
Daß ihr lange noch hier mit dem Volk und den Schiffen verzieh'n
  müßt. 245
  Sprach's, sie stimmten ihm bei, und wie zu der Himmlischen Einem,
Beteten sie; denn plötzlich erhob in der Tiefe des Meeres
Sich aufschwellend die Flut und wälzte sich rascher und rascher
(Denn wild rasten die Winde) heran; hoch gingen die Wogen,
Auf von Poseidons Armen gethürmt, der dem starken Achilleus 250
So sich gefällig erwies; auf's Meer hin stürzten sich alle
Stürme mit Macht; da flehten die Danaer laut zu des Peleus
Göttlichem Sohn und sprachen zugleich dies unter einander:
  Wahrlich, Achilleus war vom Geschlecht des erhab'nen Kronion;

Darum ist er ein Gott, wenn einst auch Einer der Unsern; 255
Ist doch Söhnen der Götter unsterbliches Leben beschieden.
Also sprachen sie dort und gingen zum Grab des Achilleus,
Führten zugleich, nicht säumig, Polyxena, Priamos' Tochter,
Mit sich hinweg, wie Hirten im Wald von der Mutter gewaltsam,
Als ein Opfer den Göttern geweiht, wegreißen die Färse; 260
Die, in der innersten Seele betrübt, hebt lautes Gebrüll an:
Also jammerte dort, entführt von den Armen der Feinde,
Priamos' Kind, ihr Auge von glühenden Thränen befeuchtet.
So wie die Frucht der Olive, gepreßt von dem mächtigen Feldstein,
Die noch nicht schwarz wurde vom stürmischen Reife des Winters, 265
Oel aussendet in Menge; die vielumfassende Kelter
Knarrt, durch Seile zusammengeschnürt von rüstigen Männern:
Also strömten der Tochter des unglückseligen Herrschers,
Als sie zum Grab hinwallte des mitleidlosen Achilleus,
Heiß vom Auge die Zähren herab mit kläglichen Seufzern, 270
Daß sie das Obergewand und die blendende Haut ihr benetzten,
Die sich an Weiße verglich hellspiegelndem Elfenbeine.

Jetzt, nachdem sie so viel unnennbare Leiden erduldet,
Stürmt' auf Hekabe's Herz noch ein anderer größerer Jammer.
Dachte sie doch im Geiste des unheilkündenden Traumes, 275
Der in vergangener Nacht der entschlummerten Greisin erschienen.
Denn sie stand an dem Grabe des göttergleichen Achilleus,
(Also träumt' ihr) und klagte; vom Haupt ihr wallten die Locken
Bis an den Boden herab, aus beiden Brüsten zur Erde
Strömte das purpurne Blut weithin und benetzte das Grabmal. 280
Grauen befiel sie darob, und Entsetzliches ahnend im Herzen,
Seufzte sie kläglich empor und ließ laut schallen den Wehruf.
Wie wenn lautes Geheul ausstößt im Hofe die Hündin,
Welcher die Herren des Hauses die zärtlichen Jungen, bevor sie
Sahen das Licht, wegwarfen, ein Raub für die Vögel zu werden; 285
Bald durch zorniges Bellen und bald durch klägliches Winseln
Gibt ihr Jammer sich kund; schwer hallt in den Lüften die Klage:
So wehklagte die Herrin und jammerte laut um die Tochter:

Wehe mir, weh! Was soll ich zuerst, was soll ich am letzten,
Ich die Bekümmerte, klagen, gebeugt von unzähligen Leiden? 290

Vierzehnter Gesang.

Etwa ben Gatten, die Söhne, die Gräßliches, nimmer Gehofftes
Dulbeten? Ober die Stadt unb die unglückseligen Töchter,
Ober mich selbst, umstrickt von bem eisernen Joche der Knechtschaft,
Da mich bie grausamen Keren gestürzt in unenbliche Drangsal?
Aber entsetzliches Leid, mein Kind, unerwartete Schmerzen 295
Spannen sie dir auch zu; sie brängten vom Ziel der Vermählung,
Dem bu so nahe gewesen, dich weg unb verhängten bir Unheil,
Unaufhaltsames, grauses, unnennbares; labt er sich boch noch
Selbst im Reiche der Tobten an unserem Blut, der Pelibe!
Hätte bie Erbe sich boch an bem heutigen Tage geöffnet 300
Unb samt bir mich verschlungen, bevor dein Loos ich erfüllt sah!
   Während sie sprach, ba quoll ihr unabläſſig bie Thräne,
Weil ihr Leiden um Leiden bas Herz mit Trauer erfüllten.
Doch als Jene zum Grabe gelangt bes erhab'nen Achilleus,
Zog sein rüstiger Sohn bas gewaltige Schwert aus der Scheibe, 305
Hielt dann fest mit der Linken die Jungfrau, Priamos' Tochter,
Unb mit der Rechten berührt' er bas Grabmal, also beginnenb:
   Vater, erhöre bas Flehen bes Sohns unb der andern Achäer,
Unb laß ab uns länger mit feinblichem Sinne zu grollen.
Denn schon wird dir Alles von uns, wonach bich im Herzen 310
Lüstet; so komm hulbreich auch unseren Bitten entgegen,
Unb vollenbe sofort ben Verlangenben freubige Heimkehr!
   Also der Held unb bohrte bas Schwert in die Kehle der Jungfrau,
Unb nicht lange, so schied sie vom freunblichen Lichte der Sonne,
Klägliche Seufzer verhauchenb, indeß ihr Leben bahinschwand. 315
Vorwärts sank sie zur Erbe bahin, unb unter bem Nacken
Warb von bem Blute geröthet bie Jungfrau, so wie ben Schnee dort
Hoch auf walbigem Berge bas Blut bes verwunbeten Bären
Ober der Wildsau röthet, nachbem sie getroffen ber Jagdspeer.
Aber bie Danaer ließen ben Leichnam schnell in die Stabt hin 320
Tragen zum Haus Antenors, bes herrlichen, weil er bie Jungfrau
Früher im troischen Lanb aufzog in bem eigenen Hause,
Daß sie bem göttlichen Sohn Eurymachos einst sich vermähle.
Doch als bieser bestattet bes Priamos rühmliche Tochter,
Nahe bem eigenen Haus bei'm heiligen Sitz Ganymebens 825
Unb entgegen bem Tempel der streitbaren Pallas Athene,

Da ward's still in den Wogen, die schreckliche Wuth des Orkanes
Schlummerte, heitere Ruhe besänftigte wieder die Fluten.
Aber die Danaer eilten in freudigem Muth zu den Schiffen,
Preisend das hehre Geschlecht der Unsterblichen und den Achilleus. 330
Bald auch hielten sie selber das Mahl, nachdem sie den Göttern
Lenden der Stiere geweiht; rings duftete wonniges Opfer.
Und aus silbernen Bechern und goldenen tranken sie alle
Dann von dem lauteren Weine, dem lieblichen, freudig in Hoffnung
Wiegend das Herz, bald wieder das heimische Land zu begrüßen. 335
Aber nachdem sich die Männer gelabt an den Wonnen des Mahles,
Da sprach Nestor an Alle das Wort, nach dem sie verlangten:
Hört mich, die ihr entflohen des Kriegs langwieriger Drangsal,
Daß ich das Wort euch melde, nach dem euch lange verlangt hat.
Endlich erschien ja die Stunde der herzerfreuenden Heimkehr; 340
Auf denn, ziehen wir hin; denn das muthige Herz des Achilleus
Ließ von dem unheilbringenden Groll, die gewaltigen Wogen
Stillte der Herrscher des Meers; uns weh'n holdschmeichelnde Lüfte;
Nicht mehr thürmen sich Fluten empor; auf, zieh'n wir die Schiffe
Flugs in die schwellenden Wogen hinab und gedenken der Heim-
kehr! 345
Sprach's zu dem harrenden Volk und sie rüsteten sich zu der Abfahrt.
Aber den Menschen erschien ein gar denkwürdiges Wunder;
Denn zum kläglichen Hund ward Priamos' edle Gemahlin,
Daß rings staunte das Volk; dann wandelte Göttergewalt ihr
Alle Glieder in Stein, auch späteren Menschen ein Wunder. 350
Und in ein Fahrzeug setzten die Feinde sie (also gebot es
Kalchas) und stellten sie auf jenseits an dem Meere der Helle.
Doch nun zogen sie eilig in's Meer die geschnäbelten Schiffe,
Warfen die Güter hinein, so viele sie kämpfend errungen,
Als sie gen Ilios fuhren, von ringsumwohnenden Völkern, 355
Auch den unendlichen Schatz, aus Ilios selber erbeutet,
Dessen vor Allem sich freuten die Danaer; viele gefang'ne
Frauen begleiteten sie, in der innersten Seele bekümmert.
Selbst dann stiegen sie ein; doch Kalchas dachte den Männern,
Welche zum Meer fortstürmten, sich nicht zu gesellen und rief auch 360
Andere Danaer ab; denn er fürchtete grauses Verderben,

Vierzehnter Gesang.

Das an Kaphäreus' Felsen das Volk der Achäer bedrohe.
Doch sie gehorchten ihm nicht; denn die feindliche Aisa bethörte
Ihnen den Geist; Amphilochos nur, der die Zeichen der Zukunft
Kannte, der rüstige Sohn des untablichen Amphiaraos, 365
Blieb mit dem sinnigen Kalchas zurück; denn Beide ja sollten,
Wie das Geschick es verhängt, entfernt von dem Lande der Väter,
Zum Pamphylergebiet und der Kiliker Städten gelangen.
Doch so fügten's hernach die Unsterblichen; aber Achäa's
Jünglinge lösten die Taue vom Land und hoben die Anker 370
Eilig empor; hell jauchzte der flutende Hellespontos,
Als sie schifften von bannen; das Meer umspülte die Schiffe.
Allwärts lagen die Waffen umher auf den Vorderverdecken,
Waffen die Meng', in der Schlacht den getödteten Feinden entrissen;
Zahllos hingen die Zeichen des Siegs von den Masten der Schiffe, 375
Die sie bekränzt; auch hatten sie Haupt und Lanzen und Schilbe,
Die sie gehandhabt wider den Feind, mit Kränzen umwunden.
Hoch von den Hinterverdecken hinab in die bunkele Meerflut
Gossen die Fürsten des Heeres die lauteren Spenden und flehten
Demuthvoll zu den Göttern empor um sichere Heimkehr. 380
Doch das Gebet, mit den Winden vermischt' es sich, eitel und fruchtlos
Flog es hinweg von den Schiffen, entführt von Wolken und Lüften.
Aber nach Ilios schauten, erkämpft von den Speeren, die Frauen
Tief in der Seele bekümmert zurück und klagten und weinten,
Vor den Achäern verborgen, unendliche Trauer im Herzen, 385
Diese die Stirne gelegt auf stützende Hände, die Andern
Dort mit der Hand umschlingend das Knie; noch andere hielten
Fest in den Armen die Kinder, die nicht um die Leiden der Heimat,
Nicht um die Knechtschaft seufzten und nur nach dem Busen der Mutter
Trachteten; ferne ja liegt den kindlichen Herzen die Sorge. 390
Banblos flatterten Allen die lockigen Haare, die Brüste
Waren zerfleischt von den Nägeln, die Spur der vertrockneten Thränen
Trugen die Wangen zugleich und andere rannen in Strömen
Noch von den Wimpern herab; in lobernden Flammen (o Grauen!)
Sah'n sie die Veste vergeh'n und qualmenden Rauch sich erheben. 395
Und nun blickten sie alle zumal voll staunender Ehrfurcht
Auf die gepries'ne Kassandra, des Traurigen, was sie geweissagt,

Denkend; indeß sie lachte der jammernden Frauen, die Jungfrau,
Wenn auch schmerzlich bewegt von Ilios' gräßlichem Leibe.
Aber so viele der Troer entfloh'n den verheerenden Kämpfen, 400
All die sammelten sich in der Stadt, um die Todten geschäftig,
Sie zu bestatten verlangend; Antenor führte die Freunde
Selbst zu dem traurigen Werk und nur ein einziger Holzstoß
Ward für Viele gethürmt. Doch die Danaer, unablässig
Schwelgend in Lust, durchschnitten das dunkele Meer mit den
           Rudern, 405
Bald auch ließen sie wieder im Wind forttreiben die Schiffe,
Rasch aufziehend die Segel; sofort lag ihnen im Rücken
Dardanos' Land und das Grab des Achilleus. Aber sie fühlten,
Wenn auch heiteres Muths, doch bitteres Leid in der Seele,
Wenn sie der Todten gedachten, der Tapferen, welche sie neulich 410
In barbanischer Erde bestatteten. Weiter und weiter
Wichen die feindlichen Ufer zurück und entschwanden dem Blicke;
Nun bei Tenedos auch an den brandenden Meeresgestaden
Schifften sie eilig vorbei; dann fuhren sie Chrysa vorüber,
Und an des Sminthiers Haus und dem heiligen Sitze von Killa; 415
Lesbos erschien, von Winden umtost, und in stürmischem Laufe
Ward dann Lektos umsegelt, die äußerste Spitze des Ida.
Machtvoll saust' in die Segel der Wind, um die Vorderverdecke
Brausten die finsteren Wogen empor, Nacht senkte sich weithin
Ueber die Flut, weiß glänzten die schäumenden Pfade des Meeres. 420
   Und nun wären sie glücklich zu Hellas' heiliger Erde
Alle gelangt durch Tiefen des Meers, hätt' ihnen Athene
Nicht im Herzen gegrollt, des erhabenen Donnerers Tochter.
Denn schon kamen sie nahe der windumtosten Euböa;
Da trat, heftig ergrimmt und mitleidloses Verderben 425
Sinnend Oileus' Sohne, dem Lokrierkönig, Athene
Vor den Beherrscher des Himmels, entfernt von den anderen Göttern,
Und sprach also, bewältigt von überwallendem Zorne:
   Zeus, Allvater und Herr, Unerträgliches wider die Götter
Sinnen die Sterblichen doch; denn dein nicht achten sie fortan, 430
Noch der anderen Götter, da frevelnden Thaten die Strafe
Nicht mehr folgt; oft werden die redlichen Männer vom Unglück

Vierzehnter Gesang.

Mehr benn die Bösen bedrängt, und ewig verfolgt sie das Unheil.
Darum scheut vor dem Rechte sich Niemand mehr und entschwunden
Ist bei Menschen die Scham; doch mich sieht wahrlich in Zukunft 435
Nicht der Olympos mehr, noch will ich die Deine genannt sein,
Straf' ich nicht das Verbrechen der Danaer; wüthend ergrimmt ja
Mir im Busen das Herz; denn im heiligen Tempel Athene's
Frevelt' Oïleus' Sohn und erbarmte sich nicht der Kassandra,
Welche zu mir ausstreckte die schuldlos lauteren Hände; 440
Nein, er scheute die Nähe der Himmlischen nicht, er erbebte
Nicht vor meiner Gewalt und beging den entsetzlichen Frevel;
Darum möge mir doch dein göttlicher Geist es gestatten,
Wie mein Herz mir gebietet, zu thun, daß andere Männer
Auch mit Zittern sich beugen dem sichtbaren Willen der Götter. 445
  Und es versezte dagegen mit freundlichem Worte der Vater:
Was du verlangst, mein Kind, dem tret' ich nimmer entgegen.
Alle die stattliche Wehr, die mir wohlwollenden Sinnes
Einst die Kyklopen geschmiedet mit rastlos thätigen Händen,
Geb' ich dir selbst; wie dich's im tapferen Herzen gelüstet, 450
Brauche sie nun und sende verheerenden Sturm den Achäern.
  Sprach es und gab in die Hände der muthigen Tochter den raschen,
Unheilflammenden Blitz und zugleich den betäubenden Donner,
Daß ihr innige Wonne das Herz durchdrang; um die Brust dann
Legte sie schnell die gediegne, die glanzvoll strahlende Aegis, 455
Stürmisch und ewiger Dauer und selbst von den Göttern bewundert;
Denn in der Mitte gebildet erschien der ergrimmten Medusa
Furchtbares Haupt; rings war es umleckt von gewaltigen Schlangen,
Die rastlos ausschnaubten die Glut unbändigen Feuers;
Graunvoll hallten die Donner der Aegis rings um der Göttin 460
Brust, wie wenn im Gewitter erdröhnt der unendliche Aether;
Dann ergriff sie Kronions Geschoß, das außer dem Vater
Hebt kein ewiger Gott; weit bebten die Höh'n des Olympos;
Ja, sie verfinsterte, Wolken umher aufthürmend, die Lüfte;
Nacht lag über dem Meer, Nacht senkte sich über die Erde; 465
Und an dem Anblick freute sich Zeus; es erbebten die Himmel
Unter den Füßen der Göttin, und weithin brauste der Aether,
Gleich als stürme zum Kampfe der allmachtvolle Kronion.

Doch sie sandte vom Himmel sofort die unsterbliche Iris,
Daß sie zu Aeolos flugs durch dämmernde Wogen des Meeres 470
Eile, damit er die Winde, zumal losbrechend im Sturme,
Sende zum felsigen Haupt des Rapháreus, wider Achäa's
Söhne daselbst antobend mit Macht in der schwellenden Meerflut
Wog' auf Woge zu thürmen. Und Iris, solches vernehmend,
Raffte sich auf alsbald und schwang sich dahin in den Wolken, 475
Als wenn Feuer sich mengte mit Luft und dunklem Gewässer.
Und nach Aeolia kam sie, dem Land, wo die Grotte sich hinstreckt
Voll sturmathmender Winde, von schaurigen Felsen umschlossen,
Hohl und graunvoll tosend; und Aeolos wohnt in der Nähe,
Hippotes' Sohn; ihn traf sie daheim mit seiner Gemahlin 480
Und zwölf Söhnen und Töchtern, und sagt' ihm, was Athenäa
Wider Achäa's Söhne beschloß, zu vereiteln die Heimkehr.
Und er gehorchte sogleich, und nachdem er verlassen die Wohnung,
Stieß er mit rüstigem Arme den Dreizack hoch in den Berg ein,
Wo sich in räumiger Höhle die brausenden Winde gelagert, 485
Und dumpf brüllend erscholl ein unablässiges Tosen;
Wilde Gewalt anstrengend, zerspaltet' er eilig den Hügel.
Und die stürzten hervor alsbald, und Aeolos hieß sie
All' in Einen Orkan sich vereinigen, daß des erregten
Meers auftosende Brandung Rapháreus' Felsen verhülle. 490
Schnell, noch ehe der Herrscher die mahnende Rede vollendet,
Rannten sie fort; wild stöhnte das Meer, indeß sie heran sich
Stürzten; von hier und von dort, gleich riesigen Bergen von Anseh'n,
Rollten die mächtigen Wogen daher; da brach den Achäern
Allen das Herz in der Brust, als bald auf den Spitzen der Wellen 495
Hoch hinschwebten die Schiffe und bald in die finstere Tiefe
Sie fortraffte die Flut, als rollten sie nieder vom Abhang.
Unaufhaltsam wühlte den Sand aus den Gründen des Meeres
Eine gewaltige Kraft, da der Abgrund gähnend sich aufthat.
Aber die Danaer konnten, von Rath und Hülfe verlassen, 500
Nicht handhaben das Ruder hinfort in starrer Betäubung,
Nicht aufziehen die Segel und nicht sie entfalten dem Winde,
Der sie zerriß; stets tobten und rasteten nimmer die Stürme.

Vierzehnter Gesang.

Endlich versagte die Kraft und der Muth auch jenen am Steuer,
Rüstig die Ruder des Schiffes mit kundigen Händen zu lenken, 505
Da sie nach hier und nach dort die Gewalt des Orkanes zerstreute.
All' ihr Hoffen entschwand, das entfliehende Leben zu retten,
Weil hier düstere Nacht, bort Wuth der empörten Orkane
Wider sie stritt im Bund mit dem furchtbaren Zorne der Götter;
Denn Poseidon erregte die unbarmherzige Meerflut, 510
So sich gefällig erweisend der rühmlichen Tochter des Bruders;
Aber sie selbst auch schwang, unerflehbar grollend im Herzen,
Leuchtende Blitze herab; Zeus donnerte nieder vom Himmel,
Daß er die zürnende Tochter verherrliche; weit in der Runde
Sahst du die Eiland' all' und des Festlands weite Gestade 515
Ueberflutet vom Meer, nicht fern von der stolzen Euböa;
Denn hier schuf ohn' Ende dem Volk der Achäer die Gottheit
Leib auf Leib; an den Schiffen umher scholl Klagen und Wehruf
Sterbender; graunvoll bröhnten die brechenden Balken der Schiffe,
Die, rastlos fortwüthend, der reißende Sturm an einander 520
Schleuderte; fruchtlos rangen in endloser Mühe die Schiffer.
Die mit der Ruder Gewalt von sich abwehrten die Schiffe,
Welche daher sich stürzten, hinab in die Tiefe versanken
Die mit den Rudern zumal, von den grausamen Mächten des Todes
Kläglich entrafft; denn der Stoß von Balken zertrümmerter Schiffe 525
Traf sie von hier und von dort; mit gräßlich verstümmelten Gliedern
Fanden sie traurigen Tod; die niedergestürzt in den Schiffen,
Lagen umher, wie entseelt; noch Andere schwammen im Meere,
Fest im Drange der Noth an die zierlichen Ruder sich klammernd;
Andere schwammen auf Brettern daher; tief wälzte vom Meer-
grund 530
Sich ohn' Ende die Flut aufwärts, daß Alles umher dort,
Land und Meer und Himmel, erschien wie verbunden in Eines.
 Pallas, hoch im Olympos bewehrt mit hallendem Donner,
Zeigte der Kraft des Kroniden sich werth; in den Lüften umher scholl
Lautes Getos', und die Göttin, ergrimmt Tod sinnend dem Ajas, 535
Traf mit dem Blitze das Schiff; alsbald nach jeglicher Seite
Flog es in Splittern umher, daß Erd' und Himmel erdröhnten,
Und aufwogend die See sich hinausdrängt' über die Ufer.

Argos' Jünglinge stürzten in's Meer, und die riesigen Wogen
Schlugen gedrängt zusammen um sie; von den Blitzen der Göttin 540
Strahlte der Glanz in die Weite, das schaurige Dunkel erhellend.
Doch die Achäer, verschlingend des Meers untrinkbare Salzflut,
Trieben, den Geist aushauchend, dahin auf den dunkelen Wogen.
Da ward Lust noch im Tode den troischen Frauen bereitet;
Denn mit den Armen umfangend die Kinblein, warfen die Einen 545
Sich in die Fluten des Meeres hinab; die hielten die Feinde
Fest mit den Händen umklammert und rissen sie mit in des Todes
Jammergeschick, auf daß sie für Schmach und Schande Vergeltung
Uebten am Danaervolk. Dies sah vom Olympos die Göttin,
Tief in der Seele sich freuend, die herrliche Tritogeneia. 550
    Ajas selber indeß schwamm jetzt auf Balken des Schiffes,
Und bald wieder zertheilt' er die salzige Flut mit den Händen,
Einem Titanen an Muth und unendlicher Kraft zu vergleichen.
Und es zerspaltete sich vor dem rüstigen Arm des verwegnen
Helden die Welle des Meers; die Unsterblichen selbst, ihn er-
    blickend, 555
Staunten der Kraft und dem Muth; bald trug ihn die riesige Woge
Hoch in die Luft, wie zum Gipfel des schroffaufsteigenden Berges,
Bald von der Höh' ihn schleudernd, verbarg sie ihn tief in den
    Gründen.
Doch nie fühlt' er Ermatten, indeß, nicht rastend, die Blitze
Hier und dort einschlagend im Meer laut zischend erloschen; 560
Denn noch dachte sie nicht, wie sehr sie grollte dem Helden,
Ihn mit dem Tode zu strafen, des Donnerers mächtige Tochter,
Bis er vollendet das Maß und unendliche Mühen erduldet;
Deßhalb hielt das Geschick, ringsher einstürmend, so lange
Ihn in die Tiefe gebannt; denn zahllos häuften die Keren 565
Ihm unnennbares Leid; doch haucht' ihm Stärke die Noth ein.
Ja, er beschwur, ob auch die Olympier wider ihn alle
Stürmend im Zorn aus der Tiefe gesammt aufwühlten die Meere,
Woll' er entflieh'n; doch nimmer entrann er der Rache der Götter.
Denn schon lange ja grollte der Erdumstürmer Poseidon, 570
Als er ihn sah mit der Hand den gyräischen Felsen berühren;
Und er entbrannte von Zorn und erschütterte mächtig das Erdreich

Und das unendliche Meer; und die felsigen Höh'n des Kaphareus
Zitterten rings; laut hallten umher von den brandenden Wogen,
Die er ergrimmt hinwälzte zum Strand, die Gestade des Meeres; 575
Nun den gewaltigen Fels, an den er sich fest mit den Händen
Klammerte, riß er los und stieß ihn hinaus in die Wellen.
Doch weil Ajas so lange sich hielt an dem zackigen Felsen,
Wurden die Händ' ihm beide zerfleischt und unter den Nägeln
Quoll ihm das Blut, und indeß er sich müht' in den brausenden
    Fluten, 580
Ward ihm weiß von dem Schaume das Haupt und die bärtige
    Wange.
Doch wohl wär' er entfloh'n dem Geschick, wenn des Gottes Gewalt
    nicht,
Unten die Erd' aufreißend, auf ihn hinstürzte den Hügel,
So wie vordem auf den großen Enkelados, als er hinwegfloh,
Pallas stürzte die Insel Sikelia, welche noch heute 585
Brennt, da der unnahbare Gigant glutathmende Flammen
Allzeit unter der Erd' aushaucht; so deckte der Lokrer
Unglückseligen König das Berghaupt, das von der Höhe
Ueber ihn hin sich wälzend, bezwang den gewaltigen Herrscher.
Und nicht länger entfloh er dem finsteren Todesverhängniß, 590
Weil ihn die Erde zugleich und des Meers Einöden besiegten.
  So auch trieben die Andern umher auf wogender Tiefe,
Die in den Schiffen, von Schrecken betäubt, und Andere wieder,
Hoch aus den Schiffen gestürzt; doch lag auf Allen die Drangsal.
Denn hier drohte das Schiff in der See kopfüber zu stürzen; 595
Dort stieg eins mit dem Kiel am Vorderverdeck in die Höhe;
Dort brach Masten und Rahen die Wuth anstürzender Winde;
Andere gingen in Trümmer, von reißenden Stürmen zerschmettert;
Andre verschlang in der Tiefe die Meerflut; denn vom Olympos
Strömt' unendlicher Regen herab; wohl mochten die Schiffe 600
Nicht der Winde Gewalt und des Meers und des Regens bestehen;
Denn der stürzte herab wie ein Strom aus Höhen des Aethers,
Während das göttliche Meer aufrast' in den untersten Tiefen.
Da sprach Mancher: ein Wetter wie dies mit Regen und Stürmen
War's wohl, das so gewaltig hereinbrach über die Menschen, 605

Als in Deukalions Tagen unendlicher Regen herabgoß,
Und Meer wurde das Land und allhin strömten die Wasser.
So sprach Mancher, betäubt von dem graunvoll zürnenden Wetter;
Doch Unzählige fanden den Tod; rings waren des Meeres
Wogen (o Graun!) von Todten bedeckt und alle Gestade 610
Weit umher, da Viele die Brandung spie an das Festland;
Trümmer der Schiffe verhüllten die dumpfauftosende Meerflut;
Frei war nur in der Mitte der Durchgang, welcher das Eiland
Trennte vom Land.
Andere Kämpfer ereilte der Tod in anderer Weise, 615
Die auf offenem Meer in den brausenden Fluten, die Andern,
Als an den Klippen umher, durch Nauplios' listige Tücke,
Ihnen die Schiffe zerschellten. Denn der, ob des Sohnes erbittert,
Jubelte laut, obwohl in der innersten Seele bekümmert,
Als sich das Wetter erhob und die Danaer traf das Verderben. 620
Rache verlieh ihm der Gott; er sah die verhaßten Achäer
Schwer in den Tiefen des Meeres bedrängt und flehte zum Vater,
Daß sie der Abgrund alle zugleich mit den Schiffen verschlinge.
Dieses gewährte Poseidon dem Flehenden; andere Bitten
Raffte die Woge dahin. Doch nun hob jener die Fakel 625
Hoch in den Händen empor und lockte mit List die Achäer,
Die jetzt hofften gerettet in sicheren Port zu gelangen.
Doch an den zackigen Klippen versanken sie dort mit den Schiffen;
Wenige nur entrannen dem Tod, die der Himmlischen Einer
Oder ein helfender Dämon errettete; aber Athene 630
Freute sich nun, nun bangt' ihr im Geist um den klugen Odysseus,
Weil das Geschick ihm verhängt, von dem zürnenden Meeres-
              beherrscher
Noch viel Leid zu besteh'n; denn der voll bitteren Grolles
Ueber die Mauern und Thürme der streitbaren Männer Achäa's,
Die sie wider die Troer erbaut als schirmendes Bollwerk, 635
Sammelte flugs die Gewässer des Meers und vereinte sie alle,
Die vom Eureinos strömen zum Hellespontos, und warf sie
An die Gestade von Troja; zugleich aus Höhen des Himmels
Regnete Zeus, zu erfreuen den Erdumstürmer Poseidon.
Doch auch Phöbos Apollon, der Gott mit dem treffenden Bogen, 640

Vierzehnter Gesang.

Blieb dort nicht unthätig und leitete alle Gewässer,
Welche vom Ida strömen, vereint an die nämliche Stätte,
Daß die gewaltigen Fluten das Werk der Achäer bedeckten.
Aber Poseidon selbst riß alsbald unten die Erd' auf,
Und endlose Gewässer, mit Sand und Schlamm sich vermengend, 645
Sprudelten auf; Sigeion erschüttert' er dann mit des Armes
Mächtiger Kraft; laut bröhnte der Strand; in den untersten Gründen
Wankte das Dardanerland, und verdeckt von den Fluten des Wassers
Ward die gewaltige Mauer und sank in die Tiefen der Erde,
Welche sich weit aufthat; nur Sand noch wurde gesehen, 650
Als die Gewässer entwichen am tosenden Meeresgestade.
Dies vollbrachte der Zorn der Unsterblichen; doch die Achäer,
Welche das zürnende Wetter zerstreut, sie wandten sich heimwärts.
Hierhin, dorthin kamen sie dann, wo Jeden die Gottheit
Führte, so viele von ihnen entfloh'n den verheerenden Stürmen. 655

Druck von C. Hoffmann in Stuttgart.